中国藏书文化

（第二版）

桑良至 著

中国财政经济出版社

图书在版编目（CIP）数据

中国藏书文化／桑良至著．—2版．—北京：中国财政经济出版社，2012.9

ISBN 978-7-5095-3958-3

Ⅰ．①中… Ⅱ．①桑… Ⅲ．①藏书-文化-中国 Ⅳ．①G259.29

中国版本图书馆CIP数据核字（2012）第228609号

责任编辑：孙　琛　　　　责任校对：黄亚青

封面设计：陈　瑶　　　　版式设计：陈　瑶

中国财政经济出版社出版

URL：http：//www.cfeph.cn

E-mail：cfeph@cfeph.cn

社址：北京市海淀区阜成路甲28号　邮政编码：100142

营销中心电话：88190406　北京财经书店电话：64033436　84041336

北京中兴印刷有限公司印刷　各地新华书店经销

880×1230毫米　32开　12.75印张　274 000字

2012年9月第2版　2012年9月北京第1次印刷

定价：28.00元

ISBN 978-7-5095-3958-3/G·0103

（图书出现印装问题，本社负责调换）

本社质量投诉电话：010-88190744

目　录

导　言　神以知来　知以藏往

——藏书与文化

文化，是人类生活的写照，人类文明的反映。人类的文明史由人类创造的各种各样的文化组成：图腾文化、宗教文化、风俗文化、教育文化、饮食文化、服装文化、茶文化、酒文化、科技文化、商业文化、农业文化、工业文化、思想文化、艺术文化、诗歌词章文化，等等。

关于文化的定义，经初步统计，自20世纪30年代以来，达180种之多。概而言之，凡人类生产、生活方式及思想感情表达的一切方式皆在文化之列。可以说，只要不是人类本能的反应，一切智慧性、创造性活动都在文化之列。茹毛饮血不是文化，而把饭煮熟了吃就是文化，称之为烹饪文化；栖树宿洞不是文化，筑屋建殿，称之为建筑文化；随意性行为不是文化，“投我以木瓜，报之以琼琚”，加上礼义嫁娶，称之为性文化或婚姻文化。这些表明了文化的引导化俗的功能。文化一直是引导人们活动的灯塔。国家花大量的资金发展文化，建设学校、图书馆、博物馆、天文馆、公园、运动场，即是崇尚文化，弘扬文明。追求文化，显示文明，几乎是每一个富有创造力的国家与个人的共同特性。在某种情况下，人们宁可牺牲物质需要，而要求获得文化。在诸种文化中，有一种高级的文化活动是藏书。如：搜集图书、鉴定图书、校勘图书、品赏图书、典藏图书、管理图书、借阅图书，以及题跋、评点图书、藏书等。这一系列活动组成了藏书文化。藏书文化是其他诸种文化形成一定规模后产生的。如果没有其他文化的一定形态，就没有可作记载的图书文献。没有图书文献，就没有藏书活动。藏书是文化沉积的结果，又是文化发展的阶梯。藏书文化源自于其他诸种文化，又是诸种文化总和的反映。藏书文化的形成，说明社会的文明发展到了一个相当成熟的阶段。如果藏书文化是人类文化之花，那么其他文化便是浇灌这枝花朵生长的营养液。各种特色的文化汇而聚集，丰富了藏书文化。

一、藏书的哲理

奔放而热情的生活是幸福的。藏书活动似乎不能给人以兴奋与炙热的感觉。但是很多志士名人爱藏书。其中的道理是什么？我们读一读《尧峰文抄》[①] 中的一篇文章《传是楼记》，或许可以悟出一些哲理。

昆山徐健庵先生筑楼于所居之后，凡七楹间，命工断木为橱，储书若干万卷，区为经史子集四种。经则传注义疏之书附焉，史则目录家乘山经墅史之书附焉，子则附以卜筮医药之书，

① 《四库全书》1315 卷。

集则附以乐府诗余之书。凡为橱者七十有二。部居类汇，各以其次。素标缃帙，启钥烂然。于是先生召诸子登斯楼而诏之曰：吾何以传汝曹哉。吾徐先世故，以清白起家，耳目濡染旧矣。盖尝慨夫！为人之父祖者，每欲传其土田货财，而子孙未必能世富也。欲传其金玉珍玩鼎彝尊斝之物，而又未必能世宝也。欲传其园池台榭舞歌舆马之具，而又未必能世享其娱乐也。吾方以此为鉴。然则吾何以传汝曹哉？因指书而欣然笑曰："所传者，唯是矣！"遂名其楼为"传是"。

徐健庵先生告诫子女：藏书难，守书难，读书也难。难在读懂书，学以致用。善于读书的人由博而约，得聪明泉的养育，做起事来有事半功倍的效果。作为长辈都关心自己的子女，希望给子女留下一些有价值的东西。留下金银财宝，土田货财，珍玩鼎彝，园池台榭，舞歌舆马，不如给子女留下一些图书。徐健庵的祖先原本很穷，但是他们精神上很富有，所以家道越过越好。留下金山银山，不如留下好书数本。在浪子面前，一座金山银山，奈何不了几日消费。而一个有知识、有作为的人胜似拥有无数金山银山。

徐健庵先生留给子女一个藏书楼，要求子女好好读书，并且学以致用。"伊川曰：'君子之需时也，安静自守。志虽有需，而恬然若将终身焉，乃能用常也'。"① 如此看来藏书是十分必要的。

人在前进的过程中抽出一定的时间学习知识，这是不断前进的基础和保证。学习的过程，就像老子所说："明道若昧，进道

① 朱熹：《近思录·出处第七》。

若退。”读书、藏书，意义十分重大。

从中国社会发展看，社会的事物和人物层出不穷，兴替演变，来龙去脉，机关所在，没有史书的记载，难以辨识和知晓。自然的气象、风水、灵秀、奇异及地理变化，若无书籍的记载，人们至今也不会知道。天地任凭万物生生灭灭，任凭百姓生生息息。若无文献的记载，无文献的收藏，人们只能口说言传，十里以外无确信，百里以外无音信，十年以后无真事，百年以后糊涂虫。

孔子成《春秋》，乱臣贼子惧。一些人敢把刀剑架在君主的脖子上，不怕将数十万人送于非命，却怕孔子的一本《春秋》。

好书的力量，功不仅在当代，更在千秋。有千秋功的力作，得“藏”而后方可万古流芳。中国历史上，很多书写好后并未印行，而是在典藏了几百年以后，才被人发现，然后刊印，得以传播，这也说明了藏书的意义。

书不是一般的物品，好与坏一目了然。书是精神产品。它被社会所接受，必须具备以下条件：质量高，有特色，有创见，信息量大，符合一定时期内的意识形态的规范，有人赏识推崇，可以出版发行。在中国历史上以“德”为本的精神思想体系里，写科技书的人、技师工匠、发明者，皆得不到尊重，更没有向上攀附的可能。历史的发展，对创造逐步解禁。从允许人们读四书五经，到对道统文化的肯定；从诗词文章的人人诵吟，到曲艺小说、街谈巷议的放行，是一个缓慢的发展过程。至于诸子百家，产生于历史上的乱世，他们在新形势下产生的新思想，留下了他们的行为、纲领、信条、言论、文章、论著、教义等等。他们的学术被人们知晓，不是得于藏书之功吗？

乱世文化多雄劲。这是中国古代文化的特点。春秋时，天子有令难行，周一统的天下分崩了，这时产生了大管理家管仲、大教育家孔丘、大哲学家李聃（老子）、大军事家孙武（孙子）、历史学家左丘明。他们的作品《论语》、《春秋》、《道德经》、《孙子兵法》、《左传》成为传世名作。这时形成了儒家、道家、法家、兵家、医家、名家、农家、墨家等等，墨翟、孟轲、荀况、韩非、庄周、惠施、屈原、慎到等，他们声震环宇，他们的著作代代相传，他们的思想成了天河中的一颗颗恒星，永放光彩。他们的作品得无藏书之功？

时代呼唤人才，在竞争的社会中，旧有的禁区被打破，新苗可以破土而出，学术的竞争局面得以形成。虚实真伪，香花毒草，在长期的竞争局面中，日益清晰明了。竞争出人才，竞争出真知。历史上那些成大器大名的人，其学术保存了下来；一些平庸的学术思想，或为劲敌克制的学术思想被淘汰了。现在，我们可读到古代诸子百家的作品，这是在历史长河中幸存的学术思想。从今天的观点着眼，幸存的诸子百家，是迎合了特定时期统治阶级的需要，而得以保存流传的。但也有不少语破天惊、“于世无补”的学术思想，或被某些人称作最杰出的学术思想和力作，或因木秀于林而被风摧毁了。否则，自三皇五帝、尧舜禹至清末，我们的文献绝不会仅有 18 万多种。

火车靠轮子转动运行，历史靠知识的传播而演进，靠文献的累积而前进。文献是静止的，知识是发展的、运动的。故纸堆是陈旧的，其中载有的知识永放光明。夜间的星星，闪闪烁烁，或暗或明，仔细看看，很耐人搜寻，颇能启迪人智慧的心灵。这天上的星星好像是我们人间的藏书。

秦兵马俑给我们的启示：人类在长期的生产生活中，积累的丰富经验和科学技术，不仅仅是用在战刀上，在建筑、服装、食品、耕稼、纺织等方面也有着丰富的经验和科学技术。如果不是封建社会的禁锢或断传，人类的文明会有更大的发展和进步，起码在某些领域，会有更大的成就。藏书，人说是“守”，其实，藏书是有效地前进！藏书是最有效地进取！

中国历代都很重视藏书，周朝有守藏室，汉有石渠阁、天禄阁、麒麟阁，清朝有文渊阁、文澜阁、文宗阁、文溯阁、文津阁、文源阁。私家藏书著名的有孔鲋壁书、汲冢书、天一阁、海源阁等。

官方藏书较为系统全面，图书的品种数量较大。私家藏书规模不大，星罗棋布。官方藏书重视意识形态，私家藏书则偏爱于“精”与“奇”。官私藏书皆有兴有替。中国数千年来，兵患绵延不绝，一朝天子一朝臣，每次政局兴替，山河会有一次大阵痛，很多地方焦土一片，人烟灭绝，书也随火而去。中国古代的书，人们知之很全者不多。有的在公私目录中可以发现和考证，很多图书人们已无法知道。古代图书目录上著录的图书，今日不能全部找到。仅存的图书，要感谢那些不辞劳苦、不畏风险、不惜个人得失、无私奉献的藏书家。人民创造了文明，藏书家保护了文明。

二、什么是书

读书，是当今人们生活的基本要素之一。以前读书的对象主要是学生，现在儿童和老人也要读书。书伴随着人的一生。人们终生受教育，终身学习。离不开书。那么，什么是书？

书是信息的载体，书是信息传播的媒介。信息的载体很多，如：龟板、树皮、羊皮、纸、布帛、金石、壁岩、竹简、电子出版物［软磁盘（FD）、只读光盘（CD-ROM）、高密度只读光盘（DVD-ROM）、交互式光盘（CD-I）、照片光盘（Photo-CD）］等。

当今，人们一般将纸型读物称作书。国际标准规定，超过48页纸的文献装订在一起称作书，少于48页纸张的文献装订在一起叫小册子。国外的报纸，每一份有几十个版面，但人们称之为报纸，不称作书。看来，书还有一个特点：即将某一类信息，或某一专题的信息，或某一形式的信息聚集在一起。书一般记载了某一个主题的系统的信息。

书有广义的含义。中国古代将信件称作书，“柳毅传书”，“家书抵万金”，皆指信件。表达信息于纸上，称作“书写”，写字的方法和技巧称作“书法”，古代人阅读“竹简”、“版牍”上的文字称作读书。形容人读书勤奋，称作“韦编三绝”，指的是竹简和简板装订的绳子“韦”断了，换了三次。

现在大型图书馆里有电子读物阅览室。这个阅览室专门给读者提供存贮在电子产品上的信息读物，如光盘、软盘（磁盘）等等。现在人们正在建设数字图书馆，因特网上运行的数据流，通过终端显示器显示出来，供人们阅读，即为读数字图书，无纸的书。这样看来，当今的时代，图书的载体就很多了，图书的概念不是像以前那样单一了。

三、读书

在信息时代里，人们每天得到的信息特别多。电视、电影、录像、音像磁带、因特网上的视频、音频与文字，给人们带来歌曲、画面、广告、新闻。人们沉浸在信息的海洋里，读书，似乎没必要了；读书，似乎失去了原有的情趣与滋味了；读书，似乎不合时宜了。信息的冲击与纠缠，使很多孩子无心在学校里用功读书。他们溜进了录像厅，溜进了电子游戏室，溜进了网吧。铺天盖地的广告，厚厚的日报，连续不断的电视剧……，信息的冲击和纠缠，使人们下班以后，不能安下心来，定心定意地捧着书学习。快速的生活节奏，迫使着人要求得到立竿见影的东西。在信息时代来临之际，那些未经三夏四冬的熬炼，不得真谛的知识的场景，似乎已司空见惯。长期以来人们把读书仅看作谋取经济效益，或为了感官的幸福，或为了功名等等。中国古人读书，强调循天理、去人欲。有个人称赞孔子说："大哉孔子！博学而无所成名！"孔子听后对他的学生说："吾何执，执御乎？执射乎？吾执御矣。"孔子说他自己是一个马夫。由此看来，孔子好学而无所求。他说："吾尝终日不食，终夜不寝，以思、无益，不如学也。"孔子提倡"笃信好学，守死善道"。孔子认为，学习最重要的是通情达理，不是为了获得什么好处。他说："古之人修其爵，而人爵从之，今之人修其天爵，以要人爵，既得人爵，而弃其天爵，则惑之甚者也。"孔子认为读书的根本在修身养性。中国古代的藏书家中，很多藏书家一生爱书，如痴如迷，废寝忘食，舍弃自己的金银，舍弃自己的田地，舍弃自己的爱情，舍弃自己的荣华富贵，专事藏书。如清代江苏藏书家吴翌凤，一生数十年购书、抄书、校书，直到年老。每见异书，虽病必起，夜间在如豆的油灯下抄书、校书。大藏书家鲍廷博、黄丕烈等都是毕其一生为藏书。

信息时代绝不仅仅是一个物质的世界，它将是一个更高层次的精神世界。

信息时代人们可以坐在荧光屏前读电子出版物，也可以在河边、山上、车站、公园里手捧册页式图书细细玩味。有了光盘、电脑存贮的信息数据库，人们还得读古书、读纸书。人们知道，读纸型的书，与在显示器上读书，其兴致与感觉是不同的。

书籍的丰富性与多样性，使我们的读书与藏书的天地更为广阔，使藏书活动的内容更为丰富。

四、藏书的作用

藏书者藏书，有各种各样的思想境界，有人为了精神的寄托藏书，有人为了不落俗套而藏书，有人为了教育而藏书。有书记载的古人藏书，其目的如下云云：

1. 为了增长智慧。

《易·系辞上》：“神以知来，知以藏往。”

2. 藏诸名山、流芳万古。

司马迁《报任少卿书》：“仆诚以著此书，藏诸名山，传之其人，通邑大都，则仆偿前辱之责。”

3. 自以怡娱。

《藏书》：“上自战国，下迄有元，采拾事迹作为纪传。目以怡娱，不以示人。因名《藏书》。”①

---

① 见《藏书》六十六卷。

4. 修身游息

《礼记·乐记》："君子之于学也，藏焉，修焉，游焉，息焉。"这里的"藏"，该书作者郑玄作诠如下："藏，谓怀抱之，修习也。"该书疏语："藏，谓心常怀抱学业也。修，谓修习不能废也。息，谓作事倦息之时，而亦学也。游，谓闲暇无事游行之时，亦在于学习。言君子于学，无崭时替也。"藏修，言志诚学习。其中有藏书于内之意。

5. 以藏书为荣为乐

《汉书·游侠传·陈遵》："性善书，与人尺牍，主皆藏书以为荣。"

王筠（清）《录友忆说》："安知数百年之后，人不以赓堂之物而宝贵藏存之，以此为前贤之手泽乎。"

（明）吴应箕《读书止观录》：李永和杜门却扫，绝迹下帷。弃产营书，手自删削。每欢曰："丈夫拥书万卷，何暇南面百城？"

6. 作为借鉴与根据

苏轼《石苍舒醉墨》诗："胡为议论独见暇，只字片纸皆藏书。"

当然，藏书还有保存文化遗产、传播知识文化、促进社会文明的发展、形成良好的社区人文环境等作用。

五、古人难得信息

藏书是十分有意义的。在交通与信息传播困难的古代，藏书更是意义重大。

古代社会，人文环境和自然环境，既十分美好，又变化莫测。大自然的力量十分强大。大自然的丰富、美好与大自然的无法抗衡的力量交织在一起。大自然的奇异与人理性的思维不相一致。许多美好与珍宝深藏在险恶离奇的环境中。深山僻岭，有清澈的山泉，有秀美的男女。但是这些大自然的主人，生活在大自然中，得大自然的灵秀，钟情于大自然，陶醉于大自然。他们得到大自然的信息很容易，要得到社会与人文的信息很难。今天，人人读书，很容易获得文字符号的信息以了解社会。古人从小玩山玩水，寻求奇花异草、洞穴泉暖、山峰怪石、佳果灵芝。他们浏览的是大自然的信息。李白、杜甫、苏轼浪迹天涯，他们泛舟、卧石、登山、赏月、观花、祭岳、骑马，什么泰山、黄山、仙人洞、石钟山、东海、洞庭、长江、三峡、蜀道，全在心中。

大自然的山山水水，可以造就一个人的情怀。自然的信息可以沟通人的情思。自然的信息可以激发人一时的灵感，人生活在大自然中，阅读大自然的文化，享受大自然的信息，是最好的感受、最大的幸福。

人间有大自然的文化，也有社会的文化。人有大自然的情感，也有人文的情感。社会的文化，人文的情感是通过语言文字、图像符号以及音响表达出来的。古代的文字复杂、晦涩、不统一，造成了信息沟通的困难。传播媒介稀少，造成了信息沟通的困难。古代，山重水复，虎狼盗匪横行。虽百里之途，行路难不可言。人们要想获得远方亲友的信息，往往望穿双眼。人们要认识社会，了解天下大事，十分不易。书，在这种境遇下，便十分地珍贵了。我们看看古人渴望信息的某些诗句：

故园东望路漫漫，双袖龙钟泪不干。

马上相逢无纸笔，凭君传语报平安。

——岑参《逢入京使》

岭外时书绝，经冬复立春。

近乡情更怯，不敢问来人。

——李颢《渡汉江》

行路难，路艰险，信息难以人为地传递，人们局限于特定的时空中，在特定的坐标象限中生活，难以位移，难以了解特定自然环境以外的信息。人们只能安于自然，乐于自然，对大自然无可奈何。在人文信息几乎处于零的状态下，见到一份文献，一封信，一册书，惊喜若狂，奉若神灵，藏之宝之。

中国古代居统治地位的哲学是道、儒、佛，三教并立。三教的核心思想：虚、静、无为。在虚、静、无为思想的统治下，中国的文化沿着一条“道统”的轨迹运行。崇古、守成、无为，反对创造发明，反对竞争，反对新思想、新学说，排异求同成了主流。在这样的人文环境中，人们只能解释、注疏法定的经典，不能大胆地著书立说。在数千年的思想禁锢中，人们盼望着智慧之光，期求着理想的春风，人们对于星星点点鹦鹉学舌式的书册，爱不释手，希望从中获得一点启迪，得到生活的真谛，获得生命的奥秘。

几千年过去了，人们盼望着知识与信息、搜寻着知识与信息，有机会获得一点信息，人们把它典藏起来，秘而不宣。官方与民间都把图书典籍珍藏起来，“藏”大于用。人们通过几十代的努力获得了丰硕的成果，存贮了大量的文化典籍。

六、信息的珍贵促进了藏书

古代人对信息有一种神秘感。神秘感的形成，原因很多。古代人拥有文字符号的信息很少，这是原因之一；信息不传，秘而不宣，这是原因之二；古代的文献中，很多是玄学的内容，玄学的不可言表的性质，导致信息的神秘感，这是原因之三；官方严禁所谓“妄言”、“邪说”，对言论出版的禁锢，导致了信息的神秘感，这是原因之四。

中国古代教育不发达，文化不普及，图书的复制与传播技术低下，使广大人民很少有机会读书、藏书。生产力的低下，迫使人们把大量的时间与精力用于维持生计。广大老百姓生来就是几件事：放牛、砍柴、挑水、种田、种菜、结婚、生子、盖房、祭祖。对于一般的人来说，读书是一种享受，读书是莫大的幸福。他们把读书人视为圣贤，把图书奉若神灵。作为读书人，他们自己知道自己的身份，知道供养他们读书的人希望他们成为圣贤。责任在身，读书、爱书、藏书、珍惜图书，在所必然。

中国历史上的几次很大的书籍危难，造成了书籍的短缺，这使人们益觉信息的珍贵。水、火、战乱以及人为的禁毁是造成书危的主要原因。《国粹丛书》第二集《销毁抽毁书目·禁书书目·违碍书目·秦缴咨禁书目合刻》中，邓实为《禁书目合刻》作跋中有一段文字论及中国古代书危。

呜呼！卷册何辜，乃屡遭虐焰，不毁于火，即毁于兵。一姓之更革一次，而书籍之销毁亦一次。西汉兰台、石渠三万三千零九十卷烬于王莽之末，东汉东观、仁寿一万三千二百九十六卷烬于董卓移都。晋秘书、中外三阁二万九千九百四十五卷烬于怀惠之乱。东晋秘阁三千零一十四卷、孝武时三千六百卷、宋总明观斋六万四千五百八十二卷，学士馆一万八千零十卷烬于末年兵火，梁文德殿、华林园二万三千一百零六卷、江陵七万余卷烬于元帝自焚。二秦四千卷，北齐仁寿、文林三万余卷，后周虎门、麟趾一万五千卷，隋修文观十万三千二百七十八卷尽于砥柱舟覆。唐集贤院四库八万九千卷烬于安禄山，十二库七万余卷烬于黄巢。宋三馆、秘阁三万六千二百八十卷烬于祥符之火，崇文院三万零六百六十九卷别藏于龙图阁、太清楼烬于靖康之变。中兴四万四千四百八十六卷烬于绍定之灾。盖秦火之后，大危几十有一，而以本朝乾隆时焚禁之一危为最后而最烈，何也？

私人藏书毁于水、火、战乱的，便无法统计了。古代天灾人祸频生，书籍的保存尤为困难，因而信息尤为珍贵。

在书籍稀少的环境下，于是人们形成了“信息不传，秘而不宣”的原则。

杜预（公元222—284年），西晋将领，学者，号称杜武库，封当阳县侯。他文武双全，撰有《春秋公氏经传集解》、《春秋释例》和《春秋长历》。其对《春秋》的集解学术影响很大，成为历史上有名的文人。他在一封信中告诉其子不要借书给别人看。信中写道：“知洪颇欲念学，令同还，车致副书，可案录受之，当别置一宅中，勿复以借人。”① 这个例子说明，古人往往把信息

① 《读书止观录》。

神秘化、封闭化，这既是自尊的需要、自我拔高的需要，也是自我保护的需要。信息神秘化，是神权的作用，政权的作用，也是人们无法认识和得到人文信息造成的后果。

七、焚书坑儒刺激了藏书

中国古代发生过若干次禁书运动。禁书以兴国的理论，源自秦士商鞅。商鞅说："诗、书、礼、乐、善、休、仁、廉、辩、慧，国有十者，上无使守战。国以十者治，敌至必削，不至必贫。国去此十者，敌不敢至，虽至必却。兴复而伐必取，接兵不伐，必富。"他提出"燔诗书，以明法令"。战国末期韩非的文章《五蠹》大肆攻击诗书文化与图书典籍的不是。他写道："儒以文乱法，侠以武犯禁，而人主兼礼之，此所以乱也。""工文学者非所用，用之则乱法。""文学习则为明师，为明师则显荣，此匹夫之美也。然则无功受事，无爵而显荣，有政如此，则国必乱，主必危矣。""今境内之民皆言治，藏商管之法家者有之，而国愈贫……境内皆言兵，藏孙吴之书者家有之，而兵愈弱。言战者多，被甲者少矣。……故明主之国，无书简之文，以法为教。"

公元前213年，秦孝公采纳商鞅、韩非禁书之法。秦始皇执政时，李斯提出了更为严厉的禁书法令。如"史官非秦纪皆烧之"。除了秦史，其他书尽灭。"有敢偶语诗书者，弃市。以古非今者，族。吏见知不举者，同罪。令下三十日不烧，黥为城旦。"敢于谈诗书，说古论今，诛灭其人及家族。"非博士官所职，天下敢有藏诗、书、百家语者，悉诣守尉杂烧之。"李斯不允许老百姓收藏诗书及各种学术思想的书。医药、卜筮、种树等与生计相关的书可以保存。如若有学，以吏为师。李斯的禁书法令，使很多名籍失传，《景子》、《楚子》、《慎子》、《邹子》、《苗子兵法》、《李子兵法》、《太一兵法》、《虞氏春秋》、《李氏春秋》等书，我们只能在书目上知道书名。秦国为了统一中国，为了攻战，兴武抑文，造成了中国文化史上的浩劫。

秦亡，汉立。汉初继续禁书，萧何制定有“挟书律”与除“三族罪妖言令”。公元前191年，废除“挟书律”，前187年废除“妖言令”，这样文化方开始解禁。

公元267年12月，晋司马炎发布禁令：“禁星气、谶纬之学”。公元268年元月，晋代法律明文规定：“凡私自收藏天文、图籍之书的，判刑二年。”晋代法律禁谶纬之书，本是为了禁止人们借天象妄说变异，借神灵托人私之欲。但该令的实际效果限制了天文、气象等对大自然演变规律的研究，偏重于科技类的图书也被禁止出版与阅读。

70年后，赵石虎颁禁令，凡习星气谶纬之学者，处死。

石虎禁书40年后，前秦苻坚下了一道禁书令：尊崇儒教，禁老庄图谶之书，犯者弃市。

苻坚以后，每个朝代都有不同程度的局部禁书。禁书的目的，是为了维护统治阶级的利益。帝王禁书，对文化是毁灭性的灾难。但是，不破不立，不塞不流，不禁不藏。正是图书屡遭禁止和毁灭，人们方意识到藏书的意义重大。有了禁书，才有二酉书洞，才有汲冢书，才有了孔鲋壁书。明代胡应麟在《书危论》中说，古今典籍盛聚、大危各有八。八个典籍鼎盛的时代是：“春秋也，西汉也，萧梁也，隋文也，开元也，太和也，庆历也，康熙也。”八个典籍大危的时期是：“祖龙也，新莽也，萧绎也，隋炀也，安史也，黄巢也，女真也，蒙古也。”

乾隆颁诏修《四库全书》，寓禁于藏。乾隆在诏书中称：“明季末造野史甚多，其间毁誉任意，传闻异辞，必有抵触本朝之语，正当及此一番查办，尽行销毁，杜遏邪言，以正人心而厚风俗，断不宜置之不办。”乾隆时代通过修《四库全书》，搜尽民间藏书，销毁了3 000余种、6万多册图书。四库馆纂修官在乾隆帝旨意的基础上规定了工作细则：“虽宋人言辽、金、元，明人言元，其议论偏谬尤甚者，一切拟毁。”不塞不流，不止不行，古代有些禁书，老百姓认为有用，便悄悄地藏了起来。

八、新时代话藏书

我们今天的生活已经社会化，我们的时代称作信息时代，我们可以坐在家里了解到全球各个地方的新闻，可以利用电脑联机检索每一个数据库存贮的文献。我们利用电话可以直接与大洋彼岸的人进行交谈。我们的思想涉及到全球、全人类和宇宙以及微小的粒子、质子。一切事物都在变化，瞬息之间的现实马上成了过去。否定之否定成了人们思维的基本规律。人们一直在追求，追求新发现、新发展和新世界。整个人类处于激烈的运动中。一切的一切，都成了游离态的事物。人的心神因此也飘荡起来。“神思八荒”，原喻多才，今日“神思八荒”已是一种被信息所困的破碎的世态镜头和竞争的忘我意识。人们今天大多数已不为吃喝忧伤。人们被信息流一忽儿带到这，一忽儿带到那里，感到十分的痛苦。多中心则无中心，泛信息则淡化信息。今日，人们面对大量的广告、报纸、电视、电影、录像、磁带、光盘，不知所向，神魂不知何寄。信息的泛滥，使人们把整个世界淡化了，把人情淡化了，把知觉淡化了，把一个好端端的“我”淡化了。家庭在摇晃，亲戚在消亡，伦理在苦难中，阳光被信息洗刷得灰白。到处是灰尘，到处是音响，到处是图像符号。是人为的灰尘、音响和图像符号把人带入了一种狂乱的太虚幻境吗？是飞机、汽车和分工劳动把人与自然分离了吗？是物质的分解与重组使人失去各自的属性吗？尽管问上三天三夜，我们也难以问个够！自然归与何人？何人还在自然中？倘若我们把眼光聚焦于中国古代的藏书事业，我们一定会使自己的思想返回到那逸静、憩然、祥和的氛围。你的心纵使飘忽万里，这时也会回归那清纯的世界。或许当代的青年，听到“藏书”二字就反感，认为是保守无为无能之作。孰知道藏书形成了文化，中国诸文化中的一种重要文化。了解中国古代的藏书文化，对于丰富我们的生活情趣，了解社会，了解人生，了解人的心态的发展，了解人们价值观的演变，了解人文环境的变化，了解中国的人情风俗等，都是十分有益的。在大自然的威力下，人们认为藏书活动是幸福的。在社会生活的浪潮中，藏书活动会更幸福，更富有哲理。藏书的哲学，是智者的佳作，也只有智者才能感受到的。

第一章 藏书家

中国有许多藏书家。人们编纂了许多有关中国藏书家的工具书，如：《考略》、《史略》、《传略》、《词典》等。这便使人想起藏书家的标准与藏书家的流派问题。

第一节 黄金散尽 志雅书种

——细言漫说藏书家

研究藏书文化，必得研究藏书家。关于藏书家的书，已有不少著作出版，如《藏书家辞典》、《藏书家传略》、《藏书家考略》等。根据这些书籍汇总的资料得知，中国有数千位藏书家。书中的资料显示出，他们对祖国的藏书事业有着大小不同的贡献。

什么样的人才可称作藏书家？以什么标准来判断某人是藏书家或不是藏书家？藏书家与人类进步有什么关系？我们为什么要授予某些人藏书家的称号？这个问题值得讨论。因为自古以来，没有人给“藏书家”的称号拟定一个标准，没有对于“藏书家”的标准进行过广泛的讨论。

一、“家”意味着什么？

“家”，从生活的角度理解，它意味着是人们生活的基本的单元。“家”，如果从业务的角度理解，则意味着专于某一行，有专业知识、专业技能，或从事某种专业活动，并卓有成效者。如我们常说的作家、画家、教育家、物理学家、生物学家、园艺家等等。

从业务的角度看“家”字，“家”本身是一顶桂冠。凡在某一行中称上“家”的人，一般是有功劳有贡献的人。这个功劳和贡献不是自诩的，不是拉帮结派哄抬起来的，不是感情涌发妄作的，而是客观的贡献、客观的成果、客观的数据和事实表现出来的。例如作家，指某人通过一系列的创造活动，在语言文字的运用与表达方面很有造诣，善于构思，善于组织和巧妙地使用某种语言。其作品得到社会的认可，其写作艺术相当成熟，且其作品在数量上与质量上都超过一定的常数。或者某作家只有一部作品问世，但那是绝世之作，千古难得的佳品，人们不得不称之为作家。有人作品平平，但出版发表的文字量特多，这种人也可称为作家。又如农业专家，一般指在某项农业研究上有贡献的人。或对水稻育种（例三系杂交稻），或对植物基因（例如蚕桑基因改造）有突出发现的贡献者。我国有几亿农民，他们一生务农，勤勤恳恳、兢兢业业的从事农业劳动，他们不是农业专家，而是农民。这说明“家”是一顶桂冠，非某行某业功绩卓著的人，是不可称作“××家”的。

二、俗称“藏书家”

“家”有尊称与俗称之别。现在一般人把相当于某某职称的人称作“××家”，或是有某种文凭的人称作“××家”，更有甚者，将具有某种职位（行业职位）的人也称作“××家”。俗称的“家”，不是历史概念的“家”，也不是社会公认的卓有贡献的“行家”。我们藏书家的书籍与传略上，一般将在史书中有藏书记载的人统统称作“藏书家”。这种藏书家，无藏书多少的标准，无藏书研究的贡献大小之别，凡史书云“×××，爱藏书，积书颇丰”，则标上藏书家的头衔了。如：高儒（《居易录》）：“涿州高儒，武弁也，家多藏书，有《百川书目》。”这样便收进了《中国藏书家考略》。①

这个高儒，仅写上“家多藏书”，藏书究竟多少，不知道。有《百川书目》，该书目谁人所编，不知道。那么，高儒怎样被称作了藏书家呢？我们也不知道。没有标准，就很难判断是非。

《中国藏书家考略》有另一藏书家的条目：“张位，字立人，号艮思，清长洲人，有异才，志趣高远，康熙中以诗赋召试，给札内廷修书，书成，出为令，和而有宋。归而薄田种秫，暇则抄宋、元人小集以自娱。”②

这个“藏书家”张位，根本上没有关于他藏书的记载，仅“修书”、“书成”、“抄宋人小集”而已。倘若这样的人可以成为“家”——藏书家，那么，中国几千年的历史中，藏书家的人数就多得无法计算了。

在有关书籍或期刊杂志中列举的藏书家，他们都是类似于“高儒”、“张位”式的藏书家。从以上事实中，我们可以断定，俗称的藏书家不一定是真正的藏书行家，也不一定是人们心目中

① 《中国藏书家考略》，第186页。

② 同上，第187页。

公认的藏书家。

三、名副其实的藏书家

中国是一个历史悠久的国家，远在公元前 8、9 世纪，已有了丰富灿烂的文化，并留下了宝贵的文化遗产。以后，中华民族各地区间的文化互相融合、互相推动，使我国的文化不断地发展、不断地演进。

在朝代的更替中，有很多文化遗产被天灾人祸毁灭了。我们今天感到十分自豪的中国传统文化，得益于两个方面的遗产：一是地上及地下的文物；二是被历代藏书家历尽人间沧桑而保存下来的图书资料。

我们从李太白《望天门山》一诗“天门中断楚江开，碧水东流至此回”，可以知晓那时长江水是清悠悠的，不是黄泥水；从李太白的《秋浦歌》“炉火照天地，红星乱紫烟”，知道安徽贵池秋浦在唐代冶炼业的状况；我们从《春秋》一书，知道了周朝春秋时期诸侯逐鹿中原的情况。我们的祖先创造了丰富的生活，创造了极丰富的文化。秦朝有阿房宫，南朝江南有 486 寺，明朝修纂《永乐大典》，长安的都会，扬州的商业，我们都是借助文化典籍知道的。文化典籍被保存下来的只是其中的一小部分。这一小部分典籍的传世，是我国多少代藏书家竭尽努力而幸存的，藏书家的功劳有多大？我们可以由此而知。凡今天见不到实物的，我们亦只能从藏书家保存的典籍中了解和探索。可以说，没有藏书家就没有丰富的历史根据，没有藏书家，我们就没有透视历史星河的望远镜。藏书家的功绩是十分伟大的。光荣的称号不是可以随意授予任何人的。任意性等于否定性，称号的随意授予等于称号的无意义。我们不妨通过讨论藏书家有哪些主要的贡献，以便对藏书家的概念，达到一个共识。凡藏书家一般有如下一些贡献：

1. 拯危继绝

人们一般认为中国历史上图书遭到过10次大危难：

(1) 秦始皇焚书坑儒； (2) 汉王莽篡汉焚典籍；
(3) 董卓燔烫洛阳； (4) 晋怀帝永嘉之乱；
(5) 梁元帝燔天府书； (6) 唐安史乱长安；
(7) 唐末之乱； (8) 宋靖康之劫；
(9) 清代焚烧禁书； (10) 清末八国联军肆掠。

书危之说，有五危说、十危说。其实，每逢大战争、大灾荒、大变故，藏书便会受到不同程度的毁灭。公私典籍往往总是在人为的兴废中起伏，在大自然的变故中遭到毁灭，或在偶发性的事件中被毁灭。

每次书危后，仍有一批图书被人们保存下来。最严重的一次书危是秦始皇焚书坑儒。秦朝对思想文化的禁锢最为严厉。在那个时期，孔子八世孙孔鲋竟将《尚书》、《礼记》、《论语》、《孝经》等书藏在墙壁中。直到汉武帝末年，鲁恭王刘余的宫廷扩建时，拆孔府故宅，在墙壁中发现了孔鲋藏的典籍。孔鲋在图书典藏史上是一个重要人物。他收藏的文献，引发了汉代以后对占统治地位的儒学研究的分歧，形成了“古文经学”与“今文经学”，它对中国的学术活动产生了重要的影响。孔鲋秘藏典籍，起着拯危继绝的作用，他是一位了不起的藏书家。

二酉石洞。相传在秦始皇焚书坑儒时，大酉、二酉两位兄弟以船运书到黄河上游的悬崖洞窟中典藏，保存了文化典籍。也有人说，在湘沅陵县西北有大西、小西二山，山中石穴藏书千卷，秦人在此读书。大西、二酉兄弟称得上是藏书家。或者说，在大小酉山石穴中藏书的人，可称作藏书家。

敦煌石窟。中国历史上有三次大的毁佛事件，佛教称作“法难”，即“三武之乱”，北魏太武帝、北周武帝、唐武帝，三个带“武”字号的皇帝毁佛，佛典同样受毁。为了保存典籍，佛教徒在敦煌鸣沙石窟保存了大量的佛教文献，这些设法保存佛典的人，也可称作藏书家。

2. 使大量图书收藏有序

藏书量达到百卷以上，若不加以整理，使之井然有序，检索起来就十分困难。古代的图书多为线装书，平放在书架上，书脊上无书名，检索起来比今日困难。为了使大宗图书排列有序，很多专家对此进行了大量的研究。

汉代的刘向、刘歆父子编出了《别录》、《七略》二书。他们给每本书写一个提要，并将图书一一分类，使不同类型的图书归集在一起。这样，人们检索图书文献便可以按照文献内容的归属进行，检索起来较快较准。

东汉时期，班固编撰了《汉书·艺文志》，在正史中留下了一朝人藏书和一朝人著作的记录，这是藏书史上的创举，以后《隋书》、《旧唐书》、《新唐书》、《宋史》、《明史》、《清史稿》中都有了《艺文志》或《经籍志》。其编撰者魏征、刘陶、欧阳修、脱脱、张廷玉、赵尔巽等，为收书、藏书、整理图书，做出了很大的贡献，他们应该称作藏书家。

刘宋时期王俭编撰了《七志》，外加图谱志和道经、佛经，他将图书分作 9 大类。

梁阮孝绪编纂了《七录》，他把图书分作 7 大类。这在图书典藏的方法上是一个贡献。

西晋时荀勖编制了《中经新簿》，又称为《晋中经簿》。东晋的李充经过研究，认为图书应分作 4 大类。《隋书·经籍志》和《四库全书总目》沿用旧制将图书分作四大类，类名改作“经、史、子、集”，并列出了详细的图书分类子目，形成了四部分类体系。

在图书目录上，各朝国家书目都有新的研究和创造。历经数朝图书分类和编目方法的研究，使图书典藏日趋科学化。从而，我们说，刘向、刘歆、阮孝绪、李充、荀勖、陈振孙、晁公武、纪昀……等人都是藏书家。

郑樵在《通志·校雠略》中阐述了类列、著录、注释的藏书观点，马端临《文献通考·经籍考》中著录了“存于近世而可考”的图书，并“记其著作之本末，考其流传之真伪，定其文理之纯驳”。郑樵、马端临是中国藏书史上的重要人物，是知名的藏书家。

在佛教藏书方面，释道安编纂的《综理众经目录》，“始述名录，铨品译才，标列岁月”。他是当时有名的藏书家。释僧佑的《出三藏记集》，“一撰缘记，二铨名录，三总经序，四述列传”，是现存最早的一部佛经目录。僧佑为典藏佛教文献所作的贡献，功不可没，是理所当然的藏书家。

私人藏书中的藏书家星罗棋布，在以后的章节中我们会详细介绍。

清代末年的孙从添是众多私人藏书家中的一个。孙从添著有

《上善堂藏书记要》。读他的文章，我们可以知道真正的藏书家对藏书技术是很有研究的。

孙从添说，编目不可错乱颠倒，不要遗漏或草率。家藏的图书，每隔几年应编目一次。每次编书目，必须清点图书，给每本书加以分类。分类类目可效法《四库全书总目》，或效法《经籍考》，或效法陈振孙《直斋书录解题》。每本书前面应作一个序，后面应作有跋文。每本书应著录卷数、时代、作者、编者、述者、撰者、录者、注者、解者、集者和纂者，著录其版别——宋版、元版、明版，宋元抄本、旧抄本、明人抄本和新抄本，将它们分类柜藏。在每一书柜门上列一清单，标出该柜第几格藏什么书，每书上挂上书签，签上写明书名卷数。在书签的角头盖上藏书家的图章。

藏书家藏书，不仅仅是买了一大批书放在书楼中。他们要从事一系列的认真仔细的研究工作，让图书井然有序。他们买书、选书、校书、分类、编目、上架，给图书写序与跋，这都是辛苦的劳动。有些劳动是要有专深的学问才可胜任的。买古书要善于识别版本及其真伪；给图书写序与跋，必须通读善解图书；对图书分类要有渊博的知识；图书校勘工作，需要有专深的学问，否则发现不出问题。藏书家的活动是文化活动，而且是高级文化活动。每一位藏书家对文献的加工、保存和利用都做出过贡献，他们是这方面的专家。

3. 对某类图书的收藏卓有贡献

图书数量庞大，作为个人，泛泛地收藏，往往不及从事专类图书收藏。专类图书收藏往往能达到精、全、系统的特点。我国古代很多藏书家对专门类图书藏书卓有贡献，可称是专业图书收藏家。

吴昆（公元1552—1620年），安徽歙县人，字山甫，号鹤皋。他是明代有名的医生，又是藏书家。吴昆生于书香门第，他的祖宗数代都是有名的中医医生，所以吴氏数世藏书，且多为医书。至吴昆时，藏书量达数万卷。吴昆本人著书颇丰，如《内经吴注》、《素问注》、《医方考》、《针方穴集》、《脉语》与《参黄论》等。

清代上海人李君塔藏书甚丰，他承家教精于医学。其叔父撰方书17部，他自己撰药品化学、医学口诀、脉诀、汇辨、痘疹全书刊行。每有西吴书贾船至，他必买医书。他的医书收藏量达30柜，医书收集之多，旁人莫及。朱彝尊在《曝书亭集》中作文专记此事。上述二人是医学藏书家。

叶梦得，字少蕴，号石林居士，南宋吴县人。他是绍圣进士，官至翰林学士。一生好收书，而且专门收藏公家的书，即三馆溢出之书、官方印发之书、宫庭文书。他建有藏书楼，名曰“细阁”，藏书达万卷。

明代毛晋世代居住在苏州迎春门外。他酷爱藏书，湖州卖书的船舶云集于他门前。乡里人说：做生意不如卖书给毛氏。毛晋最喜宋版书。凡是宋版书，都是世上罕见难得的书。若买不来，他便用上等级墨影抄。他藏有84 000多册书，其中多为宋元刻本。毛晋是宋元刻本藏书家。

汤显祖是明代戏曲家、文学家，江西临川人，他的戏曲《紫钗记》、《还魂记》、《牡丹亭》、《南柯记》等都是名作。他的剧本在戏曲史上称作“临川派”、“玉茗堂派”。姚士粦《见只编》说，汤显祖为了研究古代戏曲，特别爱收藏各种元人的剧院本。

在他的书室中收藏有千种以上戏曲剧本。这些剧本是世上不多见的，有的还是珍本，或者是著名的剧本目录，如《太和正韵》上没人著录的好剧本。汤显祖为了写好剧本，专门收藏各种剧本，他不但收藏，而且精读，很多剧本他都可以一一口诵出来。汤显祖可谓戏曲剧本收藏家。

北魏时有人建造藏书楼，专门收藏经籍。这个人便是经书收藏家。

4. 对藏书楼建筑卓有贡献的人

宁波范钦（公元1506—1585年），字尧卿，号东明，官至兵部侍郎。公元1561年他回归乡里，始建天一阁，藏书7万卷。天一阁的建筑是藏书楼建设的典范。天一阁上下2层，上层藏书，下层为读书室，每一层为6大间。每间房屋之间无墙及板隔断，相互贯通。楼上藏书以书柜为支撑，书柜将房子隔为6间。天一阁建筑美观，通风、明亮，有较好的防潮、防火措施，益于图书保存。

天一阁楼前有一水池，以水制火，可确保图书安然无恙。天一阁地基下还有木炭、石灰，可以防止潮气上传。天一阁造型美观，环境雅和、静谧，是个读书胜地。天一阁是私人藏书楼的典范，它成为清代皇家藏书楼——文渊阁、文汇阁等7阁建筑的范例。范钦对天一阁藏书楼的设计，在藏书楼设计史上贡献突出，理应称作藏书家。

5. 在藏书管理上卓有贡献的人

藏书要管理。管理不当，便会丢失、虫蛀、发生火灾，也会造成混乱无序、利用率不高。管理得当，藏书可以妥善保存千百年，让当代和后代充分使用这些图书。

明代的藏书家祁承爜很善于管理图书。他在公元1620年写的《庚申整书小记》中，介绍了许多藏书要领。祁承爜说，家藏图书，每年应整理一次，每5年编一次书目。每次整理图书，应将秘本奇编放在安全的地方，最重要的图书应放在床头。藏书楼中的图书应该有标签。书应分层排列。所有图书应按四部“经史子集”分类。藏书不宜借出，书读过以后，要立即放入藏书楼，不允许放在自己的书房里。书散了应整理装订好。如果发现某地有好书，应不辞千里去买来，哪怕是一张纸也应当成宝贝。

另一个藏书家叶德辉，他在《观古堂书藏十约》中介绍了图书版本鉴别的技术，图书装帧的技术，图书陈列上架的方法，抄补图书的知识，著录图书应注意的事项，图书的校勘与题跋，列橱方法，如何晒书，如何防虫蛀，如何防火水，如何防止遗失等等知识。这些管理经验十分宝贵，至今仍有参考价值。祁承爜、叶德辉式的人物可称作藏书家。

6. 藏书量达相当规模的人

藏书是一种辛勤的劳动，大量图书的收藏更为辛苦。藏书工作者选择图书、鉴别图书，筹集资金购买图书，不远千里访书，跟踪寻求图书，运载图书，这些活动都是十分辛苦的劳动，需要付出汗水和心血。朱尊彝为了得到钱曾的善本书目《读书敏求记》，想方设法，不得成功。最后贿赂钱曾的侍从，方可抄出复本。山东聊城海源阁杨心源为了采访图书，足迹踏遍国内各名城重镇。古代私人藏书，一卷一册得来不易。藏书百种，犹耕耘田地10亩。藏书万种，往往非几代人的努力不能成功。浙江范氏天一阁藏书先后经历了12代人的努力，聊城海源阁杨氏经历了4代人的努力，晁公武的藏书经历了7代人的努力。一粥一饭当思来之不易，一书一笺应知得到的艰辛。藏书在 5 本、10 本、100 本之间，普通人家常见。1 000 本以上藏书的人家也时而可见，但不很普遍。个人藏书达万册以上，实为不多见。即使今日图书出版量大，图书价格便宜，得来也十分不易。而在古代，刻印价高，而且速度慢，书价昂贵，有一书值白金几两者，有以一奴婢换一书者，可见觅书之艰难。

古代中国自秦到清总计留下图书约 18 万种。在这 2 000 多年中，只生产了 180 000 种书，平均每年仅生产 90 种图书。一个国家，平均每年只生产 90 种书，书籍在古代社会实在珍贵！千家万户，甚至有的门户数代无一人摸过书啊！在那个时代，家藏图书 10 种，令一般人觉得稀罕，100 种图书，已非平民百姓了，在士族中已是著有素养的人。因此，古代藏书百种，即小藏书家了。清代乾隆皇帝在一份谕旨中说：其一人而收藏（图书）百种以上者，可称为藏书之家。图书百种，这已超过古代全国平均每年图书的出版的总量了。

根据印刷生产力推算：古人藏书百种，可称藏书之家。那么，今人私家藏书十万卷方可称上一个藏书家了。因为现在的印刷生产力超过古代百倍有余，人们的购买能力也超出古代百倍有余。不过，仔细想想，藏书之家与藏书家，二者还是有区别的。

7. 善于鉴别版本的人

藏书的价值往往与版本有关。同一内容的书，不同的版本，有不同的收藏价值。例如：宋版书产生于雕版印刷的早期，其纸质精美，字体清秀，为后人所青睐，视作典藏的珍宝。而众多的教学读本、手抄本，则不为人们青睐。凡珍本、善本，有真有伪，善于识别真伪的人，可称其为藏书家，如黄丕烈、毛晋等。

他们有效地保存了文化遗产，使子孙后代享有此书。

藏书家不仅仅藏书，他们往往既是藏书家，又是刻书家、鉴赏家、校仇家、考证家、著述家和掠贩家。人们往往为了雕刻、校仇、鉴赏、考证、著述、掠贩而藏书。雕刻家、校仇家、鉴赏家往往要藏书。

第二节　百花争艳　各有独钟

——藏书家流派

旧第开朱门，长安城中央，第中无一物，万卷书满堂。家集二百编，上下驰皇王，多是抚州写，今来五纪强，尚可与尔谈，助尔为贤良，经书括根本，史书阅兴亡。高摘屈宋艳，浓薰斑马香，李杜泛浩浩，韩柳摩苍苍。近者四君子，与古争强梁，愿尔一祝后，读书日日忙，一日读十纸，一月读一箱。①

以上是唐代杜牧《冬至日寄小侄阿宜诗》。诗中说，杜牧藏书万卷，自编书200卷，都是关于帝王贵族、达官显爵的书，内容涉及500年的历史。善于读书的人，把经书放在第一位，欲了解世事兴替的人应读史书，要学习诗歌散文的人，应首先阅读李杜韩柳的大作。热爱看书学习，吸取书中的精华，使自己达到善美兼优。人啊，要天天读书才行，一天读上10卷书，收获不很大，天天读上10卷书，收获便很大了。显然杜牧藏书的目的是

① 《全唐诗》卷521。

为了教育，藏书是为了给子孙一个登天梯。

韩愈说，他小时候鄙钝不敏，不晓世事，但喜好文学，且家贫，衣食难保，悲伤痛苦，无处诉说。于是发奋研读经、传、史、诸子之书，对于书中字字句句、一一咀嚼品味，希望能有个出头之日。书中学问如同河汉，日月鬼神，明晦高深，珠玑华实，雷霆风雨，日久浸染，融合在心。读书数十年，精神贯通天地，则世事洞明。

杜牧藏书以教子，其意莫不过激励子弟读书，以达韩愈之功。

藏书家中，相当多的人藏书是为了子弟的教育，几乎公私藏书都是为了教育。古代教育仅仅为了科举，中举做官，享受荣华富贵，不太重视社会的贡献。有些藏书家急功近利，只收藏四书五经与应试的书籍，给予学习者的知识只是一根细线，希图子弟攀登上荣华富贵的殿堂。所以朱熹反对科举，他认为科举误人子弟，道理是深刻的。

但无可改悔，历史的史实是为教育而藏书，这是藏书家的主流。

藏古，是藏书家的第二流派。

藏书家中，把宋版书当成至高无上的珍品，认为宋版书价值连城。明朝毛晋爱收藏宋版书。清代四大藏书家丁丙、陆心源、杨以增、瞿绍基，所藏宋版书是他们的镇库之宝。例如陆心源搜购得宋版书100多种。他在吴兴月河街有一组建筑，其中有藏书楼，将其宋元版书专修一楼放置，称“皕宋楼”，意指所藏宋版书近200种。因为当时吴县黄丕烈以有宋刻100余种而名重天下，陆氏的宋版书超过了黄氏，为了显示自己有名贵图书，特置一

“皕宋楼”，另创一字“皕”，就是2个100的意思，令人听起来很新鲜。

陆心源把月河街所藏的明代以后的精抄本、精校本、秘刻本及精抄本书，藏于一个楼，称作“十万卷楼”，言其拥书之多。陆氏在吴兴城东莲花庄有一“潜园”，园中有一藏书楼，名“守先阁”。“守先阁藏明人集至多”，“吾吴（指吴兴）先哲如都南濠、杨君谦、皇甫司勋之类，无所不有”。[①] 陆心源将其藏书分作三个级别典藏于各书楼。后人据有关资料推测陆心源拥有48 000册精藏。如：蜀大字本《左传》、残蜀大字本《汉书》、《后汉书》，蜀大字本《三苏文粹》，宋耿秉本《史记》，宋一经堂本《后汉书》，咸平本《吴志》、《三国志》，淳祐湖州大字本《通鉴纪事本末》，宋大字本《诸臣奏议》，宋本《欧公本末》、汴都刻《小畜外集》、宋开禧本《周善公大全集》、宋端平年间刘炳本《宋朝文鉴》，元代至元庆年间元路本《玉海》、《东京梦华录》，元西湖初印本《国朝文类》，元43卷本《金华黄先生集》，元至治嘉兴学本《秋涧先生大全集》，元元统28卷本《归田类称》等。

陆心源的藏书于公元1907年4月，被其子陆树藩以10万两银卖给日本人岛田翰，当时我国学者无不扼腕痛惜。

珍本是藏书家藏书的特色。丁丙，杭州人（公元1832—1899年），他的一个藏书楼名“八千卷楼”。其实，他的藏书何止8 000卷！他的藏书楼名“嘉惠堂”，楼共5楹，堂屋的那一楹叫“八千卷楼”，其他4楹，分别标匾：“其书满家”、“后八千卷楼”、

① 《浙江藏书家藏书楼》，第231页。

“善本书室”、“小八千卷楼”。丁丙积书20多年，达8万卷之多。

丁丙藏书的特点：宋元刊本200多种，藏书多为《四库全书》监本、(李杞《周易详解》、俞汝言《春秋评议》)、域外刻书（日本、朝鲜刊本）、精写稿本（厉鹗《东城杂记》、《武林石刻记》等)、名人学者收藏本或校本。丁丙名声远扬，这与他在公元1861年太平天国克陷杭州后，搜寻和收集的文澜阁藏《四库全书》有关，他收集到的散页、散本达8 689册，至公元1874年他又花钱购得302册，至公元1888年花钱516 000银两补抄《四库全书》2 174种，使文澜阁《四库全书》恢复了原貌。

总之，丁丙藏书有着救危继绝的作用。书的价值与其他商品一样，物以稀为贵，藏别人所不藏，藏别人所不能藏，藏别人所无法藏的书，这就是所藏图书的真实价值。这就是藏书家的贡献。

山东聊城海源阁杨以增的藏书是四海闻名的。凡明末、清初名家古刻名抄、乾嘉以来黄丕烈、顾千里精校秘写，汇于其家。杨氏海源阁藏书，其珍贵藏本有：宋本85种，金元本39种，明本13种，校本：107种，抄本24种。杨氏最喜的是宋版《四经》、《四史》，即《诗经》、《尚书》、《春秋》、《仪礼》、《史记》、《汉书》、《后汉书》、《三国志》。杨氏所藏宋版书有书箱本、张敦仁刊本、蔡梦弼本。其书一般刻功劲秀、印刷精良、纸洁如玉、古雅罕见。如：《诗说》、《春秋名号归一图》、《大戴礼记》、《尚书蔡氏传》、《朱文公家礼》、《两汉博闻》、《宝晋山林集》等。

常州瞿绍基（公元1772—1836年）的铁琴铜剑楼，收藏了宋元明代刻本图书达1 300多种，其藏书中3/4是明版本书。每一个朝代的更替都伴随着一场翻天覆地的变化，上一个朝代的书传到下一个朝代为数已经不多，因此藏书家对于他所在时代的前一个朝代的书较为关注。瞿绍基收藏的大量明版书，是珍贵图书。

藏古书，要懂得版本，就要熟悉每一个朝代的著名的刻书家、著名的藏书家，其刻书的书坊门号及藏书楼的名称，主人的姓名、号、字、别称，历代书目以及印刷等等。书的版本知识不仅仅是书本上得来的，而重要的来自实践。藏书家对某书某版出于何处，一目了然，这是不断实践、不断研究的结果。所谓见多识广，则真伪分明。近山知山音，近水识水性，说的就是这个道理。

藏书家对于抄本书十分的珍重。古代人买不起刻版书，或者买不到刻版书，便动手自己抄书。凡抄书大家，其抄本很有艺术风范，收藏的价值也高。

抄书有抄错、抄漏的现象。有的人在抄写稿本过程中，以为某字难认，或不通用，某语句不顺口，就将某些字句和段落进行修改。如果多次转抄，这样的抄本与原件差异便很大，所以抄本不及原稿，需要校勘。

古代抄一本书比买一本书便宜，很多藏书家的图书是抄本，且自行抄写。

抄书是古人的基本功。《梁书·王筠传》记载，王筠，字元礼（一字德柔，山东临沂人），“少好书，老而弥笃，虽偶见瞥观，皆即疏记，后重省览。……幼年读立经，皆七八十遍。爱《左氏春秋》，吟讽常为口实，广略去取，凡三过立抄。余经及《周官》、《仪礼》、《国语》、《尔雅》、《山海经》、《本草》，并再抄子史诸集皆一遍，未尝请人假手，并躬自抄录，大小百余卷。不足传之好事，盖以备遗忘而已。”

明代著名的抄本有文抄、祁抄、吴抄、叶抄、毛抄、谢抄。即：福建谢肇制、常熟毛晋、长洲吴宽、昆山叶盛、长洲文征明、山阴祁承㸁的抄本。历史上凡大文人、大学问家、大藏书家的抄本都是珍本书。丁丙、鲍廷博、吴焯、惠栋、朱彝尊、钱曾等藏书家的抄本，都是十分宝贵的。这些抄本，有书主自己抄的，也有的是主人雇抄书手抄的。古代有职业抄书手，字迹隽秀有力、干净，非一般人功力所及。原《四库全书》七阁藏书皆抄本。在通行的《四库全书》影印本我们可见其字迹功力。注重收藏抄本，也是藏书家的一个流派。藏书家依其所好藏书有所侧重，这或许也是区分藏书家流派的一丝根据。例如：

（1）碑文。唐代李元嘉爱采集古迹碑文，他收集有很多碑文异本。宋代王贻庆收藏有碑文100卷。很多碑文被藏书家以拓片形式保存下来。

（2）图画。唐代颜师古爱收藏古代图画、器物、书帖。钟绍京嗜书画。宋代王都藏书3卷，名画乐器数百。元好问藏画百轴，先人手稿千余册，并藏有元祐前刻书，五代写本及国画中高品。

（3）字迹墨宝。唐钟绍京嗜书画，如王羲之、王献之、褚遂良真迹，藏卷越数千。韦述藏有历代名人画、魏晋以来草录真迹数百卷及古碑、古器、药方、格式、钱谱、玺谱、当代名公尺牍。杨凭家多书画，钟王张郑之迹在《书断》、《画品》者，兼而有之。

（4）石刻。朱熹、黄丕烈等家藏有石刻若干。朱熹著书《家藏石刻序》。吴兴向士彪蓄有石刻数千种。

（5）佛书。沈季长喜佛书，家藏颇厚。黄炎培好藏佛教与道教及哲学著作。唐代司空图私人收藏佛道图记达7 400卷。

（6）奏议。宋代王贽家藏奏议集20卷，别集20卷，王准藏有诗文、制草、奏议40卷。

（7）赐书。南北朝时江总家传赐书数卷，唐代柳宗元家有赐书3 000卷。

（8）友人赠书。曾国藩一生爱书，公元1836年及公元1853年两次会试不第，返乡途中经过江宁，他典当衣物买了《二十三史》。他父亲说，花那么大的气力买了书，应该圈点一遍才是。他遵命闭门不出，把《二十三史》认真地校读、圈点了一遍。他任两江总督以后，官吏士绅投其所好，选书中上品赠送他。如松江知府赠宋版《庄子》、莫友芝送武英殿聚珍版《水经注》、邵位送《古今逸史（世德堂刻）》、汪梅村送《黄朝中外练舆图》、苏源生送《中州文征》等。

范钦与曾国藩等人喜欢收集地方文献，他们每到一方任职，便将当地地方志及宗谱等文献收藏在库。黄宗羲喜欢收藏野史、遗集、绝学、奇经。宋代林师点喜欢收藏古贴、秘文、断刻、坠简。清末张树三爱藏清代毁禁图书及海外报纸，等等。

藏书家的爱好也就是藏书家的基本功。他们懂得各朝的国家藏书目录、私家藏书目录、历朝主要的藏书家、藏书楼、校勘学家、大学者、刻坊、刻书家、刻工、版本、书目提要、题跋款识、金石目录、印、玉、石、钱币、石鼓、石刻、石碑、图像、甲骨、陶器、竹木简、绵帛书等知识，并能了解各代藏书家图书的来源去向以及与他们经常交往友人。爱之即藏之，爱之泛，收藏亦泛。

藏书家中有一批友人是知名学者，他们精通文史、典籍。藏书家与他们在一起调侃，有意无意中，藏书家便知某人家有某名人典籍、名人字画、典籍字画的特征及流向。例如清代曹寅曾任江宁织造，他藏有大量的图书。他与当时的名流雅士往来频繁，徐乾学、朱彝尊、宋牧仲、王士贞常在他家抄书、品画、题跋书画、饮酒作诗。莫友棠在访书过程中，与著名学者和藏书家张元济、缪荃孙、叶德辉、曹元忠、傅增湘结下了深厚的友谊。黄宗羲曾到宣城梅郎中的藏书楼尽览全书，并与梅郎中及包世臣交谊甚厚，黄荛圃（丕烈）与石琢堂、彭苇间、尤春樊、张莳塘、理斋公结问梅诗社。黄丕烈与顾逵、周锡瓒、袁廷祷互相往来借抄图书，号称“藏书四友”。这说明藏书家的藏书往往伴随着一系列的文化活动。

藏书家藏书有的重于藏，也有的重于用。

白居易、柳泚、郑之素、刘蜕等人重藏书。唐代刘蜕把自己一生写的 1 180 张纸起冢以封之，试图保护他的作品。白居易把他的文章汇成《池北文》，一式 5 份，一藏在庐山东林寺经藏院，一藏苏州南禅寺，一藏东都胜善寺钵塔院律库楼，一付龟郎，一付外孙谈阁童。柳批将其藏书一式抄 3 份，精装本镇库，平装本自己随身披览，另一平装本给子孙们阅读。《十国春秋》一书中介绍了郑之素，他把书先放入一个铁匣子，铁匣子外套石函，石函放在床上，他生怕别人把前代图书墨宝拿走了。显然，他的图书不愿给人阅读。陆龟蒙把自己的诗文当佛法悄悄地藏在庙内佛肚中，到宋咸淳中，醉汉偶然碰倒了佛像，陆氏文稿才得以流传。

私人藏书家中，也有一批开明人士，他们的藏书愿为社会服务。

宋代叶梦得建有一“紬书阁”，藏书其中，为天下读书人服务。亳州知州宋敏求藏书颇丰，刘恕千里求书，独住其书阁，口诵手抄，十余日而去。明代毛晋建了3个藏书楼，接待不同文化程度的人。其汲古阁的藏书为学者文士服务，双莲阁的藏书为僧侣和尚服务，关王阁的图书为道士们服务。清代仁和黄树谷建有仁义塾，聚书其中，供四方学者阅览。清咸丰以后发生了很大的变化，原来书主施恩式地为社会服务转到集资性质的书社。若干家庭自觉自愿地出钱买书，集中陈放在一起，为广大社区人民服务。这种书社在浙江广为流行，促进了民间图书馆事业发展。书社与稍后的满族人国英办的共读楼不一样。国英允许别人来藏书楼读书，旨在让其子孙与读者一起学习，成人成己，从别人那里获得读书的氛围。公元1892年，绍兴徐树兰的古越藏书楼建成，这是私人捐款筹建公共图书馆之始。公共图书馆的作用不同于传统的私人藏书。传统私人藏书偏重于藏，图书馆藏书侧重于用，侧重于为社会服务。这是私人藏书史上一个根本性的变化。私人藏书因人、因家、因势而兴替，变化较大较快，书籍聚散周期较短，容易引起图书的流失破损。公共藏书，为人民所有，以权利机关保存图书，图书保存效果比私家藏书好多了。这是藏书家中的藏以致用的流派。

按藏书的时代、类别、用途、目的、贡献的不同，一一数来，藏书家的流派确实不少。

第二章 藏书楼、藏书室

西方国家公共图书馆林立，中国东南一带曾经藏书楼林立。只不过一为现代，一为过去；一为公用，一为私用，但其藏书建筑的密度几乎不相上下。资本主义体制使人独立化、生活社会化、服务公共化；封建体制使人依附化、生活封闭化、服务私有化。在服务私有化的环境里藏书楼为家庭服务，这是中国独有的特点。但中国历史上藏书楼之多，规模之大，确也令人钦佩！

第一节 “文渊”、“天一”播惠九州

——藏书楼艺话

一、名山遍置藏经筒

藏书楼起着什么作用？我们且读古代几首诗：

昔余游京华，未尝废丘壑。矧乃归山川，心迹双寂莫。
虚馆绝诤讼，空庭来鸟雀。卧疾丰暇豫，翰墨时间作。
怀抱观古今，寝食展戏谑。既笑沮溺苦，又哂云子阁。
执戟亦以疲，耕稼岂云乐。万事难并欢，达生幸可托。

谢灵运《斋中读书》

幽沈谢世事，俛默窥唐虞。上下观古今，起伏千万途。
遇欣或自笑，感戚赤以吁。缥帙各舒散，前后互相逾。
瘴痾扰灵府，日与往昔殊。临文乍了了，微卷兀若无。
竞夕谁与言，但与竹素俱。倦极则倒卧，熟寐乃一苏。
久伸展肢体，吟咏心自愉。得意适其适，非愿氵为世儒。
道尽即闭目，萧洒捐囚拘。巧者为我拙，智者为我愚。
书史足自悦，安用勤与劬。贵尔六尽躯，勿为名所驱。

柳宗元《读书》

汉规群玉府，车观近宸居。诏许无双士，来观未见书。
皇文开万卷，家学陋三余。竹帛森延阁，星辰绕直庐。
诸生起孤贱，天子自吹嘘。愿以多闻力，论思补帝裾。

黄庭坚《东观读未见书》

谢灵运的诗描写他在家里的书斋中读书，柳宗元的诗叙说他读书的欢乐与情操，黄庭坚的诗描写国家图书馆东观藏书丰富，藏书楼高大，诸生努力求学，为帝王效劳。通过他们的诗，我们可以了解到古代人利用图书馆的状况。

宋朝的文化发展迅速，其特点是：在这一时期，印刷事业与教育事业发展得很快，群众文化有了很大的发展，藏书楼建设在一些经济发达地区受到人们的重视，很多乡绅投资建设私人藏书楼。宋朝的文豪与名相几乎都出身于文化之乡，在他们的故乡里藏书事业发达，藏书楼林立。这些地方的人，重视教育，重视藏书、读书，人们以读书为荣，这种文化氛围熏陶了他们，使他们日后成功和成名。例如，司马光的故乡山西涑水、苏氏三杰的故乡四川湄县、范仲淹的故乡苏州吴县、欧阳修的故乡江西吉水，都是宋朝时期文化发达的地区，可谓人才辈出，人杰地灵。

据说苏洵少年时贪娱山水，不读书。二十多岁了，看到家乡里座座藏书楼与山川相映美，楼中读书之声朗朗，他懂得了好儿郎应好好读书。他决心学习文化，学会琴棋书画、经济文章。他看到自已将近而立之年，一事无成，十分惭愧，于是发奋读书。所以《三字经》上说“苏老泉，二十七，始发奋”。

在一个人群居住的社区中，房屋林立。这些房屋一般用于住宿、经商和文化活动。如果在一个社区之中，有了学校、有了藏书楼，人们的心潮就会不同于一般。学校与藏书楼是人们精神生活的绿洲。在错综复杂的社会生活中，学校与藏书楼是射向人们心田的阳光，可以激励人们前进。

《徽州社会科学》1993年第2期刊登了“康乾嘉时期徽州文人侨居扬州的文化活动”一文，文中有一段文字描写徽商与扬州园亭，其中涉及到了藏书楼：

杭州以湖山胜，苏州以市肆胜，扬州以园亭胜。康乾嘉时期的扬州，其园亭建设可谓天上人间，迎恩寺、香亭、延宾亭、江山风月亭、玉钩亭、竹西亭、南风亭、彩楼、明月楼、皆春楼、骑鹤楼、摘星楼、横江楼、望江台、凤凰台、钩台、文游台、是园、休园、锦春园、东园、众乐园、砚池染翰……，座座园亭满载着文人骚客的情思逸想，个个楼台飘溢着诗情画意。

休园是众园亭中的一座，它属徽州盐商郑侠如所有。园在流水桥畔，面积50亩。园内建筑风格独具，有含英阁、植槐书屋、金鹅书屋、碧厂耽佳、止心楼、翠山亭、蕊栖、悒翠山房、琴啸、三峰草堂、语石樵、水墨池、湛华卫书轩、含清别墅、定舫、来鹤台、九英书坞、古香斋、逸圃、得月居、花屿、云绕花源、玉照亭、不波航、枕流、园隐、浮青等。……，止心楼下有美人石，墨池中有蟒，来鹤台下多中草药，真是来到休园意难休，一睹休园万事休，休也难休，休！休！休！

徽州盐商在扬州建的园亭很多，类似郑侠如休园的有程梦星的筱园，江春的深庄、官园、东园和康山，马曰琯的行庵，汪玉枢的西园曲水、砚池染翰、移园和南园，江兰的容园、潭渡黄氏四桥（虹桥、长春桥、春波桥、莲花桥）烟雨，黄晟的易园，黄中荷的别园、徐赞侯的晴庄、墨耕学圃和文翠林，洪征治的大洪园（包括虹园修撰、柳湖春泛）。

据《扬州画舫录》记载，扬州园亭的特点，有山、有水、有林木、有动物、有自然景观，也有人文景观，藏书楼是园亭中必有之景。

当时的马曰琯与马曰璐是徽州盐商，侨居扬州，家资宏富，他们的藏书楼是扬州文人汇集之所。扬州八怪常住其园亭——行庵内。诗人闵华、厉鹗、全祖望、杭世骏等人，在他家成立韩江诗社，他们或林屋酬唱、或诗歌颂扬、或泛舟金焦、或灯红酒绿、或品画校书、或琴棋书画，马氏的园亭是栖凤的梧桐。马氏有街南书屋，内有12景：七峰草堂、浇药井、梅寮、丛书楼、藤花庵、透风透月两明轩、石屋、觅句廊、红药阶、清响阁、看山楼、小玲珑山馆。

其小玲珑山馆是藏书楼，楼以甘泉县令龚鉴所赠玲珑石命名。《藏书纪事诗》记载：南有小玲珑山馆，园亭明瑟，而巍然高出者，从书楼也，进叠10万余卷。《街南书屋十二咏》有诗："下规百弓地，上蓄千载文"，"卷帙不厌多，所重先皇坟。"在乾隆皇帝下诏征集图书编纂《四库全书》时，马氏兄弟呈交图书776种。因呈交图书居全国各家之首，受到乾隆帝的嘉奖。

在扬州私人园亭中，徽商建造藏书楼的记载比比皆是。如程晋芳、程梦星、郑氏休园丛桂堂、吴家龙锦春园的御书楼、汪辑的八桂亭、江春的"随月读书处"与"康山读书处"等。

二、天一阁

天一阁位于宁波市天一街，占地8 860平方米，是明代兵部侍郎私人园亭的一部分。天一阁是我国现存的最大的私人藏书楼。

图2—1　宁波天一阁外景

从大门进入，穿过范氏故居，来到园亭深处，在池塘边，可以看到古色古香的"天一阁"。天一阁"坐北向南，左右砖瓦为垣，前后檐上下俱设窗门。其梁柱俱用松杉等木。天一阁共六开间，西偏一间安设楼梯。东楼一间，以近墙壁恐受湿气，并不置书。惟居中三间排列大橱十口，内六橱，前后有门，两面贮书，以便透气。后列中橱二口、小橱二口。又西一间，排列中橱十二口。橱下各置英石一，以收潮湿。阁前凿池。其东北隅为曲池。传闻凿池之始，土中隐有字形如'天一'二字，因悟'天一生水'之义，即以名阁。阁用六间，取‘地六成之’之义。是以高下深广及书橱数目尺寸，俱含六数，特绘图具呈”。①

天一阁，一楼六间为读书堂。六间房屋阔气开朗，读书、写字、绘画、下棋、吟诵弹唱，未尝不可。屋柱上悬有对联数幅，皆为清代人所作，抄录如后，以供人们欣赏。

承梅涧柳汀矶石清节冠世泽礼四明司马

比南峦东硐奇画书泉见高楼仰百尺元龙

人间庋阁足千古

天下藏书此一家

赐书一万卷抱残守缺犹傲公侯

杰阁三百年老屋荒园足魁海宁

天章特奖图书馆

世泽长期子孙贤

遥知呵护有乡云

长喜青葱多带草

好事流传千古

良书播惠九州

十万卷签题湘帙班班笑绿竹绛云久未博

① 王先谦《东华续录·乾隆》卷七十九。

三百年清秘祥光炳炳接东楼碧沚以非遥

此地有崇山峻岭茂林修竹
其人读三坟五典八索九丘

图 2—2　天一阁宝书楼

天一阁前有水池，池中有假山。“九狮一象”，山上有翠林棵棵，水中有金鱼摇尾。坐在藏书楼内读书，或在池畔吟哦，或在假山上写生，安逸静雅，十分人心。园中有石亭，雕工钟神秀，整个亭子不用木，不用钢筋水泥，全是石头雕凿嵌镶而成。这种工艺确实不多见。园内有千晋斋，陈列着汉至清代1 000多块砖头。侧边有一室陈列着唐、宋、元、明的石碑数 10 块，现在建成了一片碑林，这是学习书法的良模。以前这里没有碑林，这是现代人移迁至此的。碑是真实的原件。此亦如天一阁的藏书一样很有意义。读碑林，是文士的一种欣赏乐趣。园亭中有翠竹、绿树、花圃，小径通幽。范氏子孙读书累了，可以在这一区间消遣，这里是读书人难得的一片静土。在闹市中赢得大自然的美是图书馆建筑的杰作。公元 1880 年，阮元在《宁波范氏天一阁书目序》中写道：“钦（范钦）筑居在月湖深处，林木翳然，起天一阁，购海内异本，列为四部，尤善收经史诸书及先辈诗文集未传世者。”

天一阁现为我国最大的私人藏书楼，是保存至今完好无损的最古老的藏书楼。它也是世界上现存的三大私人藏书楼之一。

三、文渊阁

文渊阁是明清两朝的国家藏书库。明代人沈叔廷《文渊阁表记》:“洪武时，阁在奉天门之东。成祖北迁，营阁于左顺门东南，仍位于宫城巽隅，遵旧制也”。明人彭时《可斋杂录》说，文渊阁在明朝迁都后，“在午门内迤东，文华殿南，砖城几十间，皆复以黄瓦，西五间中揭‘文渊阁’牌”。公元1774年，乾隆帝下令在文华殿后兴建文渊阁。这是公元1449年文渊阁火灾后300多年国家藏书库的重建。公元1776年春，文渊阁落成。其副建筑有碑亭、水池、假山，并围有红墙。清代《四库全书》修成以后，其第一部全书存放于此。文汇阁、文宗阁、文津阁、文源阁、文澜阁、文溯阁等俱藏《四库全书》一部。惟有文渊阁一阁建在皇宫之内，为皇家服务。因此，编撰校勘诸官对文渊阁抄本特别精心着意，文字错误极少，字体也最工整。文渊阁藏《四库全书》，每册书前页盖有“文渊阁之宝”的方形红色大印，末页盖有“乾隆御览之宝”的印章，前页记有缮校官人姓名。以后人们校勘古籍，凡有差异者，都以文渊阁库本为准。由此可知，文渊阁无论在房屋的建筑艺术上，还是在典藏的图书质量上都是天下之冠。

公元1775年，乾隆皇帝作《文渊阁记》，阐述文渊阁建设的意义、作用，以及建筑的模式。全文如下：

国家荷天庥，承佑命，重熙累洽，同轨同文，所谓礼乐百年而后兴，此其时也。而礼乐之兴，必籍崇儒重道以会其条贯。儒与道，匪文莫阐。故予汇四库之书，非徒博右文之名。盖如张子所云：“为天地立心，为生民立道，为往圣继绝学，为万世开太平”，胥于是乎系。故乃下明诏，敕岳牧、访名山授秘简，并出天禄之旧藏，以及世家之独藏，于是浩如渊海，委若邱山，而总名之日《四库全书》。盖以古今数千年，宇宙数万里，其间所有之书虽多，都不出四库之目也，乃抡大臣俾总司，命翰林使分校，虽督继晷之勤，仍予十年之暇。

夫不勤，则玩日愒时有所不免，而不予之暇，则又恐欲速而或失之疏略，鲁鱼亥豕因是而生。语有之：“凡事豫则立”。书之成，虽尚需时日，而贮书之所，则不可不宿构。官禁中，不得其地，于文华殿后建文渊阁以待之。文渊阁之名，始于胜朝，今则无其处，而内阁大学士之兼殿阁衔者，尚存其名。兹以贮书所为，名实适相副。而文华殿居其前，乃岁时经筵讲学所必临，于以枕经佐史，镜己牖民。后世子孙奉以为家法，则予所以继祖考觉世之殷心，化育民物返古之深意，庶在是乎！庶在是乎！

阁之制一如范氏天一阁，而其详则见于御园文源阁之记。

公元1775年乾隆帝共写了三记，《文渊阁记》、《文津阁记》、《文源阁记》，分别阐明三阁的分布原因、阁名寓意何在。公元1782年又写下了《文溯阁记》。7阁在建筑上，文渊阁最富有代表性。

文渊阁为重檐楼阁，分上中下三层。在建筑设计上，其平面与立体的组合处理、空间布局与造型、整体布局与雕刻装饰，独到精美，和谐一致，美观适用。

文渊阁下一层为六开间，取“地六成之”之意。这大概是采纳了天一阁的"天一地六"模式。建筑师采用"五奇六偶"的布局，五间主体房，一间楼梯间。文渊阁平面呈长方形，宽4.5丈，长约10丈，高约6.0丈。金柱自地面到五架梁，为4.0丈的高度，房屋为人字形结构，其屋顶与两端屋檐侧部组成三角形。文渊阁坐落在一个汉白玉石的基座上，其豪华程度，天一阁是无法与之比拟的。文渊阁内有一大厅，厅中央设宝座，是皇帝经筵赐茶处。大厅两侧为梢间。在东梢间的南窗下有一个榻，榻上设有宝座，供皇帝读书休息之用。

《内务府奏销档》记载："乾隆四十五年，文渊阁内里仙楼上书橱，共计109座。"《清宫述闻》："阁三重，陈《四库全书》、《图书集成》。下屋中三楹，两旁《图书集成》十二架，左右三楹（实为二楹），经部二十架。中层史部三十三架。上层子部二十二架。两旁集部二十八架。"文渊阁上中下三层共列书架115个。所有书架都刻有"钦定四库全书、×部第××架"的字样。匠人们把每一个书架的位置安排得恰到好处。文渊阁在内部的装饰上十分美丽。文渊阁内使用了不同类型的罩及板壁隔断空间，使室内有区间分隔，又相互连通一致。室区主要有几腿罩、栏杆罩、炕罩和落地罩。另外，室内有效地利用碧纱橱、书架和博古架分隔空间，使整个空间协调美观。

文渊阁内的油饰、彩画、雕刻皆是天下能工巧匠所作。其装饰的主色调是青绿黑寒色，创造出沉静、幽深、爽人的气氛。图为河马献图、龙云波涛、金荷白藕、金荷绿叶、金莲水草。柱与窗框用沉绿色，槛窗、帘架用褐黑色，栏杆及楣子用绿底白花。阁的正脊是九龙竞珠，龙身四周流云缭绕，白浪翻腾，活生生的一幅云龙出海的神态。

文渊阁的门面高约7尺，宽约3.5尺，镶汉白玉石门框。券门上有绿琉璃垂范门罩，门罩两侧有2根琉璃垂莲柱。门罩脊筒上雕饰有层层海浪与四个腾起的云团。云团上托四册线装书，寓意《四库全书》。这种门券，人临其境，心情舒朗肃穆。

从文渊阁建筑用的石、木、砖、瓦，我们处处可以看到古代匠人的绝妙技工。文渊阁外形设计优美，它与主建筑相映成辉，既端庄、肃穆，又不喧宾夺主；既华丽，又天然；既宏伟，又与四周景物相协调。

文渊阁的东部有一个碑亭。亭内耸立古碑，碑石高大宽厚，四面刻有龙纹。碑正面用汉满两种文字刻乾隆皇帝的《文渊阁记》，碑的背面刻有他的《文渊阁赐宴诗》。碑亭在建筑上技艺灵巧、新颖。

文渊阁的北部与西部有太湖石叠砌成的假山。在假山中，有一条绵延起伏的杂色卵石与石片铺成的小径。院落中苍松翠柏点点，表现出宫廷园林的建筑特色。

清乾隆时期先后建了7个阁以藏《四库全书》。圆明园建有文源阁、承德避暑山庄建有文津阁、沈阳故宫建有文溯阁、扬州建有文汇阁、镇江金山建有文宗阁、杭州建有文澜阁。这些阁，有的毁于八国联军，有的毁于太平天国，有的残存重建，面貌全非。文渊阁在故宫之内，保存完好。文渊阁中缮写最好的一套《四库全书》保存完好。现在全国很多图书馆藏有该阁的《四库全书》影印本。文渊阁给人们留下了大型文献，也给后人留下了精湛的建筑技艺。

文渊阁是国家古代藏书楼的典范。尽管它的建筑目的不是为大众的，只适宜于少数人使用；尽管它堆金铺银，耗费了大量的钱财，却不能有一个阅览室，供人们广泛阅览图书，但它仍然是中国藏书史上的国宝、丰碑，是中国藏书文化的集大成者。

四、藏书保护功能

天一阁、文渊阁及文津阁等的建筑艺术表现在建筑的模型、建筑的工艺及环境的配置等方面。作为藏书楼，建筑的艺术还体现在对于图书的保护上。图书是纸型材料做成的，纸容易霉烂、焦脆、虫蛀，它怕火、怕水。一般的纸型图书能百年不损，已属不易。可是天一阁的图书存放了400多年了，其保存的宋版书将近1 000年了，很多图书安然无恙，确实不易！

宁波地理位置在海边，纬度较低，年降水量达1 200—2 000毫米，每年有春雨、梅雨、台风雨，加上七八月的伏旱，对于图书的破坏性较大。梅雨季节，气温在30℃左右，书的纸张容易发霉。连续性阴雨，书籍得不到干燥，得不到日晒风晾，其纸张吸收空气中的水分，书在30℃左右的气温下容易变质。古代没有空调机，没有吸潮机，图书的保藏湿度与温度得不到有效控制。事实上，我国的大量图书保存了下来，大量的宋本、元本、明本书保存下来了。那么，藏书楼是怎么做到防火、防水、防高温、防霉、防潮、防虫蛀的呢？

1. 防火

天一阁防火的办法主要有以下几条：一是在阁前有一水池，水池终年绿水满盈，一旦发现火情，可及时利用。水池与藏书楼的距离不到5米。一旦发现险情，提水上岸后不几步即可到位解决问题。二是楼中不准点灯、不准吸烟（清代人吸烟），楼周围不准放鞭炮，不给供火（现在仍然如此，不装电灯），杜绝一切火种。不论官衔、不论出身、不论品第、不论内外，所有的人都必须遵守书籍保管的规章制度。三是房屋建筑一律用防火墙。以前的房屋是木砖结构，木质的屋架通过房子两头的防火墙保护起来。所谓防火墙，就是两头将墙一直用砖砌到顶，不让木质的材料显露出来，如果外面有火患，有墙隔着，火飞不进。

天一阁防火措施不同于其他藏书楼。例如，《五杂俎》卷十二记载：金华虞参政藏书数万卷，贮之一楼，楼筑于水池中央，舟为渡，夜则去舟，人无法入楼。杨维祯（公元 1296—1370年），其父筑室于铁崖山中，绕楼植梅百株，聚书 4 万卷，杨维祯上其楼，则去梯。铁崖岭即杭州西湖万松岭北黄泥潭的铁冶岭。或者有人把图书收藏在石室之中。这样，图书安全了，但在利用上又有不少的麻烦。天一阁在拟定防火措施时，充分考虑到了图书的利用效率的问题，使藏书楼的建设既能防火，又便于图书的阅览。

2. 防高温

典型的藏书楼，其屋顶一般为歇山式。这样散热面较大。藏书楼的屋顶采用复瓦，瓦下有木板，有的在木板上涂泥浆，以泥浆（干了以后就是泥粉）作为隔热层，效果较好。很多藏书楼安装有天花板层面，天花板为木质，具有隔热作用。

古代藏书楼一般为二层小楼，楼高不超于普通树木的高度。楼一般处于园亭之中，树木翳荫，楼顶不在夏天的太阳直接照射下。藏书楼有绿树枝叶的掩护，可以隔热。

古代藏书不像现在，把书陈列在书架上。那时的图书，一般用木制大柜把图书存放其中。木制大柜有门开合，不用图书时，柜子门紧合，柜子是一个紧闭的空间，这也是一个空气环流小空间，具有抗高温的作用。从而我们知道，古代藏书楼的抗高温有几个层次，逐级减温。一是屋外的树林作为第一次降温，二是房屋作为第二次降温，三是书柜作为第三次降温。古代很多图书放在书盒内，这应该算是第四次对外界高温起防御作用了。

3. 防虫蛀

图书的蛀虫是蠹鱼。蠹鱼在书中作茧、生虫，把书咬出一条条的沟眼。防止蠹鱼可以用芸草、艾叶、辣蓼等。据人们研究，文津阁的防虫功能，主要是阁体建筑。

文津阁、文渊阁的建筑，顶有歇山式屋顶，中间有腰檐，二层檐罩，既防雨，又遮阳光，对室内温度有一定的调节作用。卢顺的《文津阁及其藏书保护功能探因》一文指出：夏天天热，室外温度比室内高，冬天天冷，室内比室外温度高。文津阁从 9 月中旬至 5 月下旬室内气温不超过 10℃。文津阁一年中长达 250 天左右，处于这个温度线以下。蠹鱼在 10℃ 以下不能发育生长，-10℃以下致死。蠹鱼在长达 265 天中不能发育，其中有 25 天处于 -10℃以下，蛀虫会被冻死。

室内低温期较长，全年温差变化不明显，不具备蠹鱼生长的条件。公元 1980 年，承德图书馆的古籍搬入文津阁，第二年书中的蠹鱼就自行绝迹了。文津阁的建筑造成的室内气温条件有杀虫的功效。文渊阁在建筑的技艺上绝不会比文津阁逊色。

天一阁采用芸香草防止蛀虫，我在一本徽州古籍中发现一个防图书蠹鱼的花瓣，经安徽大学生物系何家庆老师鉴定，为天南星的花瓣。此书刊印于康熙年间，夹有花瓣的那两页，完整无损。读书人、藏书人为防蠹鱼，作了种种研究，有一些成功的经验。

4. 防水、防潮、防霉

我国古代的公私藏书楼，一般为二层楼建筑，上层贮藏图书。楼上门窗雕凿精细、通风透气良好。楼板是木板，而不是水泥预制板，地面水上不到楼上来。

据说天一阁的防水、防霉、防潮采取了以下措施：楼下一层，房屋打基础时，掘地四尺，内铺木炭及石灰，形成一个隔水隔潮层，使地中水湿之气不得上溯。一楼空朗，只有桌椅数把，柱间对联数幅，又是一个隔潮层。二楼每口书橱下置英石吸潮。

藏书楼一般选址高朗或地基挑出很高。基础用花岗岩、鹦鹉岩和青砖铺成，这可有效地防止水浸水泡，或水的渗透。

藏书的空气湿度，宜在45%—65%之间，湿度过大，纸张布帛的书画易霉变。湿度过低，书画的纸张会脆裂破碎。梅雨天，空气湿度过大，天一阁范钦立约，要求子孙每年 7 月份翻晒图书，仿宫中皇室曝书节，年年晒书。

文渊阁等国家藏书馆，其门窗上有罩盖掩帘，可以防止强光的射入，防止字画书纸的氧化、黄脆、褪色。

我国至今仍完好保留了大批宋版书、明版书及其他善本书，显现出历代藏书楼在建筑上的防潮、防霉和防热的功能，也表现出历代建筑师的杰出的艺术匠心。

今天，我们有了宽敞而现代化的图书馆，人们没有忘记前人在藏书楼上做出的贡献。中外图书馆学家、中外建筑学家不时地到北京参观文渊阁，到宁波参观天一阁，中外友人为杰出的建筑佳作感叹，我们以有这样一批珍贵的藏书楼而自豪。

五、藏书楼题名趣闻

藏书楼题名是藏书楼建成以后的一件要事。藏书家往往要行吟俯思，模拟一个雅而有意义的楼名来。他们或访友，或翻阅古书，或请幕僚参谋，以多种方式寻求最佳楼名。以馆、院、堂、斋、室、居、轩、阁、庵、楼、亭为藏书楼题名。这些称谓各有其不同韵味，然后在前面冠以表示自己心意的修饰语。例如，“八桂亭”、“康山读书处”、“知不足斋”、“皕宋楼”、“遂初堂”、“拜经楼”等。

以书的卷数命名，表示某人藏书之富有，如“万卷楼”。宋代的詹景仁、张用道、明代的丰坊、杨仪、项笃寿、郁文博，清代的孙承泽、黄叔琳，他们的藏书楼都名为“十万卷楼”。

以“斋”命名，表示藏书人一心读书，无他期求。如鲍廷博的“知不足斋”、姚翼“玩画斋”、吴焯“瓶花斋”、汪日桂“欣托斋”。

以“馆”命名，表示他的藏书楼是人生暂驻之所，图书可与他人共享。如：洪颐煊“小停云山馆”、刘桐“眠琴山馆”、马日琯“小玲珑山馆”，等等。

以“庵”命名，表示一心藏书读书，远离尘俗，行同僧尼，不论人间功名利禄，惟书是求。如陆游“老学庵”、“坦庵”、“梅笛庵”、“容庵”、“寄庵”，吴大澄“两壶庵”，等等。

“亭”表示天然；“阁”表示规模宏大；“室”、“堂”、“院”、“居”表示藏书楼是自己生活圈内一个组成部分，且规模不等；“室”表示藏书较少，“院”、“楼”藏书表示较多。藏书楼的修饰语要寄意深远，例如，乾隆皇帝把皇宫藏书楼称作“文渊阁”，把圆明园的皇家藏书楼称作“文源阁”，把承德避暑山庄的皇家藏书楼称作“文津阁”，把沈阳的皇家藏书楼称作“文溯阁”，把杭州的皇家藏书楼称作“文澜阁”，把镇江金山寺的皇家藏书楼称作“文宗阁”，把江都大观堂的皇家藏书楼称作“文汇阁”。乾隆皇帝对七阁的题名是有寓意的。下面是乾隆皇帝对“文渊阁”、“文源阁”、“文溯图”、“文津阁”题名的解释语。

文渊阁：（北京）

故乃下明诏、敕岳牧、访名山、按秘简，并出天禄之旧藏，以及世家之独藏，于是浩如渊海、委若邱山，……，盖以古今数千年，宇宙数万里，其间所有之书虽多，都不出四库之目也，此则称“渊”。

文津阁：（承德）

盖渊即派也，有源必有流，支派于是乎分焉。欲从支派寻流，以出其源，必先在乎知其津。弗知津，则涉迷途而失正路，断港之讥，有弗免矣。故析木之次丽乎天，龙门之名标乎地，是知津为要也。而刘勰所云，道象之妙，非言不津，津言之妙，非学不传者，实亦先得我心之所同。

文源阁：（北京）

文之时义大矣哉！以经世、以载道、以立言、以哺民。自开辟以至于今，所谓天之未丧斯文也。以水喻之，则经者文之源也，史者文之流也，子者文之支也，集者文之派也。流也，支也，派也，皆自经而分。集也，子也，史也，皆自经而出。故吾于贮四库之书，首重者经，而以水喻文，愿溯其源。

文溯阁：（沈阳）

若夫海源也，众水各有源，而同归于海，似海为其尾而非源，不知尾闾何洩，则仍运而为源。原始反终，大易所以示其端也。津则穷源之径而溯之。是则溯也、津也，实亦追源之渊也。水之体用如是，文之体用顾独不如是乎？恰于盛京而名此名，更有合周诗所谓溯涧求本之义，而予不忘祖宗创业之艰，示子孙守文之模，意在斯乎！意在斯乎！

乾隆皇帝把《四库全书》典藏之所起了很好听的名字。他把七大国家藏书楼的楼名，皆以“水系”立义，穿凿连贯，表示出相互联系的意义。由楼名，想到文、理、圣治、教育、风化、民俗、大业、人才等等。

文中虽有帝王独裁、专政、惟我独尊的语气，但其中文理、辩证思想、喻义、叙情、言心，皆十分透彻。弘历有一帮博学的文士相佐，《四库全书》藏书楼的题名，内涵众多文士的揣摩。他们以此为千秋功业，字字斟酌，仔细推敲，非一日之功，非一己之见。北京、沈阳与承德，是爱新觉罗氏权力重心所在与发祥地，故其皇家的藏书楼称作“渊”、“源”、“溯”、“津”。而江浙的《四库全书》藏书楼则称之为“宗”、“汇”、“澜”。

可别小看藏书楼题名，其中有大文章。“天一阁”是私人藏书楼，其命名就有一个故事。明朝范钦归里以后，凿池建阁，并搜集碑刻。他得到吴道士龙虎山天一池石刻，元代揭文安公所书。范氏大喜，认为此刻与凿池建阁相合，即便以“天一”命名为藏书楼名。藏书楼一排六开间。楼上为一大统间，中间以书橱隔为六，如此上一下六，隐含“天一”、“地六”，取“天一生水，地六成之”，“以水制火”之意。

其他藏书楼名如“博古”、“拜经”、“海源”、“二酉”、“春风”、“玉壶”，皆寓意非浅，含有高雅崇学之意。

第二节　洞堂书阁　饮冰节性

——书房建设

安徽徽州黟县有两个世界文化遗产村落，一个是西递村，另一个是宏村。这里保存着完好的中国古建筑群。宏村盐商汪定贵的住宅给人印象最深。该住宅建于公元1855年，即清咸丰五年，耗银数10万两。该住宅2 100平方米，建筑面积达3 000多平方米。内中有内院、外院、前堂、后堂、书房、客厅、藏书楼、吞云轩、排山阁、保镖室、女佣室、储藏室、闺房、厨房、马厩、地仓、轿廊、后花园、泉水池、水井与9个天井。山泉沿着屋檐滴水沟流入屋内，穿过水井和泉水池，令人十分羡慕。其藏书楼是整体建筑的一部分，木质楼板，木质股皮。据说汪定贵的后人至今还有藏书楼中的图书若干种。西递村的古民居，家家户户建有书房。书房的木质窗户上有精致的木雕。这给予人们爱书、读书、藏书的良好氛围。

见了古建筑，思考起书房的发展。

一、山洞·书堂·书房

我们现在很重视书房。把书房作为工作之余继续学习的场所，或是学生课后在家自我学习的场所，也是人们避开沸沸扬扬的世界，让心灵得以坦然的精神绿洲。人们在书房里让自己的神态复位，在书房里让紧张的神经得到松弛，让其回归自然，在书房里塑造自己的灵魂，在书房里学习与工作。总之，人在书房里读书、学习、求取进步。回顾历史，看看书房的发展，觉得十分有趣。

1. 山洞

翻开史书，往往发现一些名人的读书之所，不是我们现在想象中的富丽堂皇的书房或图书馆、阅览室，而是读书洞——昔日古人读书学习的地方。

（1）读书洞。屈原读书洞。屈原是楚国爱国诗人，他的诗《离骚》、《天问》等是中国文学史上的奇葩。屈原少小爱读书，读书的地点在湖北秭归县城东北 30 公里的乐平里。这里有一条山溪叫响鼓溪，溪的左岸有一山洞，洞高 2 米，青藤攀援，洞室内幽静宜人。在这里读书，无功名利禄的干扰、无情结千千、无丝竹之声缭绕，是读书的佳境。

白鹿洞。江西庐山五老峰下，唐代李渤与其兄李涉在此隐居读书，并在洞中获一白鹿。五代南唐利用这个山洞建文馆，宋代置书院。朱熹曾在此讲学。白鹿是一种祥瑞动物，人们在白鹿洞读书，意在前景美好。

古人的读书洞还有：南宋郑国翰读书洞、唐代陆贽读书洞、北宋程颐点易洞、明代翁万达读书洞等。

（2）读书窟。在四川梓潼县西南约 1 公里处有座山，名长卿山。长卿本是司马相如的字号，他因为口吃，不喜欢说话，但他爱读书、舞剑、弹琴。他的琴声博得了卓文君小姐的爱慕。他的《子虚赋》得到汉武帝的赏识。汉武帝召他人京。司马相如在入京（司马相如四川成都人）途中经过长卿山，他在此山洞中休息读书。这便成了历史名典“司马相如读书窟”。

为什么有人不在房子里读书，偏要跑到山洞里去读书？而且这些山洞都是悬崖峭壁、远离人烟、无人知晓的地方？

古人读书，宗旨不在于学习科学技术，而旨在于修身、正心、诚意、致知。朱熹认为读书在于明理。要钻研一种学问，读书人必须敬重那门学问，认真地研究那门学问。首先要修炼身体素质，心无邪念，不为功名所惑，不为利欲熏心，诚心诚意，苦学苦练，革除前非，一心归门里，三夏九冬，持之以恒，方能悟出其中的道理。

山洞远离人世，正是隔绝世俗，净化心灵的好地方。山洞是大自然的灵异，是鬼斧神工之作。这里云雾缭绕，泉水叮咚，鸟语花香。读书人在这样的环境里，一方面阅读人为的社会信息——图书，另一方面人与大自然在一起，实践修身、正心、诚意、致知的道理。书洞将人对社会信息摄取与对自然信息摄取结合在一起，确是绝妙的佳境。

中国历史上很多文人将自己标上××居士的名号，居士是一种道号，道家以自然为本，淡泊心志、清净寡欲是他们行动的指南。很多居士住山洞，食野果，饮山泉，完全回归自然。学者过上隐士生活，断了人间烟火，哪里还问什么功名利禄呢？他们在山中的石洞里，阅读着大自然的信息，咀嚼着书本知识，品尝着学问的真谛。“书声隐隐月溶溶，似谱弦歌写素衷”。读书洞的生活，今人谁愿去领受？那大自然中求学的奥秘谁人知晓？

2. 读书台

人们从山洞读书到人工建台读书，是读书生活的一种创新。例如千古绝唱《滕王阁序》中“人杰地灵，徐稚下陈蕃之榻”，陈蕃为徐稚所建的“榻”，也就是徐稚的读书台。为了读书，破费千万，建一高台，实属壮观。汉张衡读书台在河南南阳县石桥镇西南1公里处，作高台状。三国曹植有读书台，《曹子建集》记载了曹植的博学多才，也记载了他在山东濮州旧城东北筑台读书之事。他被封为陈王后，改称“陈台”。刘忠《咏古迹五首·陈台》：“铜雀繁华已及灰，尚留子建读书台。”李先芳《郡中古迹五首·子建读书台》：“城南岿然土一堆，当年子建读书来。三分鼎沸无遗址，七步歌残有旧台。”诸如此类读书台很多，例如，昭明太子读书台、陈子昂读书台、李白读书台、苏轼读书台等。

读书台有三种环境。一种在城里或城边，避开闹市区，风景优雅地，建造起一高眺的读书之所。这里无世俗、无喧闹、势高目远、读书宜入心，且离生活区不远，入俗出俗两便。

第二种读书台建在父母墓旁。古代丁父母忧，守孝三年。于是在墓边搭起读书台、守孝读书两不误。

第三种读书台是天然石崖上的平台，或绝崖上的残洞。这种读书台只宜读书，不宜像在读书洞那样过着居士的生活。读书台是由山洞向书房的一种演进形式。

3. 书阁

书阁是住房整体建筑的一部分，既藏书，又供作读书之用。如：丁鹤年诗：“墨池新水春还满，书阁浮云晚更飞。”鲍溶酬王侍郎诗：“希冀留书阁，提携在笔床。”李商隐诗：“我时焦悴在书阁，卧枕云香春夜阑。”柳宗元《裴瑾崇丰二陵集礼序》：“藏之于太常书阁。”古人在文献中提到的书阁，是藏书之所，也是读书之所。

4. 书楼

书楼往往是一个独立的建筑，立于群体建筑之中，如在园林中起书楼，在府第中起书楼等。书楼有的专用藏书，有的则藏书与读书二种功能兼顾。《吴兴园林记》：“倪文节别墅在蚬山之旁，取浮玉山碧浪湖石而为名，中有藏书楼极有野趣。”《名胜志》：“西川建为县有书楼山。”苏轼诗：“寒江流柿起书楼，碧瓦朱栏照山谷。”白居易诗：“青纱台上起书楼，绿藻潭中系钓舟。”这些书楼都享有极好的自然景观。

5. 书室

读书洞在绝壁林深处，而读书台在半野半俗中。读书室一般在房屋之中。《琅环记》记载的书室有：谢秘书平生不嗜书，独爱沈约集，行立坐卧靡不讽咏，独构一室，四壁写沈诗，案头席上写作小卷及册子甚多，不曾杂一他书，大书于额日“沈郎”。苏辙的诗记载了他自己在书室读书的情景：“夜长书室幽，灯烛照明席。”书室也有的是山洞。苏轼的诗“独攀书室窥岩室，还妨仙姝疑石闺”。书室，无论是小房间，还是山洞，都配置有书若干，它是经过设计布置的小书屋。

6. 书堂

人们的读书之所几经变化，发展成了新式的“书堂”。古人在书堂读书很多，如：张籍《纱帽诗》：“惟恐被人偷剪样，不曾亲戴出书堂。”孔武仲《苦寒诗》：“晨风猎猎卷书堂，坐近松筠耐雪霜。”《开元后录》：“司马光筑独乐园；不可与他园般比，其曰：读书堂数椽屋耳。”《庐山志》：“李白书堂在五老峰下，白曾至此，爱其险峭。曰：‘天下壮观也，固卜筑于此’。”

“堂”与“室”在建筑上有其规范，“堂”不等于“室”。戴震曾研究过这一问题，他写道："明堂，五室十二堂，故日明堂。"① 戴震说，古建筑"明堂"有五室十二堂，中间是太室，即正室，一室四堂，东堂称之"青阳"，南堂称之"明堂"，西堂称之"总章"，北堂称之"元堂"。正室四角分偏室，四室共八堂。"古有堂室之制，前堂后室，有'夹'、有'个'、有'房'。惟南向一面称明堂。……礼，妇人在房，明堂非妇人所得至也。"②

戴震告诉我们古建筑中，中心位置谓之"室"。"室"的四邻建筑空间称作"堂"，建筑群体的四隅的建筑空间称作"夹"、"个"或"房"。

后来建筑有了革新，不一定沿用五室十二堂，但读书堂仍有。人们把读书堂设置在偏而娴静的地方，使读书堂的窗前有很好的风景。朱子诗："带烟和雨过书堂。"白居易诗："昔住炉峰下，书堂对药台。"杜甫诗："陈公读书堂，石柱仄青苔。"

7. 书房

按照戴震对古建筑的研究，书房次于书堂，属于偏房。可见得古人把读书的地点置于幽静之地，便于安心顺意地读书。刘希夷诗："寂历弹琴地，幽留读书堂。"说明了读书之所很偏，不让读书人受到外界的干扰。其实，民间的建筑一般没有五室十二堂，只有四水到堂式，在这样的条件下，书堂与书房就无什么区别了。

二、书房建筑的特点

书房是读书之所，也是藏书之所，因此，书房的建筑位置十

①、② 《潜研堂文集》卷三十九。

分重要。在民居建筑中，书房一般有着习惯的位置和方向。

我国民居中有多种建筑模式，北京等地区为四合院，江浙一带为个体院落，徽州地区为四水到堂式建筑。

北京地区的四合院，院中设有书房。

江浙民居建筑特色是，座北向南一条主建筑，二层楼。在主建筑的两端各向南延伸一附建筑，一个座西向东，一个座东向西。附建筑向南延伸长度约等于主建筑长度的1/2。南向连结一条院墙，形成一个院落。这种民居，其书房一般设置在主建筑的楼上，读书环境高旷、雅静。

徽州民居建筑特色是四水到堂式，其为回字型建筑。二进式，南向开大门，大门进去，两边为偏房，中间为前厅，或为走道。经过第一进房，是天井，过天井，为正厅，亦为客厅，客厅两侧为正房，北向为寝室，南向为书房。其平面图如图 2—3 所示：

书房	后厅	正房
客房	天井	厨房
偏房	前厅	偏房

图 2—3

徽州民居前一进为平房，后一进为楼房，后高前低，整体建筑远看是纱帽型。它象征着功名仕进。楼上一般有闺房、藏书室、粮仓。藏书室是储藏图书之所，书房是读书、写字的地方，二者的功能不同。高门大户人家有专门的藏书楼，其建筑面积很宽，有些人家还是把藏书与读书的活动分开，另置读书之所。现代民居建筑一般为钢筋水泥两层楼，书房通常仿效江浙建筑，设在楼上。

三、书房布置特点

1. 雅洁富奇

雅。书房的陈列物，主要为书、文具、书桌、坐椅。有的书房布置较为豪华，有的书房布置较为简单。书房的魅力在于富有文化氛围。书房的布置要有益于读书。典雅的书房应该拥有书架，书架上中外名著和大型工具书是少不了的，如《二十四史》、《汉语大字典》、《汉语大词典》、《佩文韵府》、《英汉大词典》、汉译世界学术名著丛书、十才子书等。专业工作人员应配备常用的专业工具书及专业名著。一般家庭应备有《唐诗300首》、《宋词300首》、《诗经》、《中国通史》、《世界通史》、《辞海》、《辞源》、《中国地图集》、《世界地图集》等。书房的书不一定要多，但要精和实用，显示出读者的志趣高雅。书房不等于藏书楼，藏书楼是长期典藏图书的地方。书房只需备有常用图书，大量的图书资料，我们必须从图书馆中获取。

书房是藏书的地方，又是学习与写字的地方，文具应该有：毛笔、钢笔、墨水、砚台、笔架、纸张，这些用品最好具有特色并陈放有序。有名的书房内一般有名砚、佳笔，或制作有特色的文具。往往一个砚台、一个笔筒、一个古色古香的笔架会给书房增辉。

书房内，写字台与坐椅不要求豪华，但要求色调一致，高低得当。

洁。书房要求整齐干净，窗户玻璃、窗帘桌椅及四面墙壁干净明亮。地面及墙壁不要求装饰得富丽堂皇，但要求干干净净，给人一种朴实天然的感觉。

富。书房是读书的地方，写字的地方，学习的地方，整个环境应富有魅力。往往十几本书，但得来不易；往往桌子椅子虽简陋得很，却反映了个人的气质。正面墙上挂上一副对联，对联虽不新奇，但寓意深刻，耐人寻味。墙壁上有中国地图与世界地图，用以表现出主人开阔的视野。偏墙上挂一把琴、吉他或竹笛、长箫，表现出主人情趣广泛。桌上或窗台上一盆文竹，郁郁葱葱，象征着富有朝气。桌上陈列几件自己拣选雕刻的艺术品，显现出主人丰富的创造力。

奇。书房中最好有一两件珍品，如名人字画真迹、紫檀木桌椅等。例如：叶奂彬藏大历元宝、安南银币，马曰琯藏灵璧石，明珠藏红宝石，伍拉纳藏空青[①]，陈其凝藏龙蛇砚（天然），朱竹坨藏万岁通天帖，汪切庵藏印章，叶鞠裳藏碑文，以及人们爱藏的英石、文石、佛灵石、昌化石、素珠、雨花石、禹城乐合玉与楼石等。

2. 冷鲜疏朗

冷，书房不同于寝室，不需要温情脉脉，不需要热情洋溢，不需要佳味美色，不需人来人往，穿梭不息。读书，要求将冷板凳坐暖，将晦涩的书读通、读懂、读得有滋有味。古人为了读书

① 石中有水者．称为空青。

入心，逃离人世，避在深山绝壁石洞中，道理深远。我们现代人不可能效法古人潜入石洞去读书了，但书房内装饰宜淡雅，色调宜清朗，给人一种冷静思考的气氛。

鲜，书房外景致很鲜，可以提人神思，助人起兴。清沈元琨写了若干书斋快事，我们选上一些供大家参考：

怪石凌空	开门见远山	小桥流水	观碧藻游鱼
溪边白鹭刷羽	亭园修竹	屋侧莺啼	僻径幽花
柳岸风来	天香拂衣袂	枝头残雪	斜月入窗
夕阳映新绿	新笋晚花	数天边雁字	

在书房内欣赏到这些美景，给人以鲜灵之感，自然是乐不可及。

疏朗，曹雪芹描述他的写作地方，即书房：“茅椽篷牖，瓦灶绳床，其晨夕风露，阶柳庭花，亦未有妨我之襟怀笔墨者”。曹雪芹的书房极其简陋，而其大作却是文学的瑰宝。书房要疏朗，环境应促使人淡泊心志。可以说，历史上很多名作和发明创造都是在类似曹雪芹式的生活环境中产生的。书房内陈设疏朗，给人一种明快畅达的心情，明快益于读书学习，纯朴有益于心智发展。书房中的对联要精选，字里行间要透出爱文化、爱文明和百丈竿头求上进的精神。

这里选上几幅对联，请欣赏其妙趣。

慢研竹露裁唐句
细嚼梅花读汉书

（安徽西递村民居）

天长流水坐怀古

春静幽兰时向人

会心今古远
放眼天地宽
（安徽西递村民居）
钟鼓乐清晨
诗书敦风好
（安徽西递村民居）
学海无涯勤是岸
云程有路志为梯

文能换骨无余法
学到寻源自不疑

清风明月本无价
近水远山皆有情
（安徽西递村民居）
一竹一兰一石
有节有香有骨
（清·郑板桥）
月照竹成千个字
霜高梅朵一身花
（清·袁枚）
整顿乾坤将相
归付林壑渔樵

怪石撑山骨
流云吐月华

品格自超梅以上
交游只在竹之间

（清·徐良）

四、书房楣匾玩味

倘若能到安徽黟县古民居参观一次，你会发现，很多房门上面有几个字，这些字有的是雕刻出来的，有的是用漆写成的，有的是以匾悬挂在门楣上的。其字样如：“迪吉堂”、“述仁堂”、“大夫第”、“桃李园”、“厚光堂”、“敬爱堂”、“仰高堂”、“承志堂”，等等。每一个书房楣匾的名称都寓意深刻，似乎表明主人的做人目标。悄悄数来，书房楣匾的名称确实丰富多彩。例如，明代王宠的书房“采芝堂”，清丁丙的书房“嘉惠堂”、“求已堂”，明文征明的“玉兰堂”与“翠竹斋”，明毛晋的“汲古阁”、“目耕楼”、“笃素居”与“弦歌草堂”，清方功惠的“知止堂”、“传经堂”，清王昶的“述庵”、“经训堂”、“履二斋”与“春融堂”，宋司马光的“弄水轩”、“浇花亭”与“读书亭”，清叶树廉的“朴学斋”与“归来草堂”，清叶德辉的“观古堂”，卢文绍的“抱经堂”，梁启超的“饮冰室”，阮元的“节性斋”与“研经室”，孙星衍的“廉石居”与“五松书屋”，张蓉镜的“双芙阁”与“小琅环福地”，等等。

室名、堂名、斋名，字不多，含义很深。把读书称作“目耕”；把积蓄知识叫做“采芝”；把学习称作“浇花”、“弄水”；把崇尚经典而学习，称作“抱经”、“研经”、“经训”；把读书正心修身称作“饮冰”、“节性”、“笃素”、“知止”；把读书当成崇高的归宿称作“归来”、“玉兰”、“翠竹”、“小琅环福地”；把书房当成人间最理想的佳境，称作“双芙阁”、“玉兰堂”、“春融堂”以及“弦歌草堂”。这些寓意深刻的书房楣匾，至今天也仍然在文人中间流行。

室名、堂名雅正含蓄，标志述怀，给人一种意境，即读书人的目标意境，它起到了激人奋发的作用。

五、南书房与归来堂

书房中，我们比较熟悉的是刘禹锡的“陋室”，因为他写了传世名作《陋室铭》，其“山不在高，有仙则名。水不在深，有龙则灵。”的名句广为传诵。

其实我们今天最便于研究的是故宫内的南书房，那是皇帝每天读书的地方。

从天安门进故宫，经端门、午门、太和门，走过太和殿、中和殿、保和殿后，向右拐弯，入景运门，则可见南书房。南书房在皇帝休息寝住的乾清宫东南，与御用藏书楼文渊阁南北相望。

据史载，清康熙皇帝每天起床梳洗完毕，来到南书房，由翰林院二人给他讲课，课本是四书五经。侍讲人讲完课后，玄烨提出问题要他们解答，或君臣共同讨论某一问题，有时则由康熙皇帝自己讲课，二位侍讲给予指正。康熙皇帝每天到南书房读书学习，他以行动告示天下，读书学习是每个人生活中的必要组成部分。皇帝日理万机尚每天早晨在南书房读书，其他人有何理由不读书、不学习？

南书房在故宫中，每位去参观故宫的人都可以看一看。不过，其房内陈设可能今非昔比。南书房是全国书房的表率，它的作用不在于书房的建筑与陈设，而在于对天下的昭示鼓舞作用。

归来堂是宋朝李清照与其夫读书的地方。赵李夫妇双方父亲都是宋朝宰相，由于党系之争，赵明诚父亲失位落俗，赵明诚搬回故乡诸城。在诸城，李清照夫妇有一个很好的书房。书房里有不少典籍碑帖金石，他俩共同研究、共同品赏、共同整理，兴趣盎然。他俩不时地还开展一些问答比赛。比如说就书房里的书中某典某故，一人提问，一人回答，需答出准确的出处，在什么书，哪一章节，或哪一页上，说对的一方是胜利者。归来堂上有一精美工艺品——锡制茶壶，以此壶配上当地泉水煮茗茶，香味异常。但壶小，一壶茶一次只容得一人饮，饮毕再煮，第二人方可饮得，谁先饮茶呢？夫妇二人谁准确答出问题的出处，则可先饮茶。或者一人随意翻开书中某一页，读出上句，要对方续上下句。这本是游戏，赢家得了茶自然十分开心，赢一次喝一口。这样争来争去，文化典籍的内容便记忆清晰了，典故熟了，人情也争得浓郁起来。李清照在很多诗文中多次提及这段恩爱生活。于是归来堂成了千古留香的文明典范，赵李二人读书生活也成了文化史上的一段佳话。

书房建设是一个缓慢的发展过程，人们从石洞、书台到书房，经过了几千年的发展过程。书房建设促进了读书活动和读书的人文环境变化，反映了读书人的理性与社会的进步。

第三章 国家藏书与团体藏书

在漫长的封建社会里，国家藏书与团体藏书是全社会藏书活动的主体。在封建专制体制下，政治、经济、文化等，所有的一切，尽归皇帝所有。皇帝拥有收藏天下图书的权力。皇帝利用政权的力量聚集图书，无人可敌。朝朝代代的权力拥有者，都为聚集图书开展了一系列的活动。有关行业与社会团体为藏书文化也做出了贡献。

第一节 稽古崇文 修齐治平

——国家藏书

国家利用集权的力量藏书，可以积累丰富的图书，培养专职的图书管理人员，积累丰富的图书征集、加工与典藏的经验，形成良好的图书管理制度。

一、历代国家藏书

清乾隆皇帝在《四库全书》编纂完成以后，指出国家大量典藏图书的意义：“为天地立心，为生民立道，为往圣继绝学，为万世开太平。”乾隆皇帝认为，书不仅是信息载体，还与维系精神世界、追求真理、推动社会文明的发展有着密切的关系。历代历朝的统治者在取得政权后，都把藏书作为一个主要大事，孜孜以求。各个朝代在藏书方面，做出了不同程度的贡献。以下是学者杨家格（1948 年）统计的自西汉——清代各朝藏书量简表(见表3—1)。

表 3—1

朝代	部数	卷数
西汉及西汉以前	1 033	13 029
东汉	1 100	2 900
三国	1 122	4 562
晋	2 438	14 887
南北朝	7 094	50 855
隋唐	10 036	173 324
五代	770	11 750
宋	11 519	124 919
西夏、辽、金、元	5 970	52 891
明	14 024	218 029
清	126 649	1 700 000
总计	181 755	2 367 146

从表 3—1 我们看出，各个朝代的图书积累的速度是不平衡的，唐、宋、明、清发展较快。甲骨文、钟鼎文、竹木简文献以及帛书，传承下来的数量较少。魏晋至隋唐时代是写本书时代，这个时代有了纸张，但使用并不广泛，雕版印刷能力低下，拥有图书不多。隋唐以后，造纸技术提高了，雕版印刷能力也提高了，所以人们把宋代至清代称作印本书时代。有了印刷术，图书的数量便激增。从宋开始，各朝皇帝都敕令编汇过大型图书。如

宋太宗时的《太平御览》、《太平广记》、《文苑英华》，宋真宗时的《册府元龟》、明代的《永乐大典》、清康熙时代的《古今图书集成》、清乾隆时代的《四库全书》等。公元1840年以后，机器印刷图书的时代开始了，图书的生产数量超过了以往任何一个时代。各朝拥有丰富的典籍，国家有了大量的图书，就得建一个与国家地位相称的藏书楼，配备上图书管理官员，并逐渐形成了图书管理制度。不同的朝代，其图书拥有的数量不一，其藏书楼规模不一，其图书馆管理机制也不尽相同。

1. 藏书之所

（1）周：守藏室。《史记》卷六十三，《老子韩非列传》："老子者，楚苦县厉乡曲仁里人也，姓李氏，名耳，字聃，周守藏室之史也。"《索隐》按：藏室史，周藏书室之史也。《张苍传》："老子为柱下史。"柱下史为官名。周以后的藏书之所，各朝的名称不同。

（2）秦：石室。秦拨去古文，焚灭诗书，故明堂石室金匮玉版图籍散乱。

（3）西汉：石渠阁，收藏入关所得秦朝图籍。汉成帝以后，藏珍贵图书于此。

天禄阁，藏书之所，有才华的人在此整理图书。

麒麟阁，与天禄阁同。

兰台，在殿中，掌图籍、奏章。

石室，《汉书·高帝记》："与功臣剖符作誓，丹书铁契，金匮石室，藏之宗庙。"

（4）东汉：辟雍、太学藏书。

宣明殿。

鸿都明学。

东观：宫中藏书之所。

仁寿闼：《七录·序》：“及后汉，兰台犹为书部，又于东观及仁寿闼撰集新记。”

（5）魏：崇文观。

（6）宋：玄馆、史馆、总明馆。

（7）齐：总明馆。

（8）北齐：文林馆。

（9）后周：崇文馆。

（10）隋代：东都观文殿、妙楷台，藏古迹。

宝迹台，藏古画。

内道场，藏佛经、道经。

（11）唐代：弘文馆、史馆、集贤院、昭文馆。

（12）五代十国：史馆、昭文馆、集贤院。

（13）宋代：崇文院、昭文馆、史馆、集贤院、太清楼、龙图阁、天章阁、宝文阁、显谟阁、徽猷阁、敷文阁、焕章阁、华文阁、宝谟阁、宝章阁、显文阁。其中各阁为太宗、真宗、仁宗、神宗、哲宗、徽宗、高宗、孝宗、光宗、宁宗、理宗的专人图书馆，相当于现在美国总统图书馆。如龙图阁是宋太宗专藏，藏书内容，包括他写的诗文、发布的诏令、别人奉敕修撰的图书，有关他的言行记录、他批阅过的图书与奏章。

（14）明代：大本堂、文渊阁、弘文馆、广寒殿、清暑殿、琼花岛、东阁、华盖殿、国子监、翰林院、司经局、皇史宬。

（15）清代：

内阁：

皇史晟藏列朝实录、玉牒、圣训。

昭仁殿藏宋辽金元明善本1 081部，12 258册有《天禄琳琅》书目。

坤宁宫藏擒藻堂《四库全书荟要》。

养心殿藏四库续书174种。

南薰殿、紫光阁、南书房。

七阁，文渊、文津、文源、文渊、文宗、文汇、文澜等阁藏《四库全书》。

翰林院，清初以翰林院为主，公元1658年改翰林院为内阁，恢复馆阁制。

颐和园，味腴书屋藏《四库全书荟要》。

2. 书史官职

（1）商：守册父。

（2）周：府人、司典、大师、周人、主书、御史。

（3）秦：御史大夫、博士。

（4）汉：御史大夫、御史中丞、太史、掌故、校书郎、校书郎中、兰台令史、秘书监。

（5）魏：秘书监、秘书令、秘书丞、秘书郎、著作郎。

（6）晋：秘书郎中、秘书监、太子洗马。

（7）隋：秘书少监、秘书佐郎、楷书郎、正字。

（8）唐：弘文馆主、判弘文馆事、弘文馆学士、集贤院学士、兰台令史、兰台侍郎、兰台大夫、兰台郎、麟台监、麟台少监、丽正殿修书使、丽正殿修书副使、乾元院使、司经局司籍、司经局掌籍、司经局典籍。

（9）宋：秘书郎、著作郎、秘书监、秘书少监、秘书丞、阁直学士、待制。

（10）金：司经。

（11）辽：秘书监、太监。

（12）元：秘书监卿、艺文太监、艺文少监、艺文丞、艺林库提点。

（13）明：秘书监直长、皇史宬经理官、皇史宬管录官、皇史皮校录官、皇史宸收掌官、翰林院典籍、秘书监。

（14）清：文渊阁领阁事、提举阁事、直阁事、御书处总管、御书处库掌、文渊阁校理、检阅、内务府司员、笔帖式。

以上史料仅是一个概况，有关中国古代的典章制度，学问很深。历代图书的管理制度要研究的很全、很准，这是一篇大文章。不过，我们从这些简单的史料中，可以看出各个朝代的文化建设的一般现象。国家藏书是封建社会文化建设的主题之一。国家以什么方式收书、藏书，以什么等级的官员管理图书，以什么样的制度管理图书，对全国的文化事业有着重要的影响。在国家和平昌盛的时期，掌管图书的人一般都享有高官厚禄。例如清代康熙与乾隆时期，文渊阁领阁事，一般由大学士、协办大学士、掌院学士兼任。清代张廷玉，康熙三十九年进士，官至保和殿大学士、军机大臣、文渊阁和文华殿大学士、户部尚书、吏部尚书。包拯，生于宋咸平与嘉佑年间，他历任天章阁待制、龙图阁直学士、知开封府、枢密副使。张廷玉与包拯都生活在当朝的盛世，且官位巍巍。管理皇家图书馆的官员，人们习惯上称之为“阁老”。“阁老”有着崇高的声誉和社会地位，并且有着青云直上的可能性。历代科举，士子们往往把“大学士”与“阁老”作为崇高的奋斗目标。在文馆中实际从事编书、修书、校勘的工作人员，官的品级一般在七品以上。封建时代图书利用率是极低的，丰富的国家藏书令很多人望尘莫及，无法涉足。在不平等的社会环境中，在绝大多数人不能自控感情与行为，在物质冲动的巨大内心矛盾的状态下，每一个人近似一种封闭的自我、绝对的属性和个人特征。人们无法自我解脱，也无法从社会中寻求解脱，人们看到知识是一种社会生活的力量，象征着平等、自由与文明。在群山翠绿中，知识是一点红色；在群盲之中，图书是钻石，莹光闪闪。尽管藏书者很少，图书管理人员很少，他们享有的那种尊荣并不是用笔墨可以表述的。在文化生活丰富的今天，人们给予一场甲级足球赛上千万元的报酬，它给予人们的不是赛艺，而是一种目标——健康，也是对文明的追求。藏书文化在社会中的作用大概亦是如此吧！

二、馆阁管理制度

我国古代图书的管理，原则上可以分作三个阶段。第一阶段是史官管理图书，第二阶段是秘书省管理图书，第三阶段是馆阁管理图书。又一说法，叫做史官管理制度、秘书省管理制度和馆阁管理制度。

史官管理图书，大约从商周一直到西汉时期。这一时期没有专门的图书管理机构和管理人员。商有史官“作册”与“御史等，负责对政府的文书、档案、甲骨文等文献做典藏与服务工作。

周朝由“史”与“府”负责典藏图书。“史”有大史、小史、内史、外史、御史、女史等。“府”有天府、王府、内府、外府等。"史"、"府"分二级。第一级是国家政府的天、地、春、夏、秋、冬6个部门的史府。第二级是由第一级政权6个部门下辖的360个分支机构的史府，大史收藏职治文书、盟约、券书，小史典藏诸侯国史料，内史典藏国家法令、诏书存根和奏章，外史收藏方志和三皇五帝的文献，女史典藏后宫文书副本。各府文书各自收藏。班固《汉书·艺文志》"左史记言，右史记事，事为春秋，言为尚书，帝王靡不同之。"《二十五史》写到："《周官》御史掌治朝之法，大史掌万民之药剂与质剂。……然则百司庶府，备藏其事。"

春秋时代，周王室及鲁、晋等诸侯国由"盟府"收藏文献，大史府、故府、象魏都是藏书之所。司书官员是周人、宰人、象魏、司典等。

战国各诸侯国的图书管理官员的名称不一，赵国是御史、齐国是掌书、秦国是尚书、魏国是尚书、晋国是主书。

秦朝的图书藏在宫内的宰相府。文献主要由御史大夫与博士官掌管。

西汉将图书藏于宫内外，管理图书的职官是太常、太史、博士、御史中丞、侍御史，主要以史官代管图书。总之，图书由史官代为管理。

秘书省管理图书制度

《东观·汉记》载："桓帝延熹二年（公元159年），初置秘书监，掌典图书、古今文字、考合异同。"秘书监秩600石，下辖校书郎中、校书郎。比这较早一点的图书管理官员是兰台令史班固。东汉时兰台为外台，秘书为内阁，秘书监不是唯一的图书管理机构。

三国时期的魏、蜀、吴按东汉的官制设置了秘书监。晋代秘书监制度有了新的发展。晋惠帝"诏秘书典综经籍，考校古今图书，自有职务远相统摄，于事不专，宜令复别置秘书省"①。秘书省统管著作局，掌三阁图书，以后历代相沿，隋朝的秘书省与尚书省、门下省、内史省、殿中省是并列的政府5大部门。秘书省长官官拜三品。秘书省有秘书监、秘书丞各1人，秘书郎4人，校书郎12人，正事4人，录事4人。秘书省下辖著作曹与太史曹。著作曹有著作郎2人，佐郎8人，校书郎2人。太史曹有太史令2人，太史丞2人，司历2人，监侯4人。②

唐代的秘书省更趋完善。秘书省有秘书监1人，少监2人，秘书丞1人，秘书郎4人，校书郎8人，正字4人，主事1人，令史4人，书令史9人，典书8人，楷书手80人，亭长6人，掌故8人，熟纸匠10人，装璜匠10人，笔匠6人。③

宋朝在神宗元丰年间将秘书省作了改革。秘书省分作4部，即4案：国史案、太史案、经籍案、杂案。国史案编修国史与日历。太史案掌太史、天文、浑仪。经籍案掌秘阁御史、图画、经史子集图书，检索图书典故，给皇帝提供图画书籍，修撰祠庙祭祀乐章。杂案的职能是处理秘书省的一般性事务。

馆阁管理图书制度

唐代，秘书省与馆阁并行，但有分工。秘书省的职责是典藏图书、抄书、校书。馆阁的功能则偏向于参谋机构，养士育人。

---

① 《唐元典·秘书省》。
② 参见《隋书·百官制》。
③ 《唐元典·秘书省》。

唐代弘文馆的职责是校勘图书，教育皇室及大官僚的子弟(京官三品以上)，研究制度沿革，规范礼义，好比是今天的政策研究室。弘文馆藏有大量的图书，为其教育与研究项目服务。

唐代的史馆负责修撰本朝国史，给皇帝编撰实录与起居注。史馆藏有大量的文献，这些文献相当于今天的档案。

唐代的集贤院，其职责是“凡天下图书遗逸，贤才隐滞，则承旨以求之。谋虑可施于时，著述可行于世者，考其学术以闻”①集贤院还负责刊辑经籍。集贤院的职责相当于今天的社会科学院。

唐代还有崇文馆与翰林院。崇文馆是皇太子的文馆，翰林院是皇帝的文字秘书与参谋机关。这两处也藏有大量的文献。

宋代的图书由昭文馆、史馆、集贤院、秘阁以及龙图阁管理。昭文馆的功能相当于唐代的弘文馆，史馆与集贤院沿袭旧制。秘阁藏真本书万余卷，包括古画、墨迹、天文、历算、阴阳、术数、兵法等书。龙图阁藏太宗御书、御制文集、皇家宗谱等。这时秘书省藏书的职能不存在了。宋神宗改制，恢复秘书省，以三馆及秘用书库作为秘书省的基本书库。所有馆职改为秘书省职官。宋代的馆阁中（皇帝专人图书馆）除了龙图阁外，还有天章阁、宝文阁、显谟阁、徽猷阁、敷文阁、焕章阁、华文阁、宝谟阁、宝章阁、显文阁。宋代两党之争，政治管理制度随执政党而变，图书馆管理制度也因之而变。

明代洪武初置秘书监，洪武十三年废，改行馆阁管理制度。国家藏书逐渐演变为内府藏书与中央政府各部门藏书。内府藏书

① 《新唐书·百官志》。

包括：文渊阁、大本堂、华盖殿、东阁、皇史宬、古今通集库。中央部门藏书包括翰林院、国子监、行人司、经厂。

文渊阁与东阁是国家综合性藏书的机构。大本堂是詹事府司经局所管辖的书库。古今通集库收藏古今君臣画像、券书、典籍。国子监收藏学生诵读的教科书与雕刻书版。公元1534年，皇史宬建立，收藏累朝皇帝实录、实训。在中央部门中，翰林院与行人司、国子监藏书较多。《永乐大典》正本贮文渊阁，副本贮皇史宬。可想而知，这是明代藏书重点所在。

清代藏书，主要在内廷、内阁、翰林院、国子监及7阁。其主要机构前面已述。清代的图书管理制度沿用明制。

历代对馆阁官员的选拔十分重规。《容斋随笔》记录了这一情况："国初馆阁之选，皆天下英俊，然必试而后命"。一经此职，遂为名流，其高者称为"集贤殿修撰"、"史馆修撰"、"直龙图阁"、"直昭文馆"、"直史馆"、"直集贤院"、"直秘阁"；次者称为"集贤"、"秘阁校理"；官卑者称之为"馆阁校勘"、"史馆检讨"。又《文献通考》卷五十四："凡状元制科一任还，即试诗赋各一，而入。否则用大臣荐而试，谓之人馆。"《玉海》卷四十三："（祥符）八年十月丙午，命史部取选人先试判，择可者送学士院试诗赋论，命入馆校勘，三年改京官，校勘三年授校理，后校勘四年授校理。"唐宋的馆阁人员是皇帝的参谋部，又是国家人才储备所，唐宋时期国家重要官吏几乎皆出自馆阁。《宋会要辑稿》职官十八："（南宋孝宗说）馆职，朕所以抬延天下英俊，以待显擢，苟不亲吏事，知民情，将来何以备公聊之任。可今后更迭补外，历试而用。"

到元明以后，馆职的后备官员作用消失，而翰林院替代了这一功能。清代的重要官员几乎是一式生涯：中举为进士——入翰林——外用——内廷供职（重用）。少数内廷官员直接从翰林选取使用。

三、县邑藏书

唐代以来，各级政府设有相应的学校，学校里一般备有相当数量的图书。学宫藏书楼、书院藏书楼星罗棋布。学校有“尊经阁”，县衙也有“尊经阁”。“尊经阁”既是地方政府的藏书之所，又是地方性的藏书制度。好多“尊经阁”是形式化藏书，藏书的品种限于儒家经典，仅仅表示对儒家经典的敬仰，或者说是执行了官方的意识形态控制制度。官方藏书之所还有县廨署书房，圣喻宣讲所藏书室等（晚清），宣讲内容为：忠君、尊孔、尚公、尚武、尚实。

四、求书

图书与治世的关系十分密切。隋开皇三年牛弘给隋文帝上书言明了这一关系。秘书监牛弘说：“天下不可马上治之，故知经邦，立政于典谟矣，为国之本，莫此优先。”几乎每一朝的开国之君臣都认同这一个道理，在武力摧毁敌对政权后，第一件大事就是收集典籍。

秦代统治十分短暂，焚书坑儒，但它仍设有掌管图籍的御史大夫，张苍就其任，主柱下方书。

公元前206年，萧何入咸阳，尽收秦遗图籍文书，并造石渠阁，典藏这些图书，造天禄阁藏其他典籍，又造麒麟阁藏书及名将贤臣画像。东汉光武帝夺取政权后，车驾徙洛阳，载素、简、纸经2 000 辆。隋文帝开国后收取了陈朝（南北朝）的官藏典籍，组织人员补续残缺，编订目次。隋炀帝平陈后，在扬州装补故经。唐代李渊及其子李世民收取隋朝在长安与洛阳的图书、文件、字画、道佛经典。五代十国的后梁在攻占镇州以后，遣郭崇韬收府库，郭不收金银珠宝，但收购图籍。宋太祖赵匡胤取得政权后，便扩建完善秘书省及有关馆阁，并派大臣孙逢吉到成都收取后蜀图书与法典，得图书 13 000 卷交付史馆，并于公元 966 年下诏求书。彭千、朱载等献书 1 228 卷，朝廷赐给官衔。南宋迁都临安后即下诏求书，得曾旼献书 2 678 卷，贺廪献书 5 000 卷，曾昷夫献书 2 000 卷，贺曾 2 人分别授官平江府粮料院、将士郎。元代在攻占临安后，便遣宋内侍及焦友收取南宋的图籍并加以整理。朱元璋在定都以前，于公元 1366 年开始派官员访求书籍，充实秘府，以资阅览。清代顺治皇帝在整顿明朝翰林院以后，于公元 1657 年下诏求书，公元 1658 年更改藏书体制，以馆阁制度管理典藏的图书。

朝廷向民间求书、访书、购书次数最多的是宋朝。北宋与南宋共 177 次下诏求书，唐朝 9 次求书，求书频率仅次于宋朝。

朝廷向民间求书有多种方式，如：征书、购书、借书。

征书是历代朝廷求书的主要形式之一。唐中宗、睿宗在公元 709—711 年间，曾令京官中学术上有造诣的人分行天下，搜索查访图籍。公元 757 年，唐朝廷令各府县收访图书，凡国史实录给钱买下；若是官书，呈交一部加官一级，一卷书赏给绢 10 尺。五代十国的后唐庄宗下诏访书，进书在 300—400 卷之间，成套，且纸墨精细，每呈交100卷，在选士过程中加一级，或给予记功，或减一级处分。老百姓进书300卷，授试官。征书后，凡交书者，给予官爵。交书授官是征书的报答。公元981年唐高宗下诏求医书，呈交200卷以上者给出身，已为仕者增其佚。徐州一平民百姓张成象，因献书而获补翰林学士。公元1346年元惠宗下诏求书，诏书中说，凡献书者给一官。公元1665年，玄烨下令征集明天启年间实录。清代征求图书，政府给予献书者的报酬并不丰厚。弘历下诏求书编纂《四库全书》，浙江鲍士恭、范懋柱、汪启淑、两淮的马裕呈献图书达500多种，朝廷仅给予《古今图书集成》一部，进呈图书100种以上的江苏周原育、蒋曾莹、浙江吴玉阶、孙仰曾、汪汝瑮，北京城里官员黄登贤、纪昀、厉守谦、汪如藻，赏给每人仅内府初印《佩文韵府》一部。弘历下诏求书，以朝廷向百姓借书为名，言编纂完《四库全书》即还，实则未全部归还。

征书活动是国家收集图书的一种手段。征书活动无形中宣传了图书的珍贵和意义。它告示人们，书是人类文明的象征，是历朝历代的至宝。历朝给予献书人的报酬不一，从史实看，越古给予的报酬越优厚，到了清代已经是入不敷出了，献书人献出的多，朝廷给予的报酬少。很多人献书后分文没有收到（100册以下的）。究其原因：中古时代家有藏书的是贵族豪门，百姓家几乎无书。随着时代的推移，图书逐渐走人千家万户。到了清代，一般士子家及富商家都藏有大量的图书。政府对贵族尚讲礼节往来，对百姓则生杀予夺任其自由。献书者的待遇，随着时代的推移淡化了。

购书是朝廷在民间较为合乎情理的活动。不过，皇帝下令求书，有书者必拿出来，买卖不是一厢情愿的，价格也不尽合理。

唐代在公元622年令官购募遗书，重加钱帛，这是购与募相结合的征求图书。魏征在公元627年上书请购天下书。公元763年唐宰相元载上书请以一千钱购书一卷。公元938年后晋高祖初收金陵，悬金购坟典，虽平常书籍，也给予丰厚答谢。如有人呈一轴仿制王羲之的墨迹，也给予缯帛10余匹。公元1060年，辽朝道宗求书，凡馆阁缺书，每献书一卷支绢一匹；献书500卷以上，安排职务。在征书、购书过程中，有的君王先列出缺书目录，只有是朝廷所需要的书方给予报酬，会稽陆宰献书13 000卷，皆是秘书省所缺图书。在历史上，私人向朝廷献书达万卷以上。恐怕惟有陆宰了。

虽然皇帝家天下，但皇帝也有短缺东西的时候。东晋孝武帝的秘阁藏书仅36 000卷，秘书丞表请向尚书殷元、中书郎张敞、太子后率郄俭之、前太常石秀采借图书。公元984年，宋太宗下诏求遗书，呈交者酬奖，不愿送官者，借来抄写完毕归还。公元1201年宋宁宗令有司购买遗书，珍本书不愿卖的，可借来抄毕还给，并且付给该书价值的一半钱。清代时期，乾隆皇帝向民间借书以编《四库全书》，多次下诏，责令地方督抚办理。这说明，清代的借书，“借”是朝廷的行为方式，不得违抗政令才是行为的实质。朝廷所缺之书，皇帝已不再如同历朝君主一样，对文人采取礼让恭敬的态度了，一个是借用后给予报酬，一个是借用后可以不还。随着文化的普及与繁荣，文人在社会中的地位日益低落，但是读书之风气却一浪高似一浪。

五、禁书

封建统治者既是物质生产的统治者，又是精神生产的统治者。历代帝王为了对人们进行思想上的统治，禁书是其手段之一。

经过春秋战国大竞争的时代，百花齐放，百家争鸣，学术上各种论点、各种思想、各种治世之道都表现了出来。九九归一，前思后想，统治者认为儒法二术治世效果较好。沿用法治则天下竞奔，不得宁日，秦以法治而丧天下。沿用儒治则天下秩序井然。所以自汉武帝以来，罢黜百家，独尊儒术。禁书基本上是沿着尊儒的主线进行的。

禁书的惊人之举是秦始皇，秦始皇禁书不是尊儒，而是坑儒，其目的是愚化百姓。他认为天下是一人的天下，不可使天下人皆有智慧。秦始皇在夺取天下后的第八年，即公元前213年，采纳丞相李斯的意见，非秦记史书一概焚毁，非博士官不得收藏《诗》、《书》与百家语，敢于吟诵或引用《诗》、《书》语言的，杀。以古非今，灭其一族。官员见而不报，以犯禁处罚。医药书、卜筮书、种树的书可以保留。关于法令的书也不得传播，必须到政府指定的官吏那里去学习。秦始皇的禁书令实质上是不允许人们有个人的思想与见解，连法律也不允许写成文字，而由政府官员口授。在那个时代，人们无道理可遵循，无真理可追求，无是非可判断，惟秦始皇的命令是从，惟朝廷官员意志是尊。

汉代解除了挟书令。自汉至清，儒学的统治地位确立不移。汉至唐基本上是天授人权为指导思想，功臣们的子孙世袭祖荫，武力是内动力，文化处于“植物人”的状态，所以，这一段时间内禁书不多。宋代是文化大发展的时期，禁书及文化管理的条例亦多。明清时代再次将文化处于“植物人”的状态。清代的文化“植物人”，是由于政府组织的一系列沉积文化的活动及一系列的文禁酷刑措施造成的，封建文化终于寿终正寝，开始导生出一个新的文化幼苗来。

数一数历朝书禁，大致可分为如下几种类型：禁宗教书、禁图谶书、禁违碍朝政的书、禁儒家以外的书、禁小说类书。

1. 禁宗教书

历史上的西方，宗教与政教之争、政权与神权之争十分激烈。在中国，也有着这么一段历史。不过，中国的政权力量一直处于优势，当宗教危及政权的时候，大规模的政治行动便会发生。公元446年，北魏太武帝下灭佛诏，不准事胡（即外来的）神，不准造佛像及传播胡经。公元485年北周武帝禁佛道二教，毁佛经及造像。公元582年，陈后主下诏禁佛、道，僧尼、道士挟带邪书、妖书，制造种种“怪事”，一律禁绝。公元845年，唐武宗灭佛教，拆寺院4 500所，还俗僧尼200多万人，焚毁佛经及雕像无数。公元1104年4月，宋朝廷令收缴《佛说末劫经》。公元1114年，禁河北“妖教”及其经文，毁版，查禁图书。公元1183年宋朝廷令禁道学。公元1296禁印行《语录》、七先生《奥论发枢百炼其隐》。公元1281年收缴白莲教《五公符》及道教《道德经》以外诸书。公元1196年僧人袁普照伪造论世秘文，受法治。公元1805年清廷禁西洋人刻书传教。

对于佛、道、天主教等宗教的书，历朝历代时禁时松。一般情况下，朝廷给予其一定的生存活动空间，一旦发展到危及社会的正常生活，危及政权建设，便进行制约。康熙帝曾与西方传教士来往密切，从传教士那儿学习数学、天文、医学等，后来教皇令中国的信徒不得拜天、祭祖与尊孔子，康熙皇帝认识到传教士在意识形态上欲有作为，方才下了逐客令，赶走了传教士。

2. 蔡图谶之书

“谶”是用于预测未来的一种文字或图像。秦以前便有谶，谶纬相近。谶是秦汉间巫师、方士编造的预示吉凶的隐语，谶以某些符号或文字图像玄言诡说未来。纬书是汉代神学迷信附会六经阐发大意。谶纬之书，无真实根据，妄自编说，假借某事、某种现象来蛊惑人心。历代皆禁谶纬之书。前秦苻坚禁图谶及老庄之书，犯者弃市。尚书郎王佩读谶被杀。北魏孝文帝禁谶纬之书及《孔子闭房记》。隋文帝派人搜天下谶纬图书，藏者死。秘府内谶纬之书亦多不敢善藏。隋以后，谶纬书便少见了，或不再听闻。

3. 禁私人著书

宋徽宗时，为禁止随意刊印个人作品，规定诸子之书由国子监及各级政府负责教育的机关监印，禁止出版《太平纯正典丽集》及《舒王（王安石）目录》。苏轼、司马光等人文集于公元1123年禁止印造，元佑学术不得传播。公元1126年朝廷再次干预印行苏轼、黄庭坚等人的书。范缜与沈括的杂说，也因有皇帝与名臣言论而废。公元1144年，秦桧禁野史，云“私史害正道”，李光家藏万卷书有涉野史被毁。公元1196年，李无纲《文字》、刘子翠《十论》、潘浩然《子性理书》、江民《心性说》禁毁。公元1202年《中兴小记》（熊克）、《九朝通略》、龚日章《北伐谠议》、华岳《治安药石》禁毁。元代多次下诏毁《太乙雷公式》、《七曜历》、《推背图》、《苗太监历》、《显明历》以及《四教经》等书。

4. 禁违碍朝廷的书

秦始皇将农医林等书留下，将史官作的史书留下，其余图书一律焚毁，让世人不知世事之演变，行为不会有碍秦政。历代法律都反对滥印书籍，蛊惑人心视为大罪大恶。宋仁宗时规定有关边机（边防）的书不得刻版印刷。宋朝规定“九经”以外的书，不能出界；议论时政、宋朝的《会要》及《实录》不得刻印。公元1110年，宋廷《朝报》在外流传，令行禁止。公元1193年令台谏疏章、政府函件、士子呈本及有关朝廷机密的书禁毁。清朝乾隆皇帝以编修《四库全书》为名，征收天下图书，将抵触清朝的图书，分类处理。书的主题抵触清廷的毁，部分内容不合的抽毁，字句不合的删改。乾隆皇帝多次令各省巡抚呈缴禁书。公元1776年江西巡抚海成章奏呈缴禁书8 000余部。公元1788年浙江巡抚罗烺奏，从乾隆三十九年至乾隆四十三年，共呈缴禁书24次，共538种13 862部。公元1780年，英廉奏各省解到北京的书。应毁销的144部，部分抽毁的181部，共325部2 123本。另外，明清制造了多起较大的文字狱。文字狱属最严厉的禁书范畴，它不是建立在事实的基础上，而是牵强附会、任意揣摸和发挥，并且无限上纲，使受害者受到最严厉的惩罚。

5. 禁印行小说

小说为历代正统学者所唾弃。人们认为小说是街谈巷议。巧言乱德，不可纵行。宋哲宗时规定凡戏亵之文不得雕印。教育类书稿呈秘书省审定后可印行。公元1106年甚至连书法、画艺、算学、医学也不能在学校讲授，一意尊儒。清代对小说禁止甚严，顺治年间，诏禁止琐语淫词、窗艺社稿。康熙年间，刘楷上书，他发现书肆上租赁的小说150多种，应禁毁。他说，没有鉴别力的人，读了此书，情感荡佚，甘愿走险。书中某些狂悖言词，有损学术人心。淫秽小说《灯草和尚》、《如意君传》、《浓情秘史》、《株林野史》、《肉蒲团》、《喜逢春传奇》被禁毁。公元1753年禁译《水浒传》、《西厢记》为满文。诏文说不让此两书在满人中传播，有益于满族人的品行修养。公元1775年僧人澹归《遍行堂集》、陈建《明皇实记》被禁毁。清廷规定，私印小说，官员革职，军民杖100，流放3 000里。卖书者杖击100，徙3年。买书人杖击100，看书人杖击100。100次杖击，人几乎被打死，人们听见小说便畏怯了，自然会选择四书五经来读，以求功名。

封建社会刑罚虽重，但管理松散。很多人住在深山之中，朝廷政力不及，朝廷越是禁的严，人们越是收藏图书，越是觉得神秘。从现在的眼光看来，古书中，一些记载史实与科技的书是宝贵的，如史书、地方志、家谱、医书及某些产品加工工艺书。《诗经》、《论语》、《道德经》对于人们思想修养是有益的。有些书确实无什么阅读的价值。但是朝廷越禁，有的人越要收藏，有人把书藏在石洞中、坟墓里、石崖中、地底下，所以历代图书禁而不绝。有些书的失传不是禁绝的，而是天灾人祸和偶发事件毁灭的。有的人把珍本书放在楼上被火烧了。如唐太宗派人从长江水运图书到长安，激流把船打翻了。偶发事件毁书特多。官人富弼家藏，因大水，他的图书尽行漂没，书上有镇海节度印章，是珍贵的文物。这些偶发事件对藏书毁灭较大。禁的作用，限制了书的传播，并不影响书的存在。

六、图书国际交流

国际间互相交流图书，从历史上看，主要表现为四种形式：宗教传书，学者私人传书，国家间交流图书，乘他国国难抢劫图书。

宗教传书在前面已经作了介绍。这里要补充的是公元1900年以后，西方传教士在中国各大城市都有天主教堂，并且办了洋学堂，图书馆内典藏洋书很多。如上海李鸿章办的格致书院所藏东西学译本书；圣约翰大学有西文书14 607本，西文杂志49种，西文报纸2种；徐家汇天主教堂藏书楼有西文书刊80 000册；工部局公众图书馆有西文书12 000册；亚洲文会北中国支会图书馆，藏有西文图书15 000册；中华基督教青年协会图书馆，有西文书籍3 500册。李镇铭的文章“北堂藏书渊源研析”一文，详细介绍了清代北京西什库教堂图书馆的图书。当然，这不是正式的国际图书交流，是传教士自用后留下的。

学者私人传书。公元865年，日本僧人宗睿携回佛教经卷134部，《唐韵》1部，《玉篇》1部，书上印文“西川印子”。公元1015年宋朝廷赐高丽使者器币、鞍马、经史《圣惠方》及日历。

公元1074年皇帝诏国子监让高丽使者带回朝鲜《九经》及子、史诸书。公元1093年高丽使者又带回《册府元龟》。公元1369年洪武帝赐朝鲜来使成惟德《六经》、《四书》及《通鉴》。公元1371年明朝皇帝赐给日本使者王良怀《大统历》。从公元1407—1408年，日本屡次遣使来朝，并带回仁孝皇后所制《劝善》、《内训》

等书。公元1477年日本学者妙茂从中国带回《法苑珠林》。

朝鲜、日本是中国的近邻，在唐朝全盛时期，这二国有很多学生在中国求学，他们把中国的文化带了回去，同时也加强两国之间的文化交流。

明代以后，利玛窦、金尼阁、邓玉函、汤若望等西方传教士从意大利、法国、瑞士、葡萄牙、德、英来到中国。他们来研究中国，也引进了西方的天文学、数学、医药、地理、水利、光学、逻辑学、气象学、动物学、兵器学、文学、政治科学等著作。如《万国舆图》、《西国记法》、《几何原本》、《泰西水法》、《同文算指》、《天问略》、《药露记》、《况义（伊索寓言选）》、《人身说概》、《远镜说》、《西学治平》、《火攻制要》、《狮子说》及《进呈鹰说》等。特别是公元1775年出版的《马可·波罗旅行记》，公元1697年白晋在巴黎写就并出版的《康熙皇帝》，以及公元1735年杜赫德著《中华帝国全志》，公元1783年冯秉之的《中国通史》在巴黎出版以后（以上作者皆是法国传教士），给西方人士了解中国，打开了一个窗口。法国传教士在法国能写出这些书，是他们从中国带回了大量的文献资料，包括中国历史、政治、教育、文学、法律、地方志等，这是他们进行多年研究的成果。

国家间的图书交流，日本、朝鲜往来较早，上面已经提及。日本与朝鲜的使者，与其说是个人往来，还不如说是国家间的往来，他们是代表国家利益来的，带回的图书属于当时的国王所有。公元1620年西方传教士金尼阁从西欧运来7 000册图书，这是西方与中国第一次大规模交流图书。清朝政府曾与美国国会交换过一批图书，这是两国政府间正式批量交换图书。清朝皇帝也曾经向俄国皇帝赠送过图书。①

公元1895年以后，帝国主义列强趁中国国难，大肆抢劫中国的图书文物。

他们从敦煌抢走了大量的文献。敦煌石窟有490多孔，每一孔石窟中有壁画、佛像等，藏经洞有若干孔。敦煌文献的写本、刻本年代是在魏晋至五代期间，文献的内容有佛经、道教、儒家经典、文学、音韵学（如《字宝碎金》、《千字文》）、史地材料、户簿契约、医药、敦煌日历等等。公元1908年法国人伯希和从敦煌劫走了数千件珍贵文物，拍摄了数百张石窟文物的照片。英国人斯坦因装了24箱敦煌石窟的宗教经典、儒家著作、字书、韵书、道家著作、人物画绢绣像，公元1914年又掠去了5大箱600余卷佛经。现在藏在不列颠博物院的敦煌图书约7 000卷。敦煌壁画画幡存放在印度新德里中亚细亚古代文物博物院。法国巴黎收藏了伯希和从敦煌运去的大量敦煌文献。日本的大谷光瑞及橘瑞超在戈壁滩上专事探求劫后剩余的佛教经典、史料、西域图书、染织品、古钱、绘画等，得到文献400多卷。书卷上有印记——报恩寺、净土寺、三界寺字样。吉川小一郎也从敦煌带走100多卷敦煌文物。

清朝末年是我国文献损失最严重的年代。

黄宗羲（公元1610—1695年）《传是楼藏书记》中写有一段文字：“丧乱之后，藏书之家多不能守。异日之尘封未触，数百年之沉于瑶台牛箧者，一时俱出。于是南北大家之藏书尽归先生。先生之门生故吏遍天下，随其所至，莫不网罗堕简，搜罗缇

① 见于《中华读书报》。

帙，而先生为之海若。筑楼于所居之后，凡七楹，斫木为厨，赠书若干万卷，部居类汇，各以其次，素标汀帙，启钥烂然。与其子登楼而诏之曰：‘吾何以传汝曹哉？’因指书而欣然笑曰：‘所传者惟是矣’，遂名其楼为‘传是’。”这个传是楼是清代徐乾学（公元1631—1691年）的藏书楼。

黄宗羲的文章中说，明代以后，清人入关执政，原来的一般明朝绅士贵人，家中藏书多不能守，所有的珍藏秘籍一齐抛撒在外，这种情况，在清朝末年也是如此。

日本学者岛田彦桢写了一篇文章，题为《皕宋楼藏书源流考并购获本末》。文章一万多字，介绍了中国清代各地的藏书家，何人承何人之书藏，某书流经何人之手。现摘两段于后：

康雍乾嘉，流泽益衍。浙东西有静惕、潜采、云在、道古、小山、振绮、瓶花、开万、寿松、知不足、拜经、向山、蝶隐、汉晋、唐·文瑞；吴会有朴学、红豆、桂宦、小玲珑、来雨、陶庐、滋兰、稽瑞、爱日；河北有沽水、梧门、万卷、笥河、宝苏、南涧，卿云轮菌，芸笺缥带；足以与绛云、延令、传是、士礼掩前绝后之藏相发明。而冯空居、庐抱经、钱潜研、段经韵、孙平津、阮研经、顾思适诸君得因以校勘异同，裨补经术。

这段文字，对于当时的藏书家与藏书楼名不了解的人，根本读不懂，不知哪个是人名，哪一个是楼名，而日本藏书家岛田彦桢却了如指掌。此外，岛田彦桢还对当时图书的流向也能道出原委：“同治初元，宜稼之书散出，其宋元旧椠，名校精抄，大半先为丰顺丁禹生中丞日昌于观察苏松太守豪夺去，归于持静斋。”

由于岛田彦桢对中国的藏书家及其宝籍心中有一本账，所以他获取中国图书的机遇很多。他在乙巳年（公元 1905—1096 年）买去了皕宋楼的全部藏书。他写道：

乙巳丙年之交，予因江南之游，始破例数登陆氏皕宋楼，悉发其藏读之。太息尘封之余，继以狼藉，举凡异日之部居类汇者，用以饱蠹鱼。又数我邦藏书家，未有能及之者。顾使此书在我邦，其补益文献非鲜少。遂纵恿子其纯伯观察树藩，必欲致之于我邦。而树藩居奇，需值甚昂。始号五十万两，次称三十五万元，后稍减退至二十五万元。时丙午正月十八日事也。二月返槎，归而谋诸田中青山先生，不成。先生曰，能任之者，独有岩崎氏耳。余将言之。而予亦请诸重野成斋先生。今兹丁未三月，成斋先生有西欧之行，与树藩会沪上。四月遂订议十万元。五月初二日，吾友寺田望南赴申浦。越六月，陆氏皕宋楼、十万卷楼、守先阁之书，舶载尽归于岩崎氏静嘉堂文库。

日本东京静嘉堂文库是日本收藏中国宋元古本最丰富的图书馆。馆中有 1183 种中文善本书，宋刊本 127 种，元刊本 155 种，明刊本 551 种，明抄本 72 种，以及金刻本、元抄本、清代名家手抄本、题跋本 269 种，其大部分图书来自陆心源的皕宋楼。

公元 1900 年，八国联军进攻中国，北京城里被侵略者烧杀抢掠，硝烟弥漫，火光冲天，人们只管逃生，顾不得家藏了。绅士淑女、达官贵族纷纷抛弃细软秘藏，以谋生机。琉璃厂上图书文献堆积如山，外国人以一个银元就可获得一拐杖高的图书。什么宋版图书、绝密文书、大家名画，统统胁裹而去。

文献的聚散，使人们认识到文献的价值和意义。否则，很多珍贵的文献早被化作纸浆，或被烧，被毁，被随意抛掷。文献的拥有人，往往是在别人争抢与高价收买后，才发现其文献价值的，才开始珍重保护并进行认真典藏的。

历史告诉我们，藏书家应具备良好的文化素质和经济基础以及稳定的社会生活。往往是在别人处于困危之中，而藏书家悠然自得；别人把高档的精神生活降到了最基本的生存需要，而藏书家坚守图书之道，矢志不移；别人抛弃图书文物的时候，而藏书家轻悄悄地把它们全部聚集在一起。

纵览卓有成效的藏书家的生涯，真有点莫言人生的味道。

第二节　云蒸星灿　养士席珍

——书院藏书

一、书院的作用

“书院之名起自唐玄宗时，丽正书院、集贤书院皆建于朝省，为修书之地，非士子肄业之所也。”① 书院本是修撰图书、校勘图书、出版图书的地方。因书院工作人员掌刊辑古，知识渊博，他们往往聚徒讲学，书院便成为了学术机构。历史上较著名的官立书院有：白鹿洞书院、岳麓书院、应天府书院、嵩阳书院。随着教育的发展，私立书院也普及开来。关于官立书院，现在有很多

① 《随园随笔》卷十四。

图书作了介绍，下面仅介绍一个私立书院。

安徽省绩溪县狮子峰有云庄书院。此书院是宋朝中叶为汪氏与冯氏二家共建的。汪冯二家建云庄书院的目的是：隆师亲友，以惠来学，教诲子弟循规遵礼，洞明世事，学会处理人情世故。学院里购书千余卷，学生有书读，有房子住，有厨房吃饭，有人在校内服务，书院有院墙保护着。书院外有学田，学田租给他人耕种，每年收租补给书院费用。绅士们这样做，旨在教化乡邻，变移风俗。一般学校培养的人，专志于科第仕途，步竟官阶。云庄书院山长反对孜孜如跖，见义不为，当仁遽让。书院教育就是要破尘脱俗，让学生视富贵如浮云，弃功名如敝屣，力不惮劳，气不惮形，心不惮势，善为人所不易为，勇为人所不敢为。绅士们认为，达此目的则乃邦家之光也。

图 3—1　紫阳书院

这所书院风景很美，群峰攒簇，泉水涧流潺潺，横带旋绕，宛若画图一般。

封建时代，学校教育有很大的局限性。入学读书的人要有一定的社会地位。唐代弘文馆、崇文馆及集贤殿都有学士学习。弘文馆的招生条件是五品以上职事子弟；集贤殿一般是学有所成的人，有的是皇帝的参谋咨询人员，有的是给皇帝或皇子讲课的教师；崇文馆招皇族、皇太子和皇后大功以上亲戚，[①]散官一品中书门下平章事、六部尚书、功臣身食实封者、京官职

① 大功：《礼记》记载。堂兄弟、未婚堂姊妹，已婚的姑、姊妹、侄女、众孙、子妇、侄妇之丧，皆服大功。

事三品及从三品、中书黄侍郎等人子孙，两馆学生人数不过60人。州府县学招收学生一般是朝廷命官及大绅士子弟。这些纨绔子弟，世袭尊荣，条件优越，无心留恋于知识与学问，教学上难于管理，从客观上、主观上都无法提高教学质量。在教学内容上非常死寂僵化，教师主要对四书五经加以宣讲注疏，不敢妄发私见。

在依靠大自然生活的时代，许多人不愿到朝廷里去称臣，只愿做一个野民，陶冶山水之乐，享天伦之福以实现自尊、自爱、自主、自强。有些有学问的人这么做了，就被人们称之为隐士。学而优则仕，仕而优则官。为仕不作官，隐居深山中，因树为屋，或因洞为屋，读书自乐。心中无欲品自高，心中无私天地宽。这些人站在局外，研究问题，比局内人更有深度，更为豁达。隐居山中，无尘世干扰，一心归门里，不受社会的干扰，可以形成自己的主见，形成学术思想，或形成学派。他们穷则独善其身，达则兼济天下，刻意尚行，离世异俗，高谈阔论，捭合纵横，才高博洽，众人拥戴，从学弟子成百上千。学院的作用大概如此。

书院的教学的特点是：(1) 教师一般是学术上有真知灼见的人，或某种学术的鼻祖，或某一学派的旗手。例如，朱熹、王阳明、姚鼎、阮元、戴震等。(2) 教师可以阐发自己的学术观点，宣讲自己的学术理论。(3) 教师对学生有严格的要求，学生是自愿来听课的，是主讲教师的崇拜者，学生自学的积极性较高。(4) 书院有严格的做人、学习、生活的管理制度。(5) 教师与学生都不是功名利禄之徒。(6) 学生以领会教师的讲授内容为主，要求身体力行。不是死背条文，不要求争得多少考分。例如朱熹的“格物致知”，王守仁的“致良知”。教师讲授的是一种思维方法，一种认识事物的理论，一种分析问题的方法。（7）书院开展教学、社交、藏书、祭扫、游览、自修、生活等方面的组织活动，把理论与实践、感与悟、知与识、学与问结合起来了，书院教学的知识较活。学校里的教育，记忆为主，学而不知，学而不悟，学而无感，学而无识，学而不问，最终是学而无用。书院教学则生机勃勃。

书院教育对社会的影响很大，书院的数量也日益增多，到书院去就学的学生数量激增。封建统治者很担心失控，形成朝廷的对抗力量，往往以“倡其邪说”、“群聚徒党”对书院横加干涉。在封建政权下，书院屡经摧毁、要挟，以后又是整顿、引导、控制。据曹松叶《宋元明末书院概说》统计，我国宋代有书院 397 所，元代 227 所，明代 1 239 所，清代 1 900 余所。

书院经朝廷整顿以后，不是原来的书院了，而是政府教育事业的一个组成部分了。书院的第一把手——山长由政府任命，学生以学四书五经为主，并以参与科举考试为宗旨。清代各级州、府、县、宗祠，凡有实力的都办书院，普及教育。本来，书院是与佛道寺观并行的民间活动，具有野风；在文化学术上，具有百家争鸣，百花齐放的精神。书院纳入政府的科举教育以后，书院便成了苍蝇竞血的地方，毫无朝气蓬勃的学术风气了。

二、书院藏书来源

唐代长安的集贤书院与丽正书院，本是校书、刻书、藏书之所。《新唐书·百官志》说：“集贤殿书院学士、直学士、侍读学士、侍撰官，掌刊辑经籍。”宋至清代，书院以讲学为主，兼有祭祀、藏书活动。刻书、校书，在中央政府部门则由国子监、秘书监、内府等部门承担。作为教育单位的书院，与其他教育单位——州学、府学、郡庠、郡斋、学宫、学堂一样，主要是教学，但也时而刻书，但刻书不是其主要职能，只是在有了捐款以后才刻书。

教育单位，教育团体需要大量的图书，供学者、学士研究学习。书院的经费往往不足，难以有大量的图书，满足读书人的阅读需要。书院为了拥有图书，一般采取征购、接受捐赠、自刻等方式谋取图书。如岳麓书院《捐书评议条款》：“如坊肆书，及官绅士民家藏已刻未刻各本，应请通行札饬各属劝募捐置。仰蒙各宪现议，陆续捐购。其现任湖南地方文武各宪，及通省士民，如有家藏书籍情愿捐入书院，或自愿量力捐资，以备购买书籍之用者，应请悉听其便。”

1. 民捐图书

民捐以地方乡绅豪富捐书为主。一般平民百姓一字不识或世代不曾读书，藏有图书之家不多，或有藏书，藏书量为数寥寥。《光绪江西通志》卷八十一记载，公元1010年，邑士曹诚为应天书院捐书1 500卷。钟峨为永清书院捐田600石，书籍数千卷。清代马日琯出资修缮扬州梅花书院，赠给书院大量图书，等等。书院为官督民办的教育单位，为繁荣地方教育，让一方子弟受益，地方绅士及退隐官员都乐于资助献书，这在地方志中标为义举。

2. 官吏捐送图书

这是书院藏书来源之二。官吏创办或出资资助书院，发展教育，属于治政的政绩。如公元 1875 年，安徽布政司孙衣言倡捐书籍，存书院以便诵习。公元 1869 的年，学政张之洞出俸银置书籍于武昌经心书院。公元 1746 年，黄锦捐俸购《二十一史》、《十三经》及子集各书 5 000 余卷，贮于广东雷阳书院博文馆。《同治南康府志》卷十：“白鹿书院，少司空张伯行，先后送洞书六十四种。太守周灿送洞书十四种。提学冀霖送洞书三种，又圣像、四配十哲像、曲阜临本、后附朱子像从徽州本，及宋潜溪九贤遗像记。”公元。1724 年，广西乐平县知府胡醇仁，因五岭之外，书籍维艰，圣经贤传，内而身心性命，外而经济谟猷之书，不特国有未见，抑且耳有所未闻，故捐置书籍若干于道乡书院。

3. 征集

征集图书与募捐图书实质都是为社会聚集图书。募捐的图书，即无私奉献给书院的图书。而征集图书，往往是官方给予的一种任务，家有藏书者必须拿出一部分，不得违抗。一般情况下，为官征民应。公元 1908 年，安徽太平县教谕马征庆作《仙源书院藏书目录初编序》，后附《初议公集书籍章程》：

初议公集书籍章程

一、各省多设书局，所刻书籍，大率皆精要必备之本。而邑人在各省游宦者，既多士人，游学四方者，亦复不少。宜各就所便，集资商购书籍，寄置书院，院中不收代买书籍钱文，以免多劳往返。

二、书局刻书，各有断限，此外精要未刻之书，未易更仆数，兵灾之余，旧刻名著愈廖落，如能购来寄送，尤当因罕见珍。

三、书籍到院，即于书目注明送书姓名，一俟书目积成卷帙，随时刊布，以示不忘培文重学之至意。

四、院中书籍，公举四人总理。另举在院肆业或在院教读者一人，专管借书，每年酌帮薪水。如有遗失，总理查出，专管赔认。

五、书院书籍，皆需盖用学印，以昭信守。如有古刻珍秘之本，阅者不得以近刻本换出。如有更误，罚从夺牛。

六、书籍渐充，急需讲求读书之法。务令积书之后，与未积书之先，气象大不相同。要于文章经济上见出，于精神物泽上见出，于风俗人心上见出，才是藏书真实作用。非徒欲汗牛充栋，万轴琳琅，为夸多斗靡计也。

七、恒心恒产，未可兼营；锐意攻苦之士，寒素为多。如能厚置膏火之资，先令住院就读，无虞枵（空）腹，然后校以经课，果能实用心得，不妨厚给奖励，俾足代耕，则始终成就之意，不能不仰赖于大有实力之君子矣。

八、书院义学，旧有膏火之资，如将书局精要，有补人心风化，实学实用之书，多备以充常课奖赏，亦一举而兼三善者也。

九、每月专管需开各书厨晾开一二次，每年七月，专管雇人晒书一次，晒后邀各总理当面清查一次。

十、书籍只许来院借观，不准借出院外。官署世家，亦不得徇情。此是征集图书的管理办法，公之于众，让人们放心，鼓励大家应征献书。

4. 购书

书院购买图书，是书院经费开支之一。有的书院购书很多。

李坤《昆明经正书院藏书记》写道："筑精舍，延硕儒，选士二十有四人，饮食教诲，礼数有加。既又购书于沪、于粤、于楚、于金陵，先后凡数十万卷，栉度之楼，纵人往观。"

陈虬《拟广心兰书院藏书引》有文："定议之初，人约二十家，家先出钱十五千，合三百千，购置书籍，续置有隔江途田数十亩，岁近又可得息数十千，益各恢广，自开办以来，积二十一年矣。寻常文史，略可足用，晌遗甚多，于是乡里皆知有书社。云江以南，渐有仿行者。"

浙江瑞安许拙学等人首创书社，大家聚钱买书，以兴读书之风。在书社的基础上进一步发展，赶走了不法僧尼，改精庐寺为心兰书院，订立章程。用师授学，倡导读书求学之风。陈虬说，瑞安没有什么藏书家，借书买书十分的难，有了书院藏书，"诸君子得无意耶?"

顾璜《大梁书院藏书序》介绍说，清朝雍正、乾隆年间，朝廷给予各省会书院，屡赐币金租息，赡给经费，开封（即大梁）观察吴仲饴带千金赴天津书局购运图书。顾璜说买书读书都得选择，不可为发挥文采、博取功名、充填私欲而乱读书。读书要精，要内补身心，外补民物。扬子云不识"忠"字，王安石误用《周礼》，读书万卷何益？皋、夔、稷、契，未闻所读何书，而功在天壤。大梁书院购书拟下规则：买有用之书。所谓有用，即：(1) 研究性理；(2) 讲求经济；(3) 博通考据；(4) 练习词章的书。不过，大梁书院反对购买医卜星相及一切技艺的书，这似乎不科学，但与该书院拟定的四项有用书的规则是一致的。

5. 刻书

书院里学生在山长指导下的学习。教师每天讲一课，大量时间由学生自学或师生共同讨论研究，学术上较为自由活跃，学生要读的书较多。山长一般为某派学术的泰斗，学术上自成一体，其讲义基于历代典籍再作阐发开拓，形成新的思想、新观点、新理论。这样，书院需刻印经史子集之部分图书，刻印教师的讲义，也刻印高足弟子的读书笔记和研究成果。如：元代明经书院胡炳文著《周易本文通释》、《四书通》，江东书院程瑞札著《集贤路江东书院讲义》、景星书院黄泽著《易学滥觞》。宋代环溪、竹溪、泳泽、丽泽、龙溪、龙山、鹄山、白鹭、象山、建安等书院，刻印了《切韵指掌图》、《新唐书略》、《袁燮契斋家塾书抄》、《四书集注》、《北溪集》、《秋崖先生小稿》、《仁斋直指方论》、《医学真》、《晦庵先生朱文公文集》、《后汉书注》、《志注补》等院本书。

元代兴贤书院以及广信、崇文、东山、梅溪、园沙、西湖、苍岩、武溪、龟山、建安、屏山、豫章、南山、临汝、桂山、雪窗、象山、梅隐等书院，刻有图书有以下若干种：《书集传》、《北史》、《广雅》、《通典》、《尔雅郭注》、《蜀汉本末》、《止斋先生文集》、《方是闲居士小稿》、《道命录》、《新编古今事文类聚》、《金陀粹编》、《文献通考》、《国朝文类》、《广韵》、《皇鉴笺要》、《周易程朱先生传义》、《皇元风雅》、《韵府群玉》、《校正千金翼方》、《梦溪笔谈》、《五代史记》、《经史证类》、《大观本草》、《稼轩长短句》、《程子上下篇义》、《朱子易图说》、《周易五赞》、《筮仪》等。

清初学者顾炎武说："闻之宋元刻本，皆在书院。"① 书院刻

① 《日知录》卷十八。

书称之院本书。元代院本最为出名，宋代次之，明清以下，书院刻书则不为人们所注目了，大概是明清将书院纳入科举教育的缘故。

院本书质量精湛，决定性的因素，顾炎武说有三点：(1) 山长无事而勤于校仇。(2) 不惜费用而工精。(3) 版不储官，而易印行。书院院长一般为名师硕儒，如朱熹、王阳明、陆九渊、吕祖谦、张杭、姚鼐、凌廷堪、张之洞、陈亮、辛弃疾、李贽、黄宗羲、颜元、戴震等。这些人学术渊博，著书立说，立论高雅，文理通达。即使是他们选刻之书，选题也并非一般，在素材上决定了书的质量。这些人在任学院院长之时，或绝意尘俗，或官场隐退，专志于学问，不为功名所累，不为庙堂烦忧，可以勤于学术。另外，他们印书不是为了赚钱，不计成本，只求质量，只讲学术成就，不讲经济效益。院本书质量好，理在其中。

另外，明代藩府书院刻本甚精，如沈藩的勉学书院、徽藩的崇古书院、鲁藩的承训书院、晋藩的养德书院。藩府皇子皇孙，拥有金银如山，文士成群，他们刻书条件优越。藩府书院刻书，对藏书文化有着很大的推动性。

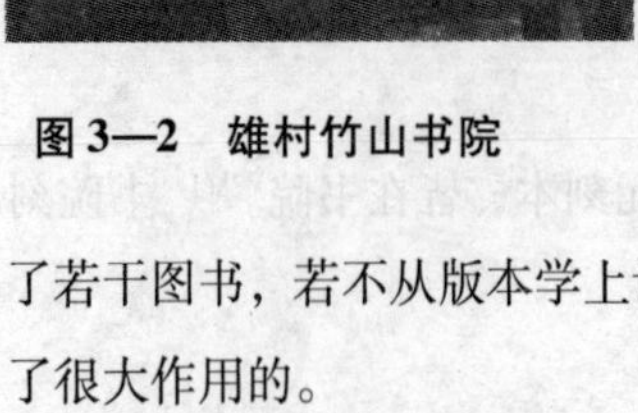

图 3—2　雄村竹山书院

明代刻书的其他书院很多，但质量不如宋元书院本。芸窗、崇正、茶陵、大梁、义阳、云丘、关中正学、崇古、鳌峰、龙川、东林、紫阳、紫云、新皇、高淳、南轩、新江、华山、明道、西湖、首善等书院都刻了若干图书，若不从版本学上计议，其对社会的文化与教育是起了很大作用的。

6. 赐书

赐书以表彰书院，教化黎民，使天下士子研读华章，洞明道统事理，可增光旧制，治化百姓。宋朝以来，皇帝给书院赐书，史书记载颇多。公元977年，宋太宗赵匡胤应江州知州周述言之请求，赐《九经》给庐山白鹿洞学徒数千百人肄习。公元1179年朱熹重建白鹿洞书院，公元1181年宋孝宗赐给白鹿洞书院国子监刻经书。公元1001年宋真宗赐岳麓书院《诸经释文义疏》、《史记》、《玉鉴》、《唐韵》，陈列于该书院的书楼，让院内60余生徒学习。公元1015年宋真宗颁给岳麓书院诸经书解义，并在便殿召见山长周栻，授以国子监主簿衔。公元996年7月，宋太宗赐印本《九经书疏》给嵩阳书院。公元1010年宋真宗赐嵩阳书院《九经》。宋代皇帝给书院赐书，倡导文治文风，促进了社会的读书活动。

公元。1686年康熙帝赐书《御纂日讲解义》给岳麓书院，长沙同知与巡抚为此在书院后建藏书楼，称“御书楼”。公元1716年康熙帝赐书《古文渊鉴类函》、《周易折中》、《朱子全》给敷文书院。同年康熙帝赐经书7部给鳌峰书院。公元1746年乾隆帝赐书《律书渊源》给福建省某书院。乾隆帝还曾赐书《十三经》、《二十一史》给钟山书院、紫阳书院和敷文书院。

皇帝赐书给书院，表示了朝廷对书院办学方向的肯定和支持，最高权力所有者对某书院教学的嘉奖，是被赐书书院的无限荣光，增加了人们在艰难的境遇下办好书院的信心。赐书是至高无上的，需陈列在规模相当的御书楼。历届官吏必须小心翼翼地管好、维护好御书楼，这对于书院藏书的建设起到了积极的保证作用。一些未得到赐书的书院，力争把书院办好，书院的社会影响就是山长的学术影响，山长的学术渗透力依赖于书院诸弟子。他们力争办好书院得到皇帝赐书，或积极兴建藏书楼，使其藏书规模不亚于很有名声的书院。

讲学、传授经典、阐述自己的学术思想、祭祀圣贤、藏书、校书、刻书、读书，形成了书院文化的特色。山长、藏书与书院院址是构成书院的基本三要素。

三、藏书规模

书院有其藏书，藏书规模的大小，取决于学生多少，更重要的是由书院的档次而决定的。书院虽未明确定出等级，其实有规模之分。像白鹿洞、岳麓、应天、嵩阳在全国声名较响。其他如吕祖谦创丽泽书院，陆九渊创象山精舍，陈亮主讲五峰书院，陈傅良主讲城南书院，辛弃疾主讲稼轩书院，王守仁主讲龙岗书院、濂溪书院与稽山书院，李贽主讲芝佛书院，黄宗羲主讲证人书院，颜元主讲漳南书院，章学诚主讲定武书院及莲池书院、紫阳书院、敬敷书院。各名人创办及主讲的书院、省属书院及国家办的书院，它们的藏书多且精。至今一些书院的藏书楼名，人们还可以在文献中见得，如莲池书院的万卷楼、五华书院的藏书楼、岳麓书院的御书楼、怀玉书院的书廨、大梁书院的书舍、向津书院的藏书馆、晴川书院的斋馆、敬敷书院藏书阁等。州县学校藏书楼一般都名为“稽古阁”。

岳麓书院历代相承，至同治年间藏书达到14 130卷，莲池书院在光绪四年藏书达33 711卷，五华书院在雍正九年达万余卷，城南书院藏书10 555卷，益阳箴言书院有图书1 335部，31 738

卷，苏州正谊书院藏书60 000卷，广雅书院有书43 500册，南国书院藏书30 000卷，魏了翁的鹤山书院藏书达10万卷。县级书院藏书一般有数千卷，如三原县学古书院藏书2 500卷，长社县颍昌书院藏书若干万卷，安徽绩溪云庄书院藏书千余卷。

书院藏书从千卷到10万卷，规模不等。但书院藏书较为精良。山长学有所成，善于选书，善选有教育意义的书、版本好的书、学术性强的书，或选针对某一教学目的的书，或某一学术流派的书。误人子弟的书几乎没有（就当时来说）。书院藏书重在使用，不在收藏，不在于消遣，不在于标榜风雅。选好书，选有用的书，选学术价值高的书，选育人成材的书，是书院藏书的宗旨，也是书院藏书的特色。至今，这种藏书理论也是值得我们借鉴的。

书院图书管理井井有条，以服务于莘莘学子。

书院的生徒随山长主持人不同而人数不等，少则几十，多则数千人。朱熹、王阳明、陆九渊在书院讲学时，四方负笈来听课者达数千人。一般县级书院听众也有几十个人。书院的图书对教师和学生一视同仁，凡要读书，藏书楼一般都借阅。书院配备有一定工作人员管理书籍、校勘、抄录、购买、刻印、分类编目、借阅、清晒、修补书籍。下录公元1898年兴化文正书院《藏书凡例》及大梁书院《藏书借阅规则》，说明书院对图书的具体管理。

藏书凡例

一、立斋长以专责成。所藏书籍，整齐卷页，谨守管钥，统归经理，无事不得擅离，有事回家，须禀明山长，择人庖代。每逢夏季六月，在书院检出曝晒，必系自监管，以防遗失。每年议给薪水若干，饭食若干，由县按月支付。

二、所藏诸书，经编目缮写悬牌书院门首，通晓合邑多士。

三、藏书之处，务需洁净，肄业诸生，不得擅入翻阅。

四、储书非易，本不宜携书出院，因念寒士以馆为家，不克入院肄业。尚深藏不出，事近向隅，破格从权，故有同院之议。但观书不能作辍，需俟肄业诸生阅竣后方准出院。

五、每月肄业诸生所阅之书，需由斋长榜示书院门首，使借书者一览便知，免致相左。

六、在院肄业诸生欲观书者，需亲笔书条为凭，至斋长处登簿取给。

七、借书出院，需有保结呈县，由县付条至斋长处取书，还书时，凭给条至县销结。

八、卷数繁简不一，简单准取全册，繁者第取十本，依次取阅，阅毕即证。无论在院不在院，极迟以半月为限，逾限者下次不准再取。

九、藏书期垂久远，观书诸生，需知珍惜，倘有黑污，擅加丹黄以及卷页缺少破损折皱，由斋长点检后，照原书计价赔罚。如有保状，保人亦一例议罚。

十、书籍每逢四季，需由斋长重请山长照簿检查。至年终，无论阅竣与否，限腊月20日一律归还。次日凭县至院检查，如有缺少、墨污等敝，由斋长认赔。

严课程以觇心得，昔范文正掌府学，课诸生读书寝食皆有时刻，每时间诸生所读何书，必详加讨论。此次捐款储书，原为提倡学术起见，凡我多士需知读书门径，有次第，不加提命，事劳功半，自是厥后。继文正遗轨而广播春风者，其在我贤山长乎！

《大梁书院藏书规则》与《兴化文正书院藏书序》大致相同，不同之处是：大梁书院的藏书之处在书院内西偏精舍，有司书吏一人做管理工作，司阍役一人，典守锁钥。每人每次借书一种，不超过5卷，10日内付还。每月借书人给司书吏3两银子，司阍银1两，俾资照管，如书籍损失，必分别责赔。兴化文正书院借书手续很烦，借一本书要经县政府，大梁书院不经过县政府，但要付款4两银子。这对于贫民百姓也不为方便。总之，书院的图书在管理上非常严格，责任十分明确，书籍损失或损坏，借者及管理人员都要受罚。那时一书值银若干，谁敢不认真仔细地读书，谁借了书置之一旁不看？谁敢把书弄坏？爱书自然成了美德。

四、藏书文化活动

藏书不仅仅是为了典藏和阅读，书院的藏书往往伴随着一系列的有意义的活动。

例如赐书。赐书的特点是版本较好，字词校勘仔细，印刷质量好，装潢精美，纸质优良的书。皇帝如果决定给予某大臣、某学校、某寺庙赐书，这是下属臣民的无限荣光，受书单位或个人要举行隆重的仪式，接受皇帝赐予的图书。《南溪书院志》记载，“康熙五十五年皇帝赐给鳌峰书院经书七部，臣即率同所属各官出郊跪迎至署望。”运载赐书的一队人马，威风凛凛，旌旗猎猎，马蹄声嗒嗒，从北京一直向福建驶去，到了福建沿线每一个州县官员都必出郊跪迎。香案、旌旗、鞭炮、锣鼓、仪仗队、持枪的卫队、观望的百姓，组成一个盛大的场面。赐书运载的过程，是沿途无形的文化宣传活动。人们一打听，是皇帝赐书给某地或某人，荣耀声势如此，则肃然起敬，从而认识到书的价值，书的重要，书在社会竞争中的作用。

书院募捐书籍或征集书籍，其社会影响面很大，在人们心中可以激起层层浪花。募捐或征集书籍，先要发公告，族长或村长、乡长等首领一一向各家各户有实力的家庭宣传此事。书籍征集来以后，图书一一登录，注明某书某人所捐，并用红纸抄写出来，张贴在公共场所，告诉社会，关心读书、关心士子学习，号召大家都来捐书献书，或把捐书人名写入书院志、地方志，或录入家谱，或刻碑勒石，以志芳名千古。

许多人为了把自己的名字写入家谱、书院志或地方志，刻在石碑上，矢志努力，欲得名垂后世。他们克勤克俭，给书院买书赠书，作出了很大的牺牲。也有很多人看破红尘，觉得欲脱世俗，必须倡导读书。买书、激励士子读书，功德无量。他们把大笔的金银抛给图书事业，无欲无求，真乃世之高士！

第三节　补偏救弊　高豁心目

——宗教藏书

中国是一个多种信仰并行的国家。古代民间庙宇林立，龙王庙、土地庙、娘娘庙、关公庙、观音庙、文昌庙……处处可见。

从汉武帝罢黜百家，独尊儒术以来，历代君主都以儒教作为国教。历代士子科举考四书五经，状元进士都是儒学传承人，各个官府学校都设有祭祀孔子的神龛或文庙。学校祭祀孔子的地方不大，一般设有专人管理。学校藏书一般单立书楼，楼中藏书为学生服务。科举时代，学校教育以儒学为根本，四书五经是场闱的基石。因此学校藏书基本上是儒藏。

对中国影响较大的宗教主要是佛教、道教与基督教，每一个宗教都有专门的藏书。佛藏、道藏、基督教等宗教藏书，一般归属庙宇、寺观或教会所有。儒，是人治；佛教宣扬神治；道教宣扬仙治；基督教宣扬神祐人治。儒家学说既是信仰经典，又是中国封建社会的治政纲领，政教是合一的。所以，儒家的经典是封建社会刊印最多的图书，也是历朝重点收藏的图书，是收藏量最大的图书。儒家的经典广泛藏于文庙、孔庙、尊经阁及各级教育与行政机构。

自宋朝以来，孔子一再被最高统治者封谥。孔子被奉为“文宣王”、“大成至圣文宣王”、“至圣先师”、“大成至圣先师孔子”。孔丘不再是凡人，而是圣人。学生入学要跪拜孔圣人。这样儒教便带有宗教色彩了，当然从严格意义上说儒学不是宗教，只是针对佛藏、道藏，有人提出了专门化的儒家藏书——儒藏。

一、孔庙藏书

山东曲阜孔庙是一个庞大的建筑群，公元1018年建成，以后历代沿修。洪武二年明太祖诏天下府州县皆立学，七年敕修孔子庙。明成祖颁《五经四书》、《性理大全》于国子监及天下府州县学，表示朱氏统治者尊孔信儒之意。公元1656年，巡盐御史王秉乾募捐重修孔庙奎文阁。公元1690年康熙皇帝重修孔庙。公元1724年，清廷大修孔庙，使得孔庙焕然一新。

奎文阁是孔庙建筑之一，其功用是藏书。金代章宗重修奎文阁时给予此名。现在奎文阁上的三个字是清代乾隆皇帝所书。“奎”是28星宿之一，又是曲阜的代称。“奎星”主“文章”、“文运”、“文字”。孔子是文化圣人，故将孔庙藏书楼起名“奎文阁”。

阁称奎文，建筑仿宫廷楼阁，其外观高宽深大，飞檐、斗拱、背披、殿顶，给人一种重峦迭翠、蔚为壮观的景象。明代诗人陈凤梧有诗：

峨峨杰阁入宫墙，上有云梯百尺长。
丹碧九霄明月表，牙签万轴映奎光。
沧溟俯视东洋外，岱岳平临北斗傍。
何幸登高豁心目，顾从圣道窃余芳。

——《阙里文献考》

明大学士李东阳写有《奎文阁赋》，刻于石碑，立在奎文阁东侧。西侧有石碑，碑文《奎文阁重置书籍纪》。李东阳说：“阙里宣圣庙，旧有奎文阁，以贮古今图籍。在大成殿之前，杏坛之南。金章宗重建规制颇精。国朝置衍圣公府，其属有奎文阁典籍一人。凡朝廷有事于庙，则礼迎香币庋于阁中，以俟行事。……徐公既购书数百卷付衍圣公闻韶，令典籍孙世忠守之。四方郡藩闻而致者日益富。徐公使告予曰：阁不可负也。”

西侧碑文：“圣贤之道，非言莫明，圣贤之言，非书莫载。

天下之书亦多矣！虽偏正纯驳言，人人殊要之，明道则一而已。阙里为杏坛遗址，孔圣与诸贤传道之所也。先在曲阜城外，旧有奎文阁，阁中之书，天下莫备焉。”

奎文阁中收藏的图书一般为四书五经、性理大全、通鉴纲目之类，书的版本取其“言之正且纯者”。石碑中记载了捐书人陈君篢、钱君宏、黄昭道、王亿，捐款买书人林馨等。

历朝帝王多次赐书赐匾于孔庙，这些书及匾额皆藏于奎文阁。

孔庙内有学校，学校先是专为孔氏子弟服务，讲授孔学，后改作孔孟二氏学，渐次改为孔颜曾孟（道光十一年上谕）四氏学，奎文阁藏书主要是孔颜曾孟之书。历代帝王祭圣，不忘对孔府子弟的教育，并赐书、赐官、赐银、赐衣帽等等，勉励师生读书学习。顺治九年九月，敕曰：圣人之道，如日中天，上赖之以致治，下习之以事君，尔等务尽心教训诸生，诸生亦当承师训，力体诸身教成，为师训之功……。

康熙三十三年，玄烨祭孔子庙，说：“武功夕德彪炳简册，朕仰承先烈集此大勋，保泰持盈，弥深竞业，秉告成功于太庙。”玄烨清楚明白地说，他统治的成功，得益于孔孟。所以他在孔庙训示勉励士子，以躬修实践，毋事浮华，做孔子学说的继承人，并且学以致用。皇帝亲自在孔庙听衍圣公讲《中庸》、《周易》等课，尊孔子为百王之懿范，万世之师表，说孔府是诗书礼乐地，日月星辰天。

二、天主教藏书

明朝中叶以后，天主教传人我国。天主教先在我国广州、北京等地设立教堂，后传及沿海、边疆与内地。广东、天津、上海成为近代史上天主教的重要驻地。

天主教来中国传教的人，明代有利玛窦、庞狄我、龙华民、熊三拔等。他们在公元1601年，得到明神宗允许，在北京建立了第一个天主教堂。他们以教堂为据点，传播宗教，也探索中国、研究中国。他们在学会了中国汉字以后，把西洋的书翻译进来，又把中国的政治、经济、文化状况介绍出去。著述、收藏图书、翻译图书是他们的工作之一。

明清时期，传教士汤若望、南怀仁、白晋、德理格、马国贤等人在北京直接为中国皇帝服务，得到皇帝重用。他们编修历书，绘制地图，讲解天文、数学、音乐、医术等知识。他们从西方带来很多仪表和图书，如《人体解剖学》、望远镜、测绘仪等。他们在了解中国国情的同时，也传播了西方文化。

传教士发展西式教育，开设学堂，培养西式人才。学生学英语、法语等外语，他们读外国人写的书。因此，西文藏书在中国出现了。

作为教会藏书最丰富的当数北京原西什库教堂图书馆的外文藏书，又称北堂藏书。近代史上上海圣约翰大学图书馆的藏书也很多。其他教堂与教会所办的学校都有一定量的藏书。

北堂藏书4 000多种，5 000多册。这里汇集了北京其他地方教堂的一些藏书，其中包括北京南堂多册，东堂及西堂115册，其中有教皇赠书、主教藏书，以及济南、武昌、镇江、绛州、上海、开封、正定、淮安、南京、杭州等地教堂藏书。

这些藏书有的是十六、十七世纪的出版物。据抄本《辩学》记载："傅汎际，字体斋，与金尼阁四表，俱罗马大臣。先是利

图 3—3　西什库教堂

玛窦至中华，晋见朝廷，宾延殊礼，其国君感甚，特命傅金二位远来继好，除带进上方物外，携有装潢图书七千部，皆天人之学及历法度数之书。道途阻塞，书存香山澳，带进者尚未有什之一、二。”

明代大臣李之藻在《环宇铨》序中记有：“时则有利公玛窦，浮槎九万之程，既有金公尼阁，载书逾万部之富。乾坤阐其灵秘，光岳焕彼精英。”李九功《励修一鉴》序：“圣化朔洽，西儒接踵来宾，其远携缃帙七千余部，译者百有余种……”

利玛窦当时带进的图书有公元 1566 年本《阿比纳斯宇宙学》，公元 1593 年版《浑盖通宪图说》，有的书上有利玛窦的老师鉴名和题字，有的书上钤有教皇的印鉴御玺，因有的书是哥腾堡印刷术开始时的版本，称作“摇篮本”，十分珍贵。

明代大臣与传教士合作译出了一些图书，如《几何原本》、《远西奇器图说录最》等，参与翻译的明代大臣有徐光启、杨廷筠、李之藻、王徽、孙元化、李天经、陈子阶等。清代康熙皇帝让西方传教士给他讲解几何学、三角学、人体解剖学、西方医学等，并且还让传教士写了《历象考成》、《数理精蕴》等科学著作，可见为康熙皇帝服务的传教士拥有一批西方图书。

北堂藏书有法文图书 700 多种，拉丁文图书 2 800 多种，意大利文图书 400 多种，葡萄牙文图书 200 多种，西班牙文图书 100 多种，希腊文图书 50 来种，德文图书 100 多种，荷兰文图书 20 多种。另外，还有英文图书，希伯莱文图书，波兰文图书，斯拉夫文图书。

现存的教堂藏书以宗教书籍为主，兼及自然科学。北堂藏书中，关于圣经、教士著述、教规与民事法、布道讲义、祈祷词、神学论辩与神秘论、神学教义与道行的书，近 2 000 册；历史、哲学、文学、语言学、传记的书，共 1 200 多册；地理交通、数学、天文、物理、化学、机械、工艺、医药、自然史的书，共 1 600 多册。1993 年，全国很多图书馆出售了一些旧书刊，其中有 16 世纪英文原版儿童画册、幼儿教育读物、科技启蒙读物，大概是西方传教士带入的摇篮本书。

中国文化的核心，要求人们与大自然协调一致，行中庸之道，而不在于竞争与创造。西方文化的传入，打破了中国人传统的思维模式。科学研究，认识自然、改造自然、战胜自然的知识与竞争意识，传入了中国。“自然”、“和谐”、“中庸”的思想坚冰开始被“科学技术”与“竞争法则”打破。西方文化的传入，开始为图书宗教等，最后导致了少数人享有的高雅被强大的物质意识流冲垮了，中国人的文化开始转轨行车了。

三、道藏

道教是产生于中国的宗教，其教主、教义、教规不完善、不统一，所以是一个不太成熟的宗教。佛教的传入，以及迅速地发展，使道教不安。道教与佛教的竞争时隐时现。佛教通过刻书、著述、藏书，以扩大影响。道教本无成著，但面对劲敌，也不得不刻书、著述、藏书。

《四库全书》第 1 055 卷收录了以下道家著作（见表 3—2）：

表 3—2

《黄帝阴符经注序》	宋	朱熹撰	《老子道德经》	魏	王弼注
《阴符经考异》	宋	朱熹撰	《老子解》	宋	苏辙撰
《阴符经讲义》	宋	夏元鼎撰	《道德指归论》卷 1	汉	严遵撰
《道德宝章》	宋	葛卞庚撰	《道德经注》	清	徐大椿撰
《道德真经注》	元	吴澄	《老子说略》	清	张尔岐撰
《关尹子》	周	尹喜撰	《老子翼》	明	焦竑撰
《列子》	周	列御寇撰	《御定道德经注》	清	福临注 成克巩纂
《冲虚至德真经解》	宋	江遹撰			

《四库全书》收录了部分道家的著作。道家的代表人物老子与庄子,《四库全书》只收其与《道德经》相关的书，与庄子的《化胡经》相关的书则不收。道家在汉代以后，发展成为道教，即不仅是一种学说，而是演变成为一种准宗教，它是中国自生的一种宗教。它的特征是不信神道，也不尊人道，不随从社会化生活，崇尚自然，返朴归真，脱尘超俗，以柔静无为克制刚强与竞争。后来发展为一种以修炼气功为主的养生之道。

道教运用阴阳与八卦学说，除魔压邪，演变为养生的体内运动。道教的养生内涵似乎是以如下形式运动的：道—修炼—精—气—神—虚—太极—无极—永恒。

道教将庄子的超越尘俗，发展到超越人生，超越生命，炼功而化光，成为形存，又可不存的奇观。汉魏两晋南北朝，道教发展的代表性人物有魏华存，其写了《黄庭内景经》，介绍了人身小宇宙与自然大宇宙能量与信息交换的知识。隋唐五代道教有孙思邈的《存神炼气铭》、苏元朗《龙虎金液还丹通元论》、司马承祯《坐忘论》、钟离权的《灵宝毕法》、谭峭《化书》等。这些书主要介绍了身为炉鼎，心为神宝，津液为华池神水，斋戒、安处、存想、坐忘、神解，广泛地研究了神形心气的关系。明清时期的道教把人全然变形变性，柳华阳写的《慧命经》及《金仙证论》两书，其中介绍的内容：炼己还虚、阳生调药、药产神知、运小周天、行功火候、过关服食、运大周天、培育元神、出神收神、炼神还虚等。张三丰的《玄机真讲》，也是类似的内容。钟吕的炼丹学说，认为人可以炼形成气，练气成神，炼神合道。

道家学说对于治世有补偏的作用，当人们在激烈的社会竞争中，被功名利禄所累之时，看一看自然论，可以还人之天性，得人生之乐趣。然而道教偏离人生，把人导入一个非人化的世界，一般不为社会所承认。

但是，很多人分不清道家与道教学说的差异，以二家为一体，迷惑不解，误入歧途。在中国历史上道教有着很大的影响力。很多人放弃社会生活去当道士，身着道袍，头戴道帽，住在道观内。

历史上，中国的很多文人与道家学说渊源深厚，《四库全书》中很多著作的作者是与道佛有关系的人，如苏辙、焦竑、朱熹、李白、李清照、韩愈、白居易、欧阳修等，他们的作品中都有着道家的学术思想。有些文人与道士结为朋友，在道观中读书。有些道士，就是学者。道士与学者结合，促进了道观的藏书。

东汉时，蓬莱山东观老氏藏书室藏有大量的道教图书。据葛洪《抱朴子·遐览》著录，道经有670卷，符录500卷，舆纪、图类书共计有1 289卷。北魏寇谦之搜方技、符水、医药、卜筮和谶纬之书，南宋陆静修编纂了我国第一部道藏目录——《三洞经书目录》，收录经书、方药和符图等书共1 228卷。以后北周

《玄都经目》收道经2 040卷，王延《三洞珠囊》收经书8 000卷。《隋书·经籍志》收录经书、服饵、房中和符录的道书377部，1 216卷。唐玄宗时修纂《开元道藏》，收道书3 744卷。唐代宫观遍及名山大川，至公元884年，全国共有1 900所道观。

宋徽宗时，印刷术有了很大发展，宋徽宗指示刻印《万寿道藏》，共540函，5 481卷。元代《玄都宝藏》收道书7 800卷。明英宗与明神宗时的《正统道藏》与《万历续道藏》有道书512函，5 485卷。

道士修道，祀神和举行宗教仪式的处所，东晋称作“馆”，北朝称“观”，唐以后称“宫”，亦有称“观”的。

全国有名的道教宫观有陕西周至县的宗圣宫、江西贵溪的上清宫、河南鹿邑的太清官、四川成都的青羊宫、江西南昌的万寿宫、苏州的玄妙观、南京的朝天宫、浙江余杭的洞宵宫、江苏句容的元符宫、山东历城长春观、北京的白云观以及湖南的黄庭观、玄都观等。

道教宫观中收藏的文献种类很多，如：玉篆、符字、八显、玉字诀、皇文帝书、天书、龙章、凤文、玉牒金书、石字、题素、玉字、文生东、玉录、玉篇、玉札、丹书墨录、玉策、福连之书、琅蚪琼文、白银之编、赤书、火炼真文、金壶墨汁字、琼札、紫字、自然之字、四会成字、琅简芯书、石贡等。道教文献不同于一般文献之处，它有很多是自然文字和符号，这些字符依存于金、银、竹、简、玉、帛、石、铜等之上，当然最主要的是纸型印刷书。道教尚玄，其文献也玄乎其玄，奥妙难测。其实，真实可以广泛通用的信息，还是文字。例如，道教的“天书”，《云籍七签》说：“秘于诸天之上，藏于七宝玄台，有道即见，无道即隐。”“云篆”即“撰集云书”，“龙章凤文”也是云篆之一。“玉牒金书”即：“以紫玉为简，生金为文，编以金缕，缠以青丝”，故又名：“紫简”。以玉为简，金为文，人可为，但太昂贵，亦难为。

道家对于医学、化学、药学和哲学有一定的贡献，是祖国文化遗产之一，表现了东方文化的特征，在调和自然、社会、人及宗教的关系方面，有一定的补益作用，值得我们研究。道藏也是中国藏书中的特产。

四、佛藏

佛教在公元前224年传入中国，秦王嬴政二十三年，西域沙门宝利房18人，带着佛经来华。汉代，大月氏王派使臣在中国口授《浮屠经》。魏晋南北朝时期，印刷术未发明，佛经多用贝多罗树叶制成，或竹简、木策写成。东汉明帝派人赴西域求法，在大月氏译佛典《四十二章经》，藏在兰台石室，写书的载体想来是笨重的。东汉蔡侯发明了造纸术，抄写或印经书便容易了。两晋南北朝共有佛寺76 000所，译经1 913部，4 575卷。佛教文化在那个时代几乎占了统治地位。梁武帝亲自撰述佛经，同时僧佑编了我国第一本有关佛法的论著《弘明集》和第一部佛教目录《出三藏记集》，释慧皎编了第一部僧人传记《高僧传》。佛教文化渗透于整个社会生活。隋唐佛教更是发展到了一个新的阶段。

隋文帝亲自抄写经书，他还组织写经46部，132 086卷，修复故经3 853部，造佛像106 580躯。隋炀帝在长安道修二禅寺，二木塔，别寺10所，修故经612藏，29 172部，治旧佛像101 000躯，塑新像3 850躯。隋朝在长安设了个译经馆——长安大兴善寺，洛阳一个译经馆——上林园。僧人那连提耶舍译《大庄严法门经》，阇那崛多译《佛本行集经》、《大方等大集护经》，达摩笈多译《药师如来本愿经》及《起世因本经》，多在译馆内完成。

隋唐佛典主要有以下诸种：

(1) 注疏：科文、文句、义疏、述记、玄义、集注、疏抄、音义。

(2) 论著：通论—华严一乘教义分各章。

专论：《佛性论》、《因果论》、《形神不灭论》。

翻译：《翻经法式论》。

僧伽记：《僧官记》。

仪式：《礼佛仪式》。

(3) 纂集：

不同版本书的汇集——《金光明经》、《合经》。

佛典事例——《法苑珠林》、《法苑》。

防佚——《广弘明集》。

隋代著名的经藏有：江都宝台经藏10万轴，丹阳牛头山佛窟寺经藏，它分作佛经、道书、佛经史、俗经史、医方周符等7藏。

隋代的经藏书目有《仁寿众经目录》（彦琮编）、《昆仑经录》、《历代三宝记》、《大隋众经目录》等。

《大隋众经目录》共2 257部，5 310卷，编修于大兴善寺，公元594年完成。这本目录按照以下方式分类：

大隋众经目录

教义

小乘

大乘

文裁

经——译、异译、失译、别生、疑惑、伪妄

律——译、异译、失译、别生、疑惑、伪妄

论——译、异译、失译、别生、疑惑、伪妄

非经律论

西域——抄录、传记、著述

此方——抄录、传记、著述

这些文字现在读来，十分枯燥无味。可是如果没有人通晓佛典诸书，就不能使之条缕分明。浩大的典籍，僧徒们日夜耕耘其中，辛苦可想而知，而他们埋头苦干，展示出当时的社会对佛教崇信的程度！

唐代仍然是佛教鼎盛的时期，唐太宗以后诸帝大多信仰佛教，以至韩愈谏阻皇帝迎佛骨入宫而被贬潮州。唐太宗编历代佛典为“一切典”，唐玄宗时有译师26人译佛典。玄奘、义净、不空分别译经75部、61部与104部。唐高宗时西明寺经藏10院，4 000余间。唐代名僧到西域学习佛学，带回来一大批佛典文献。公元655年那提三藏带回大小乘经律论500余类，公元695年义净从天竺带回梵本经律论400部，公元645年玄奘从西域带回经论675部，公元746年不空从印度带回密藏经论500余部，这些经典藏于长安及其他庙宇。《十国春秋》卷九十：王审知铸释迦、弥勒佛像，又以金银万余两，作金银字。

（4）隋朝抄写的经书，红檀为轴，玉饰诸末，宝须朱架，纳龙脑其中以灭蠹。这些人力物力投放在佛教经典上，确是历史上一奇。

唐代佛典目录有《写经目录》（玄琬）、《入藏录》（道宣）、《大唐内典录》、《开元释教录》、《东京大爱敬寺一切经论目录》（静泰）等。

宋代有蜀版《大藏经》、福（州）版、开元寺版、思溪版及平江碛砂延圣禅院版《大藏经》，辽金西夏有金版（山西赵城）、西夏文版、（余杭）普宁寺版《大藏经》。这不同版本的《大藏经》雕版不一，卷帙不等。各代皇帝一刻再刻《大藏经》，其意向在于以佛教力量来辅佐政治，调和社会意识形态。

明代有名的佛经是金陵报恩寺的《南藏》，南通广教寺与镇江定慧寺的《北藏》、《武林藏》、《嘉兴藏》，以及奈塘寺的《藏文藏经》。

清代于公元1667年完成的《嘉兴藏》，1666年刻印的《续藏经》、《又续藏经》，1733年刻印的《龙藏》，1724年刊印《西藏大藏经》，以及以后的《蒙文大藏经》、《汉满蒙藏四体合璧全况》、《满文大藏经》等。清代在佛教经典上的投入十分可观。

寺观的图书来源很多，如：皇帝赐给，西域引进，寺观自刻自印，信徒施舍金银抄写印刷等。宗教与政权统治相联系，全国随着宗教的热潮起伏，宗教图书藏量不断上升。佛藏的规模也越来越大。《四川省志》记载，万历年间皇帝曾赐《大藏经》给慈延寺。敕中说，帝王以儒道治天下，儒术之外，有释教相翼并行。统治者以仁慈清静为功德，不昧神道，设教化诱，以传世代相承的江山。令印行全藏678函，施舍京城及天下名山寺院，以表敬天法祖，普济众生之意。

以郫县一个不大的崇道观为例，其藏经数量如下：至隋乃分经戒饵服房中符录，凡4种合377部，1 216卷……又以释氏得

37家74部，1 240卷，而管子列于法家，所用伊尹，太公辛申者，皆隐不传。明皇后不以著录者158家，1 383卷。

寺庙类，如光相寺，峨嵋山普光殿有藏经阁。护国草庵寺有乌思藏，番经二本，金书一本，银书一本。牛心寺藏有贝多叶书，有《涅磐经》一函42卷。昭虎寺有康熙四十一年赐金字心经一部、墨刻《药师经》一部。伏虎寺、禅寺，自凿山数丈拓基建寺，岭楼因势奇突，曲折深邃，人游其上，如置身万壑千峰，遥相拱揖。伏虎寺左有一寺，为藏经阁。募僧走江南，出瞿峡，单舸往返万余里，奉藏经置其上。名山大寺设藏经阁，这是佛藏文化的特征。

五、求静读书

禅宗有“丛林制度”和“百丈清规”。禅宗的“制度”与“清规”无非是远离人间烟火，一心归教。很多学者仿照禅宗教规，整治学术，纯化门第。很多书院建在深山峰壑之间。例如，安徽九华山风景秀丽，佛寺林立，书院也很多。历史书记载了九华山上以下书院：东岩精舍、凤台精舍、双华精舍、南台精舍、还素精舍、天柱书堂、云波书院、阳明书院、九华书院、双峰居士书堂、汤侍朗书堂、滕子京书堂等。这些全是读书胜地。就九华书院而言，它是宋代陈岩所建，匾书“溪山第一”，其左有宝观、流观，右有燕居室，前有月池，池上有临清亭，好一幅画景，好一个诗意。

历史上某些文人喜爱依附寺庙读书，此即学禅宗“制度”，而仿“清规”，自己严格要求自己、自己严格管理自己的好办法。

《名胜志》：连鳌山旁栖云寺，东坡少时，读书寺中，尝于石崖上作“连鳌山”三字，大如屋宇，雄劲飞动。

《方舆胜览》：栖霞寺有李洞读易洞。李洞，雍州人，避朱泚之难入蜀，于大云山凿石为洞，读《易》其中，尝师事贾岛。

《九华山志》：化城寺东，龙女泉之侧有太白书堂。明沈昌诗云：开元豪放玉堂人，翻是才高足累身，一去夜郎消息远，满庭芳草自青春。

《九华山志》记载，在少微峰下有唐代费冠卿（官拾遗）书堂，头陀峰下有王季文书堂，碧云峰下有李昭泉书堂。

《四川府志》记载：平益观，古年盛治也，为天下二十四治之一。隔大江有盘石寺，范文忠公读书台。迤东有象耳寺，李太白磨针溪……窃忆孟时早年游是观，求静读书。成化丁酉科潜假后殿，东隅一侧，遂得侥幸，秋榜题名矣。

扬州八怪之一的郑板桥，曾广结僧侣。在北京，他结识了法海寺的仁公和尚；在庐山他结识了东林寺、西林寺、大林寺的名僧；在洞庭他结识了黄陵庙的女道士；在南通州，他结识了道人书画家丁有煜。36岁那年，他与好友陆宗于、徐白义驻扎在扬州天宁寺，一心读书。寺庙一般较为孤野、幽静、寒酸、寡有人意，但是，寺庙环境优美，无尘俗干扰，可以静心敬意地看书学习。一个人真正想做一点事情，如果没有割断是非尘俗的决心，是很难做出点成绩来的。郑板桥或许是半生飘荡江湖，红尘与他无缘，而清雅伴其一生。经凝寒，幽林而有兰香，历尽人间苦寒，而得仙人之风骨才气，使他的字、画、诗有神、有品、有节、有灵。

一些文人爱以“居士”为号，欧阳修称自己为“六一居士”，李清照为“易安居士”，李公麟为“龙眼居士”，陈师道“后山居士”，范成大“石湖居士”，尤袤“遂初居士”，蒲松龄“柳泉居士”等；一些文人爱以“道人”自称，如朱方旦“二眉道人”，吴历“墨井道人”，杜琼“鹿冠道人”，黄公望“痴道人”，赵孟頫“松雪道人”；一些文人爱以“山人”自称，如柳贯“乌蜀山人”，戴良“九灵山人”，孙一元“太白山人”，朱耷“八大山人”，王士桢“渔洋山人”等。

何谓“居士”、“道人”、“山人”？

居士，是梵文的意译，指居家修行的佛教徒。古代一些学者，官吏退隐以后，一心读书修行，不问世事沉浮，便自号某某居士，意指自己与苦行僧差不多，清净寡欲，淡泊心志。

道人，即道士，专门从事道教活动的人，这种人奉守道教经典规戒，熟悉各种斋醮祭祀仪式。道士有六阶：天人、神仙、山居、出家、在家、祭酒六阶道士。金元以后，出家者为全真道士，在家者为正一道士。未仕学者，退隐官人自称道人，即为信守教规，与大自然浑然一体的人。

山人，类似于山居道士。出家道士与僧尼住寺观，山居道士更为超尘脱俗，以山洞为室，以露水为饮，以野果为食。

朱熹等人认为，真正的学者，不能让功名利禄攻心毁智，要走出社会看社会，脱离人间研究学问，才能把社会看穿，把学问研究透彻。学者们自号“居士”、“道人”、“山人”，即表示自己立志求学，很有功底，非同俗流。

学者们往往不只读四书五经，他们还要读诸子百家、佛典道教的书，用以启发心智，互为补益，融汇贯通，自成一家。佛道著书、藏书，促进了中国藏书文化的发展。

第四章　私家藏书

中国的藏书文化，官方是集大成者，民间是来源。我国幅员辽阔，读书之家、刻书之家、藏书之家众多，民间藏书丰富。官吏、士子、商人、平民积极藏书，他们创造了有声有色的藏书文化。

第一节　民间藏书　源远流长

——徽州文化

中国的藏书十分丰富，几千年的文明在藏书中充分体现了出来。朝朝代代官方藏书，民间也藏书。官方的藏书以官方认可的意识形态文化为主，凡与其意识形态不一致的图书则尽行销毁，或不藏。民间藏书与官方有些不同。民间藏书因地方文化的差异，生活水平的差异，风俗习惯的差异，各有特色。徽州文化具有地方特色。其民间爱藏书，且其藏有的文献，很多官方藏书馆阁不存。例如，鱼鳞册、地契、宗谱、契约文字、案卷、信札、教课书、劝善书、礼单等。当然徽州也藏有大量官方已收藏的图书，例如，儒家著作、道家著作、佛教经书、医学、朴学、烹饪学、画艺、雕刻、建筑、堪舆、风俗、商业、戏剧、文学等图书。徽州民间藏书面之广泛，是官方藏书所不能及的。官方藏书虽然数量很多、品种丰富，但涉及民间生活的文献不多。例如，宗谱、地契、信札、礼单、民间传阅的文学故事，在中国传统官方藏书中很难找到。

官方藏书一般有专人负责，朝代更替，而文献的管理不废，代代相承。民间藏书，无专人负责。民间对图书文献与管理，随生活状况的变化而变化。生活宽裕、稳定，对家藏的文献爱护有加。生活困窘、社会动乱，对家藏的文献则不能善待，或出售，或外借不归，或霉烂，或虫蛀，或遭火水，或遭兵荒，等等。中国人都知道，“储金百万，不如藏书一箱”，耕读乃治家之本，谁家不爱书？谁家不爱藏书？然而，民间传统的藏书几乎没有了，只有徽州尚能发现这些珍宝。

太平天国运动时，湘军剿灭太平军的活动，使藏书丰富的东南一带——苏、浙、皖、赣、闽等地区人口骤减，房屋村落一空。公元1840年以后，西方列强的入侵，中国社会的动荡，使我国图书损失严重。而公元1964年的“四清运动”及以后的“文化大革命”、“破四旧”，古书、古画、古建筑统统在扫除之列，又使原来江南地带，“十户之村，不废读书之声”的地方，民间藏书，几乎没有了。但是徽州在崇山峻岭之中，在某种意义上讲，山岭的隔绝起了一定的保护作用，徽州人的藏书保存下来的比较多。

图4—1　徽州藏书楼

徽州民间爱藏书，自古已然。若问起徽州民间藏书的起源，我们以为有下诸种原因。

1. 藏书起于宗谱

徽州是一个宗法统治严紧的地

方。《寄园寄所寄》卷十一"新安各姓聚族而居，绝无一杂姓搀入者。其风最可近古。出入齿让，姓各有宗祠统之，岁时伏腊，一姓村中千丁皆集，祭用朱文公家礼，彬彬合度。"《徽州府志·风俗》："家多故旧，自唐宋以来数百年世系，比比皆是。重宗义，讲世好，上下六亲之施，无不秩然有序，所在村落，家构祠宇，岁时俎豆"。徽州人重宗法之治，重视典藏文献。

宗法之治与藏书之风似乎有一定的联系。《丰南志》卷八《溪南吴氏敦本祠碑》云："新都故文献国，多秉礼之宗，不庙而祠，比屋相望，尊王修古，酌两可而并行。"《太函集》卷三十二《方在宥传》："夫以文献概吾乡，其著者称岩镇。岩镇盖万家之市，其著者称诸方，方太学銮故以藏书倾邑里。"

宗法之治与藏书之风，建立在"明之谱系，收世族"之上。程颐说："管摄天下人心，收宗族，厚风俗，使人不忘本，需是明谱系，收世族，玄宗子法。"程颐是宋代名儒，他把"明谱系，收世族"看作"管摄天下人心"、"厚风俗"的大事。由是，自宋而下，修谱之风盛行。

宗谱排定了每一个人的血亲源流、尊卑序列，拟定了家法族规，用于维系族居社区的生活秩序，用于维护封建的伦理道德。每逢兵荒马乱、天灾人祸，宗谱又是维系离散族人的纽带。

在正常情况下，宗谱60年修一次，每逢大动荡、大灾变必得修订一次，以检阅族人的人数与分布状况，以组织新社区，开创新生活。

宗谱是一个宗祠人丁的记录档案，其数据包括：姓名、性别、排行、配偶、生年、卒年、血脉缘承、科举、官宦、著作、技能、美德、奉献等。

宗谱没有统一的体例，依经济状况及门第高低，其卷帙不同。高门大户，其宗谱多达几十卷册，弱门小祠，则只有几册。

修宗谱需要事先普查登记，古代刻版印制费用很多，提笔弄刀的人待遇不薄，所需经费很高。谱修好以后，富户人家可以买回一套，一般人家能买得其中一册排行世替表已很不错了。

宗谱的得来很不容易，宗谱对于维系宗法制度至关重要，宗谱是宗人档案，上有每个人的生死八字，人丁脉承，所以宗谱不得外传，不得外借，“借书一痴”，原是此意。宗谱是一个宗祠的宝典，守住宗谱，不落他人之手，不丢失，不卖出，不外借，善自典藏，是孝子贤孙。藏书缘由，此其为一。

2. 藏书起于御批御赠

黄山市徽州区呈坎村罗东舒祠堂是全国重点文物保护单位。公元 1961 年，安徽省确定罗东舒祠堂中的宝纶阁为省级文物保护单位。公元 1996 年将整个罗东舒祠定为全国重点文物保护单位。

图 4—2　宝纶阁

宝纶阁是罗氏祠堂中的一个藏书阁。阁中所藏是罗氏宗族的重要文献，号称“宝纶”。所谓“宝纶”，即“宝典”、“经纶”与“致高文献”之意。阁中所藏多数为皇帝赐给罗氏宗族历代官宦的圣旨、官诰、黄榜、御赐品、进士及第金匾牌、朝笏、御批奏章副本、御赐书画、御赐金银器皿及艺术品。

呈坎村罗氏宗祠自明代罗介立出任为官以来，有罗东舒等一大批立于朝廷的官员，明亡清替，罗氏官宦相继不减。高官重臣，与皇帝交往频繁，所得皇帝的手批及稀有珍宝颇多。罗氏宗祠出于尊君的意旨，把这些文物藏于宗祠中最高建筑物之中，作为全宗族人的骄傲与光荣的资本，用这些文物教育子孙，让子孙瞻仰学习，继承祖风遗韵，永葆门第兴旺。罗氏宗祠将这些文物作为无价之宝，藏于四进四院的最后一进最高建筑之中，称之“宝纶”，体现了罗氏宗祠的权威性与豪门贵族的特征。

罗氏宗祠将宝纶文物藏于宏伟的宗祠建筑的最后一进，最高一层建筑，还表明了该文献的神圣性与神秘性。“秘而不宣”，只给族人在其中阅览，而不允许告诉他人，更不允文献传之他人。严守秘藏，以防不测，是罗氏宗祠每个人的职责。

图 4—3　罗氏宗祠藏匾

徽州村村有宗祠，有的宗祠世代累计进士成达官贵爵达数十人。罗氏人有宝纶，汪氏、程氏、吴氏、江氏、胡氏、洪氏、鲍氏等大姓，何尝不有宝纶？哪家宝纶不爱护珍藏？此即徽州民间藏书缘由之二。

3. 藏宗教类图书

九华山是全国四大佛教圣地，齐云山是有名的道教圣地。敬佛可以超度来生，朝圣可以除灾压邪，这是古代人的观点。九华山是黄山支脉，离徽州很近；齐云山在休宁，在徽州境内。明清时期，九华山的佛教文化、齐云山的道教文化，对徽州人民文化生活产生了很大的影响。徽剧有个剧本叫《目莲救母》，就是演示佛教中的故事。

九华山与齐云山的香火鼎盛。那时，江西、福建、河南、湖北、浙江、江苏等地的人，常来二处敬香。

一些富户人家，为了超度来生，或为了除灾压邪，花费大量的钱刻印佛经或道教著作。他们或应寺观要求，印行一些宣传佛教与道教的小册子。如《佛教三世因果文》、《劝善歌》、《惜字戒规》、《金文》、《玉笺》等。

佛教宣扬抄经书、印经书、背诵经书都是积德行善。道教与佛教徒竞相宣扬抄写道家的经书、道符，以期延年益寿、发财发福，得到高官厚禄。惜字说告诉人们，爱惜珍藏有文字的书或纸，可以得到好的报应。

徽州人在道教与佛教强有力的渲染环境中生活，明清时期的徽州，处处有庙宇、寺观、斋堂，仅清代诗人汪由敦的家乡休宁双溪村，就有寺庵4个，斋堂3个。一个村有宗教建筑7处，可见宗教文化给予徽州人影响之大。藏书、藏宗教的图书，秘而不宣，理在其中。这是徽州藏书缘由之三。

4. 藏契约文书

徽州有很多契约文书，表明当时人与人的关系、田地归属关系、山水归属关系等。例如土地买卖契约、租坟山契约、庄仆文书、典当文书、赘婿文书、一田两主关系文书、租佃关系文书、赋役文书、商业文书、会社文书、借券、卖身契、诉讼案卷、账单、礼单、税单、鱼鳞图、信札、婚约，等等。

这些契约文书是民间活动的真实写照，官方一般不存，徽州人却保存下了这些文书。

契约文书界定的是一定社会形态下的生产关系、物权归属关系、人权归属关系、社会往来关系，直接影响人们的社会地位、劳动成果归属、人与人之间孰尊孰卑的关系，人们的生产、分配与交换的关系，以及是非曲折、人情礼让的关系。签订契约的双方都十分重视这些契约文书，珍藏着这些文书与契约，把这些契约文书作为个人立足的基石与生活的出发点。他们防止一方破坏契约规定的内容，破坏双方已达成一致的社会生活环境。民间把载有文字的册页皆称作“书”。保存这些图书，秘而不宣，是民间藏书缘由之四。

5. 藏个人著作与珍贵典籍

徽州人的住房很讲究，砖墙、木架屋、小瓦泥鳅背、四水到堂，家家户户有书房。很多人家里有藏书楼。藏书楼一般为教育子孙、博取功名服务。也有不少藏书楼是居闲在家的士大夫所构，或中举后未登庙堂的士子所构。他们以书为乐，借书寄情，以书养性，时而读书，时而作画，时而著书。他们藏书很多，著书也多。乾隆年间修《四库全书》，献书超过 500 种的人，徽州有马裕、鲍士恭、汪启淑；超过百种的有吴玉阶、汪如藻、黄登贤、汪汝瑮。《四库全书》收编徽人著作 197 种，入《四库全书存目》248 种。他们是在全国享有名声的藏书大家，每个大家都有一个广阔的藏书基础，此即徽州藏书之风。

至今，人们到了徽州，还可以欣欣然穿梭于徽州的古街老巷，要买几本徽州的藏书，或许真的会如愿以偿。

第二节　忧患重重　诗书自随

——士子藏书

中国封建社会的“士”，是爱藏书的阶层，他们创造了丰富的藏书生活，写下了动人的藏书诗篇。

一、士风种种

1. 士

士，指有能力的男子。士有很多类型，如武士、军士、文士、侠士、义士、学士等等。总的说来是文士与武士。

“士”广义的说来，包括一切官吏及有文武一技之长的已任职或未任职的人员。

“士”在意念上，是指有一定修行及意向、目标和指导思想，有文化有素养的人。

就文士而言，大概在实行科举制度以后，凡秀才、举人、贡生、进士等皆在“士”列。当然进士是真正的“士”。“进士”之意，指进入士林。秀才、举人与进士在学业上往往差不多，只是考试成绩不同，通过了的考试等级不同而已。在科举时代，凡秀才出身的人，不得参加体力劳动。倘若贫困了，作耕稼垦植事务，则被宗人所骂。“士可杀不可辱。”士虽贫，要像颜回那样，曲肱而枕，一瓢水，一壶浆，困于陋巷，而发奋不已。科举制把体力劳动与脑力劳动截然分开了，这是古代社会的第一个断层。古代社会的第二个断层，就是把“谋义”与“谋利”的人截然分开。所谓“谋义”，就是专门从事社会管理，考虑天下事，考虑朝廷的事、考虑政事、考虑时事的人。他们应该是“居庙堂之高，则忧其民；处江湖之远，则忧其君”，应该是“先天下之忧而忧，后天下之乐而乐”的人。所谓“谋利”，就是市民和手工工人阶层，农民阶层与商业阶层，他们是从事物质的生产、加工、运输及流通工作的人。在科举时代，“谋义”的人是“大人’，“谋利”的人是“小人”。统治者明确规定，所有的社会人员分作四类，即“士农工商”，“士”为第一阶层。

“士”这个阶层不从事物质劳动，专门从事智力劳动。秀才、举人、进士在科举制时代都不从事物质劳动，只允许从事脑力劳动。虽然秀才、举人并未进“士”，但人们把他们统统看成了“士”，人们把他们都归属在“士”的阶层。

脑力劳动与体力劳动的断层、物质活动与智力活动的断层，即谋义与谋利人之间的断层，对我们认识“士”的特点，了解“士”的性质和社会地位是极有帮助的。

考中了秀才、举人及进士，不一定都很有能力。很多秀才、举人有衔无官。进士出身的人也有一些归居故里事桑麻的。康熙年间，玄烨为了弘扬文治，规定秀才考举人，连续 3 次参加考试不中者，可以在衙门内当一个办事员，连续 5 次考试未中者，可择优调任县令。考中了举人一般可以就任教谕，负责教育工作。绝大部分秀才是无工作的。他们当官无门，干活不行（也不准干），只允许在学堂里当教书先生。这种人饱读诗书，知历史演替得失，心高志远，偏偏屡试不中，考场上不能顺主考官的意图发挥，不能推开自己的主见，去说别人规定要说的话，于是被拒于朝外。他们两只脚不能站在农民的土地上，也不可站在工人的作坊里，上不能上，下不能下，龙不龙，凤不凤。他们被世人所讥评，往往自己却怀才不遇，有叫天天不应、叫地地不灵的抱怨。他们为了发泄肚中的隐疼，必得寄情山水、书画、珍奇、诗文等，放开视线，另辟天地，重建生活。

2. 士风

士风一般指文士之风。在朝廷为官作宦的士，他们是统治者的传声筒，他们的思想是僵死的统治阶级的思想。在封建时代，天高皇帝远，有品有级的官吏，老百姓见之很少。对于民风产生影响的主要是士风。考试中选的秀才，或无官无职的举人、进士，他们生活在民间，人们了解他们。秀才在明清之际规定每个县每次考试中选名额，大县可达 50 个，小县 20 多个。10 年 4 选，一般的县在 10 年之内可有 100 名秀才。古代人口较稀，大县不过 50 万人口，平均每 4 000 人左右可有一个秀才。以人生 30 年计，平均每 1 000 多人就会有一个秀才。士与民接近，士风影响民风。

秀才与落职的举人、进士，他们因无厚禄，生活上不是太宽裕；因无官阶，政治上处于绝望的地步；因博学多才，行为上往往不能循规蹈矩；因思想上活跃，往往阔谈高论，目中无朝廷，目中无圣贤；因与体力劳动绝缘、与谋利绝缘，往往表现出穷而硬的风骨。“士”的“硬”，表现为他们认定自己是真理的代表，是真正的圣贤，是清廉正直的人，是仁义礼智信的笃行者。他们把自己打扮成道貌岸然、志士仁人的形象，摆出一副背世傲物、玄深莫测的面孔。在行为上，他们尚清议、尚清淡、尚佛、尚道、尚歌吟、尚山水。士风因时而异，但骚动与无可奈何则是士风的主流。

3. 骚动的士风

汉末名士李固（公元 94—147 年），穷览坟典，结交英贤，四方有志之士多慕其风来学，但他认为朝政险恶，不想当官。

“五察孝廉，益州再举茂才，不应；王府连辟，皆辞以疾”。① 公元133年他在被征召的对策中，当皇帝的面数落宫廷群小及安帝的乳母与保姆。宫廷侍人及宦官联合起来飞章陷罪李固，大将军梁商给予救援。李固解脱后复职，他以“君子爱人以德”的准则，上书要梁商让贤。梁商死了，他的儿子梁翼继任大将军。在名士清流与阉党宦官的斗争中，梁翼将李固暴尸通衢，不许有人哭吊收尸。李固的弟子郭亮，左手提斧，右手持质，自己带上杀头工具，伏阙上书，请求收尸。董班、杨匡仿效郭亮，伏尸恸哭。这是不畏强权、敢于斗争的士风。

4. 言为人则，行为世范的士风

后汉李膺（公元109—169年）有人伦之鉴，经他品题的人，得一言褒奖，荣于华夏。李膺不接交非类，仅以同乡荀淑、陈宣为师友。当时有人能与李膺同坐一车，或同坐一室，则无比荣幸之至。《世说新语·德行》：“李元礼风格秀整，高自标持，欲以天下名教是非为己任，后进之士有升其堂者，皆以为登龙门。”

杜密的社会责任感。杜密在任泰山太守、北海相时敢于剪除不法官宦子弟，见一乡佐小吏郑玄善理政，玄即起用。他与家乡颖川太守谈论世事时，多直言不讳。太守王昱劝他少管闲事，像告归太守刘胜一样，不与人论长短。杜密说：“刘胜位为大夫，见礼上宾，而知善不荐，闻恶无言，隐情惜己，自同寒蝉，此罪人也！今志义力行之贤而密达之……。”

范滂的人品。少年时代的范滂（公元136—169年）便以敦厚、质朴、逊让、节俭，举为光禄四行和孝廉。其生活在世间仅

① 《后汉书·李固传》。

33 年，对士族影响颇深。他愤世嫉俗，激浊扬清。范滂被聘为汝南太守功曹时，中常侍唐衡将范滂的外甥李颂推荐给太守宗资，范滂知其外甥行为不端，不可委以重任。于是压下了宗资委以李颂府吏的任命状。宗资见他有令不行，便捶打不给办公文的小吏朱零。朱零说：范滂清裁，今日宁受笞死，而滂不可违。范滂从自己身边做起，将一切邪僻不轨之士尽行斥逐。一次朝廷令三公的掾属在大殿上议论天下郡官政绩。别人歌功颂德，以求得诸官爱怜。范滂则陈述了刺史、郡守 20 多人的过失。有人怀疑他心积愤懑，挟私报复，范滂说，这些人恶贯满盈，千夫怒指，这仅是仓促纠举了其中几个，其他一些人将一一核查纠举，以正民心。若所奏不实，甘受重罚。范滂身在庙堂，一直未任过掌权的官，但他铁骨铮铮，色彩鲜明，是一位有神采的人物。

5. 汉至魏晋南北朝时期的士风以及名节相尚

察举征辟制，塑造了一批又一批士人，他们或有侠风，或愤世嫉俗，或孤介，或耿直，或为义舍生，或懿行垂范，或品题人物，或交游四方。两汉士风有砥柱中流（精神方面）的作用，对社会活动有积极参与的态度。魏晋南北朝时的士风，则主要表现为不与当权者合作，避世、隐逸及狂狷的特点。魏晋南北朝时期在哲学上是佛道二教兴盛的时期。佛教的虚无思想在很多士子身上产生的共鸣，指导了他们的为人处事。张隐著《文士传》中，钟会指责嵇康（公元 224—263 年）：“……上不臣天子，下不事王侯，轻时傲世，不为物用，无益于今，有败于俗…。”嵇康博学多才，哲学、史学、文学、音乐、医药、农桑无所不通。他善谈玄理，又会作文，情高趣远，身姿潇洒，爽朗清举。与人处，如鹤立鸡群，相形独尊，大有众人皆醉嵇独醒，众人皆浊他独清之感叹。他不满现实，不随时俗，不工心计，不识时务，才高而不知保身之道。阮籍在晋文王司马昭盛大筵席上，不拘礼节，箕踞啸歌，酣放自若。人们谈论阮籍的放荡行为很多，如作青白眼，遇穷途而哭，登山而叹世无英雄，讥讽贵人君子如衣袄上的虱子，求美酒而欲为步兵校尉，沉醉两个月巧拒司马氏婚姻。孔夫子说，达则兼济天下，穷则独善其身。在政权频繁交替的年代里，士的清高与政界险恶二者反差太大，士风表现出狂狷，当是世风所逼。

6. 在实行科举制以后的士

实行科举制后，用人制度基本上趋于公平竞争，与昔日的跟人跟线、攀门第、攀名流的人治制度有了不小的变化。一个人的品德、操行及才华集中表现在考卷上。考中了进士，方有官做，方有机会展现自己的才华与美德。否则，无品不流，望洋兴叹。很多士子一旦名落孙山，则寄情于山水、琴棋书画、茶酒诗歌、犬马声色。他们如果不继续参加考试，就绝了官宦之途。一些绝意于朝廷的士子把精力投放在自我适意的小天地里，自找乐趣、自行安慰。魏晋人谈老庄，宋代及明代人言心性，皆属清谈，仿效老庄逍遥，心性则内向。他们避世、养生、怡情山水、泼墨于文学艺术。此时的士人，似乎没有了昔日的挺身而出、舍死捍卫道统的精神，置道统于一边了。本来卫道，就是为了王政。一旦政统背离道统，使得士的责任只有卫道而不卫政。很多士人总想辅政统以就道统。然而政统与道统总有出入，时而貌合神离，时而截然分离。有些志士仁人钻营政统以卫道统，结果身首两异。魏晋人谈道统，样子上摆出天地开阔，何必非在朝廷的那棵树上吊死，大有泛若不系之舟的姿态和快乐。宋明两代的人谈心性，干脆把自己约束起来，不再到处闯荡，专事格物致知。宋明士人的理论，把一个个左奔右突、一心想开拓世界、施展一下才华的士人，引向了内修的天地。内修成了士人卫道的一种理论基础。

内修不是魏晋有些士人的超世、出世或厌世的思想，也不是明清某些士人恋世、适世或娱世的思想。内修者如朱熹、王阳明、朱彝尊之流，或日曾国藩、梅文鼎之流。这些人的特点是各有所专，行为规范。

恋世、适世或娱世的士人，往往有士人的内秀，而无士风应有的操守。明朝人张岱是一个典型的范例。张岱在《自为墓志铭》中写他自己："少为纨绔子弟，极爱繁华，好精舍，好美婢，好娈童，好鲜衣，好美食，好骏马，好华灯，好烟火，好梨园（戏班），好鼓吹，好古董，好花鸟，兼以茶淫橘虐，书蠹诗魔。"他依山而居，室内有旧鼎断琴、残书破砚。这些说明他放荡无操守。文中言及他"有七不可解"，则表明他很有一些内秀。（1）他富有的年月如同公侯，穷则如同乞丐，以士族世家的身份，过着迭宕起浮的生活。（2）家中资产不多，欲望却很多，很要钱用，他本有很多捷径满足自己的欲望，但他甘居山陵，见顺手可得之利而不谋。（3）有将军之勇，偏偏要写文章；作书生，偏偏爱戎马生涯。（4）性情上，即使位高为玉皇大帝近臣，不做谄媚事；贱落与孤寡乞丐为伍，而不自骄。（5）遭人唾面而不怒，跨战马而可御敌，可强可弱。（6）下棋比赛不论胜负，品茶鉴水则十分内行。（7）争名夺利甘为人后，官场游戏肯让人先。

孔子说："士志于道，而耻恶衣恶食者，未足与议也。"他又说："士而怀民，不足以为士矣。"① 孟子说："故士穷不失义，达不离道。穷不失义，故士得己焉；达不离道，故民不失望焉。古之人，得志，泽加于民；不得志，修身见于世。穷则独善其身，达则兼善天下。"②

张岱穷而不修身，他好美婢，好娈童，好鲜衣，好美食，好骏马，好华灯，好烟火，好梨园。张岱的"七不解"则表明他修大德，贫富自如，不钻营名利，有文武之才，为人正直，不骄不嗔，能忍辱负重，讲究礼让。

一般说来，身不修则大德难行。张岱怎样使自己生活上潇洒，为人高尚有度的呢？这个根本因素是他以诗书为本，双足立在知识学问上。他自称为"书蠹诗魔"，室内的鼎、琴、书、砚是他的生活的伴侣。大概是这四件宝维系了他的生活与为人。欧阳修自称"六一居士"，无疑也是此类东西维系着他的生活和为人。张岱的四件宝中，最主要的是书。读书、藏书是士人生活的主体，也是士人独善其身的根本。历史上的士人都有藏书的良习。

二、士人藏书

战国时期名士很多，如墨子、苏秦、惠施等。士各有所专，其藏书颇丰。如李悝专于《法经》、甘德专于《天文星占》、石申专于《天文》、孙子专于《兵法》。那些关心社会发展的士子

① 《论语·里仁·宪问》。
② 《孟子·尽心上》。

对于各种著作十分的珍爱，他们积极地收藏和利用图书。“子墨子南游使卫、关中，载书甚多。”① 苏秦藏书数十匣，惠施藏书多达5车。这个时期凡有成就的名士，都有藏书。

自秦颁布挟书令以后，民间很少有书，藏书人鲜见。汉代虽然解除挟书令，但是由于官方对于学术文化进行严厉统治，民间藏书仍然很少。藏书家一般仅为政府官员。西晋时张华藏书30乘，梁萧励聚书3万卷；南齐时陆澄藏书万余卷，梁任昉藏书万卷，这都是名士藏书。

宋朝开始执行严格的科举制，纯情的士与求功名的科举行为截然断开，没有什么联系。士欲从政，需参与科举考试。一些忠心耿耿的卫道之士，便将一腔热血沉在肚底，以聚书、读书、写书作为自己感情寄托，士族藏书方日渐隆起。

我们可以把藏书的士族分成若干个类型，如游士藏书、商士藏书、隐士藏书、学士藏书、文士藏书与落士藏书等。

1. 学士藏书

顾嗣立，字侠君，生于公元1669年，卒于公元1722年。康熙壬辰（公元1712年）进士，选庶吉士，改中书。因疾病早退归。他爱作诗，也爱收诗文。顾嗣立在他住宅的北面建了一座房子。屋边曲径回廊，假山明池。登假山放眼，平川万里。这里早上可以听得竹鸡鸣叫，白天阳光普照，空气清新。屋子里满架是书，叉竿座座挂画。他时而在此置酒接待宾客朋友，时而吟诗放歌。

顾嗣立很想收集齐金元时代名人的诗，为此他几乎委托了各

---

① 《墨子·贵义》。

大城市的朋友代为收集诗词。他广收广罗，得元代百人诗文。他想得到元人诗文，用脑过度，夜则有梦。梦中有的人很高兴，有人忧思重重。其容貌姿态，站立躬拜，宛然如元人。他想到，元人尚武，将林有遗才，渊深有明珠，才林有文，何不在京城找些藏书家借些书来，抄个完整。他说到做到，不久，抄得百个元人诗文。

顾嗣立博览书画，广搜碑碣、道书、佛教书，一一摘抄，又得元人诗文百家。于是，他编辑了《元诗选》，初集68卷，二集26卷，三集16卷，加上癸集若干卷，达到了他编纂元诗的目的。继而他又编了《秀野集》、《闾丘集》、《诗林韶护》等书。

朱彝尊记述了顾嗣立的秀隐堂。他说顾氏秀隐堂风景有苏州园林丘壑之美，不亚于沧浪亭、乐圃居、玉山堂、耕渔轩。这里没有宾客嚷嚷，没有明童妙妓，没有平头长须的奴仆，也无歌舞灯红。这里荆棘丛生，只适宜于学者才子著书。“秀隐堂”是顾嗣立藏书、读书的地方，也是他批书、校书的地方，众多学者相聚集研究学问的地方。

在科举时代，学士藏书较为普遍。年纪轻的学士大多采用祖辈藏书。一些老学士，他们久困场屋，年逾花甲还在参加科举考试，为的是功名，为的是门第族望。他们不得不一如既往，一直考下去。一方面他们认识到科举制度的弊端种种，一方面又迫于社会的格局具有的约束力，不得不参加考试；一方面他们痛恨读死书、死读书的生活，另一方面，又不得不读书。他们未得功名，不敢洒脱，不敢尽情尽兴地玩乐。他们一直在搜书、聚书、读书，希望从不同的角度，在广博的知识天国里，找到一线希望。这正是他们上下求索的客观环境所在。梁代任昉的藏书是典型的学士藏书。他每闻人家有书，则访而求之，抄录下来供自己学习，或者在没钱买纸的情况下，将书抄刻在后园的树干上。他的后园里，众多的树干与竹皮上刻写了一篇篇文章，一本本书。他常在这里读书。这里是任昉的书房，又是他的藏书之所。任昉经过苦学，终于成才，当了太守。当官以后，他继续藏书，用他获得的薪金购置得万卷图书，以饱眼福，以填昔日书荒的苦海。

清代的学者惠栋、戴震等十分注重藏书，“书香世家”中介绍的梅文鼎等也十分注重藏书，且有很得时宜的藏书楼。总之，无论是在科举线上挣扎着欲得功名的学士，还是野居山谷、潜心从事某种学问的学士，藏书是他们的事业的根本，藏书是托起他们升腾的祥云。

2. 文士藏书

李白、杜甫、苏东坡、欧阳修、李清照、陆游、袁枚、梅尧臣、姚鼐等文士，在中国的文坛上各领风骚数十年。他们爱作文章，爱读书，也爱藏书。其中，欧阳修、陆游等还是藏书家。欧阳修、苏东坡、陆游等在朝廷中任官到终，著作等身，可谓文官。李白、李清照、汤显祖等，无官，或为官年限不多，就归于山林，可称作文士。汤显祖是一个爱藏书的文士。

汤显祖（公元 1550—1616 年），明戏曲家、文学家，字义仍，号海若、清远道人。公元 1583 年，在他 34 岁时中进士，曾任官太常寺博士、礼部主事、遂昌知县。公元 1598 年，49 岁时离任归野，官宦生涯共 15 年。

汤显祖辞官后，居住在江西临川香楠峰玉茗堂。玉茗堂后有清远楼，前有芙蓉馆。馆前有石坊，上书“毓霱澄华馆”字样。馆东有回梦台，上书：“千古为忠为孝，为廉为节，倘泥真，真等痴人说梦；一时或快或悲，或合或离，若认假，犹如哑子观场。”从一幅门题中，仿佛表露出汤显祖阅尽人间苍桑，看穿红尘，深知世情之冷暖。

汤显祖归乡后，与宗教界人士达观交往甚密，从此谢绝与官方交往，不愿以面皮和口舌来换取钱财。尽管卸任只一年，经济上十分困难，他坚持以读书为生，并对友人说，“有床上的那些书就不会觉得贫困了”。汤显祖与当时的名学者沈懋学、梅鼎祚、达观交往频繁。当时王龙溪讲授王阳明良知之学，士风飒飒乎多所兴起，一入交游，便称同志，假途托迹，妄拟清淡。汤显祖与诸文士抱道自守，神机默握，和光同尘，励精神，鼓春风，振奋士俗民风。他写下了有名的剧作《紫箫记》、《紫钗记》、《牡丹亭》、《南柯记》、《邯郸记》、《还魂记》，诗文集《红泉逸草》、《问棘邮草》及《玉茗堂集》等。

汤显祖剧本写得好，有其学术渊源。他自幼读书，工习诗文章句。他13岁时从师于徐良傅，学习古文词。处州使者何镗见而异之，说“文章名世者，必子也”。14岁那年，他考取县学诸生。他在试卷上写了“形而上者谓之道，形而下者谓之器”一语，督学奇之。此时，他能写好帖括和古文词，读遍四书五经及诸子百家、汲冢、连山诸书，在童子诸生中，俊气超万人。15岁，他在徐良傅老师指导下，学习古今文字声歌之学。这些基本文化素质的训练，为汤显祖出成果打下了坚实的基础。

汤家世代书香，这是一个人小时候文化进取的环境。显祖的高祖，邑庠生，积粮万石，聚书4万余卷。曾祖是诸生，祖，字日新，读书过目不忘，作文顷刻立就，望重士林，词坛上将。他隐居西塘庄，其题联曰“金马玉堂，富贵输他千百倍；藤床竹儿，清凉让我两三分”。他精于典籍，爱藏书作诗，填词弹琴。父尚贤，邑庠生，嗜古耽奇，性不喜轩盖。通黄帝彭祖养生术。他建祠堂、家塾、文会书堂。堂上题联：文比韩欧柳，行追稷契皋。汤显祖继承遗产，得家藏万卷图书，承数世文风。他自己苦心钻研戏曲，酷爱元代人的院本，家中藏有元剧本千余种，多为世所不见本，《太和正韵》所不载。

汤显祖特别珍爱善本，凡剧本中的佳语妙词，他一一记下，且能口诵得出来。

在汤显祖的玉茗堂里有《董西厢藏本》，这是汤显祖极珍爱的一本书。公元1595年，汤显祖任浙江平昌县令，退堂以后，执笔创造《紫钗记》。他把处理公案中的一些真人真事加以整理，参读《董西厢》，便惠心神驰，不自觉中将玑珠之言落笔在剧本上。

汤显祖有一好友屠长卿，汤显祖常与他诗文互答。一次，屠造访汤室，汤欣喜地拿出《董西厢》共同欣赏。屠说，人们只知《王西厢》，不知《董西厢》，并要以自己的《婆罗园题评》换汤的《董西厢》。汤戏言，苏东坡有仇池石，王晋叔有韩干《二骏马图》，以石换图，王晋叔不允。后，钱穆公欲石画俱得，蒋颖叔气得要焚画碎石，一直闹成聚讼。这《婆罗》归屠，《董西厢》玉茗堂典藏归汤是改不了的。当时的文士为得书得画，萦萦绕绕，追而不舍，亲疏不避，足见一时之士风。

汤显祖爱书、读书，字字句句推敲考证。《董西厢》里有“便是月里嫦娥也没恁地撑”，他作批道：“撑，方言，谓美也。《两世姻缘》剧：‘容貌儿实是撑’；《秋夜梧桐雨》剧：‘坐的一件件撑’，可证。”汤显祖语出自家中藏书。

文士藏书确是藏在活处，用在活处。文士藏书是活生生的一幅士风图。

3. 隐士藏书

身为士族一员，或某人才学高雅，不为朝廷服务，不问世态炎凉，独善其身，人们称之为隐士。

相传尧时有一人，名许由，隐居深山。一天，尧徒步深山访贤，到达许由之所，请这位天下有名的人出山治政。许由听说了，忙不及地走到河水边，勺起溪水洗耳。他不但觉得世事肮脏，甚至连这类话语也听不得，怕污染了耳朵，污染了心灵。

朝朝代代有一些人不愿为政权服务，而甘做隐士。国史与地方志都辟有隐逸传，专门记述那些才德高尚而与山水永驻的人。

隐士一般身隐心不隐，他们十分注重内修，注重文化素养的训练，注重读书学习，因此也爱藏书。

明末清初的顾炎武（公元 1613—1682 年）是个很有个性的人。他 14 岁补诸生，求学的前景十分美好，但他不图仕进，不想做官。明末，天下大乱之际，他加入文化人的组织“复社”。清兵南下，他跟从昆山令杨永言抗清。抗清失败，他浪迹天涯。他考察山川地形，书箱自随，按书籍的介绍，了解某地、某山、某边关的地理位置，历代战争得失状况。每逢明末将士阵亡之地，他就祭酒哭泣。顺治康熙年间，清廷曾征召他为满人统治者服务，他坚辞不就，而过着隐居生活，一生专注于读书、写书。他研究了国家典制、郡邑掌故、天文仪象、河漕兵农，以便剖析明朝灭亡的原因。后来，他认为明朝的衰亡，主要原因是学风不正。明学者不守圣人言教，妄自浮说，务虚不务实。端正学风，必需正本清源，弄清四书五经的原意。他于是笃志于经典，开清代朴学之风。他一生藏书很多，写书也很多。著作有《天下郡国利病书》、《日知录》、《肇域志》、《亭林诗文集》等。顾亭林可以说是中国典型的卫道士，典型的隐士，典型的传统知识分子的代表。

藏书家中不求官宦，不求闻达的，其数非同小可。如公元1774年，乾隆皇帝嘉奖的为《四库全书》献书有功的人，可以说隐士居多。其诏书说："……今阅各家进到之书，其最多者，如浙江之鲍士恭、范懋柱、汪启淑、两淮之马裕，四家为数多至五六七百种，皆累世典藏，子孙克守其业，甚可嘉尚。……，着赏《古今图书集成》各一部，以为好古之劝。又如进呈一百种以上江苏周厚育、蒋曾莹、浙江吴玉阶、孙仰曾、汪汝瑮及朝绅中黄登贤、纪昀、励守谦、汪如藻等，亦俱藏书旧家，并著每人赏给内府初印之《佩文韵府》各一部，俾亦珍为世宝，以示嘉奖。"

乾隆皇帝在诏书中点到的鲍士恭、范懋柱、汪启淑、马裕、周厚育、蒋曾莹、吴玉阶、孙仰曾及汪汝瑮非朝绅，即隐士。但他们尚听从朝廷命令，不是有意识地与朝廷断绝往来，愿意献书。他们虽不做官，不求仕进，但他们诗书相随。

"累世典藏，子孙克守其业"，乾隆皇帝嘉奖他们，点明了他们的功绩所在。

藏书万卷，往往非一代人的心血。数代人兢兢业业藏书，放弃仕途，放弃利欲，守于斯，乐于斯，默默无闻，以苦为荣。他们的"隐"，不是隐身，而是隐了心。打从心底不想逐鹿中原，争名夺利，苍蝇竞血。不思显达，不思显贵，不思显荣，专门收书、藏书、守护图书。

范懋柱的前辈曾是明代大官，他们洞悉官场的权势交攻局面，不愿做官，只愿守书、读书，知书达理，做一个有文化的平民百姓。

鲍廷博与马裕的前辈都是商人，汪启淑家也是商人，安徽徽州商人的后裔。鲍廷博藏书是为了孝敬父亲，满足其父读书的要求。马、汪二家藏书是守前人遗产，能守书，则能守心，守住心，则能守住身，守住身，则能守住经商累积的钱财。在大财产的山堆上，不需要开拓，大钱自然会生小钱，能守，就会永远富有。守，就得隐心。藏书、读书，是隐的妙招。

4. 落士藏书

科举及第，金榜题名，荣光照四海。可是一旦授职为官，则感到社会舞台与书中天地是截然不同的。状元及第，穿红袍、登龙门、开御宴、戴金花……，恩宠气氛把人托上云天。授职后，自然适应不了明枪暗箭、拉帮结派、无情的争斗。读一读状元谱，那其中很多人刚刚上马就中箭落下。

清代徽州有个状元，名金榜，他登科后，只任职山西乡试主考官一年，就辞职归里。人们说他“状元及第不为仕，回归故里事桑麻”。他认为与其在朝廷里那样险恶地挺着熬日子，不如在故乡平平淡淡地生活。可是，他毕竟有文化，是状元，少不了读书与藏书的活动。金榜归故里以后，建了藏书楼，读书著书为生。

天一阁的创建人范钦，原为明代嘉靖十一年进士，曾任工部员外郎及兵部右侍郎、随州知府、袁州知府，并先后在江西、广西、云南、陕西、河南、福建、广州等地做过官。因与权贵严嵩不合，大约于公元 1561 年告老还乡，把他收集的刊本、稿本、抄本、地方志、政书及诗文，共 7 万多卷，其中省府州县等地方志 435 种，建成一书楼，置放其中。书楼名曰“天一阁”，此即现存我国最早的私人藏书楼——天一阁，宁波的一大景观。

杭世骏（公元1696—1773年），字大宗，又字堇浦，晚号秦亭老民。少小家贫，无钱买书，常借书夜读，藏灯帐中默读。年稍长，与乡里名人组织读书社，五日一聚。公元1724年，杭世骏中举。1736年，参加博学鸿词试，授翰林院编修职。在乾隆皇帝给翰林院诸官考试时，杭世骏直言不讳，写下了如下一段话：

满州贤才虽多，较之汉人十之三四。天下巡抚虽满汉参半，总督则汉无一人也，何内满而外汉也？三江两浙，天下人才渊薮，边隅之士，出间无几。今则果于用边者之人，不计其才，不计其操履，不计其资俸，而十年不调者，皆江浙之人，岂非有意见畛域？

乾隆皇帝见其文，怒不可遏，掷其卷于地再三，杭世骏由是罢归故里，杜门自修，奉养母亲。他与厉鹗等结成南屏诗社，与“小山堂”藏书楼赵昱交好，潜心藏书。王瞿《道古堂集序》描写他的藏书活动：“堇浦（杭世骏字号）于学无所不贯，所藏书拥榻积几，不下十万卷。堇浦枕藉其中，目睇手纂，几忘晷夕。”

杭世骏家有“道古堂”藏书楼，他在疏证《北齐书》后，继补《金史》，原藏书楼不能适其所需，又造藏书楼“补史亭”。藏书家丁申在《武林藏书录》中描述补史亭藏书之富：“先生以补金朝一史，所聚群籍已盈几堆榻，则其他书之富可知。况两浙经籍，曾经编纂成志，为卷五，为目五十有九，为书一万五千有奇。先生自序，洋洋千余言，夫岂以百宋千元，自矜储藏之富者，所可比拟哉。”

杭世骏脱去了案牍之苦，人际倾轧之险，一心扑在学术研究上。他一生著作颇丰，主要著作有《诸史然疑》、《三国志补》、《续方言》、《道古堂文集·诗集》等。

士是“得道”者，士上达则为官，下行则修身。读书、藏书、著书是落士生活的根本，千千万万个落士都将脚立在书山上。落士藏书一般很得要领，藏书精美，数量大，且其藏书楼具有相当规模。

5. 商士藏书

在十大商帮与藏书中，我们提到了很多商人藏书的故事。这些藏书的商人，有的是学者兼商人，有的是商人兼学者。至于士族经商又藏书，我们还可涉及几例。

《震川先生集》卷十三《白庵程翁八十寿序》：“新安程君少而客于吴，吴之士大夫皆喜与之游。……，古者四民异业，至于后世而士与农商常相混。……程氏……子孙繁衍，散居海阳、黟、歙间，无虑数千家，并以读书为业。君岂非所谓士而商者欤?”归有光在文中言明“士”在明朝已非昔日的“士”，不问人间烟火是不行的了。

汪婉《尧峰文抄》卷十五，记载了太湖洞庭山大商人之子席本久（公元1599—1678年），“暇则帘阁据几，手缮写诸大儒语录至数十卷。又尝训释《孝经》，而尤研精覃思于《易》。”。

《席舍人墓志铭》，记述席启图（公元1638—1680年），席本久的堂侄，“君好读书，贮书累万卷。于是偏葺贤嘉言懿行，条晰部居，共若千卷，名曰‘蓄德录’。晚岁病风痹者数年，益键户著此书……，病不能转侧，至置书床箦上，俯睨之。盖其勤于学问如此”。

《方望溪先生全集》卷十一，《佘君墓志铭》一文，记叙歙县佘兆鼎（公元1633—1705年）：“少废书，读《大学》未半，行贾后，益好书，日疏古人格言善事而躬行之。”

在理论上，明代儒生开始强调治生。王阳明提出圣人之学，心学也，学以求尽其心而已。李梦阳在《明故王文显墓志铭》文中引王文显语“夫商与士，异术而同心”。做商人处财货之场，修行高明，虽谋利而不污；善为士的人引先王经典，绝贷利之径，必名而有成。利以义制，名以清修，各守其业，子孙昌盛，身安而家肥。一句话，士可以经商，商人以士风经营，聚书与聚钱同为本分的事。所以商士藏书在明清之际蔚然成风。

6. 游士藏书

游士，一为战国时期的游说之士，如苏秦、张仪、墨翟等等，他们为了政治的目的，奔走呼号，宣传自己的学术思想。在车行千里途中，弟子相随，书箧满车，游动性地宣传自己的政治主张。在游途中，还因时因事因地因人进行教学。他们的藏书活动是积极的，并且学以致用。

游士，到魏晋南北朝时期，已不是一政治上的斗士，而是政治上的逍遥派，避世的自由人。他们一般习惯于以获取自然风光的灵秀自娱，把个体与山水联系在一起。如谢灵运、徐霞客。但他们是“士”，他们读诗书，通达四书五经，八索九丘。他们酷爱图书，典藏图书，以书维系情操，以书维系空脱的灵魂，以书指导自己考察祖国的山山水水，以书指导自己探讨各个地方的风物人情。他们足迹遍天下，访尽天下书，读尽天下书，也收藏了大量珍贵的图书。

三、士风与民风

在社会生活中，有文化的人与没有文化的人之间，似乎有着天壤之别。没有文化的人不能参与社会化的生活，不能发出致远的文字信息，不能应用他人的文字信息，不能了解脱离时空的信息。所以文盲说他们两眼一抹黑。文化的隔绝，使没有文化的人对有文化的人十分敬重。他们觉得文化是玄奥的，有文化的人是高深莫测的。

文化把人分成二重天，士一重天，民（工农商）一重天。民看着士，唯士马首是瞻。一切时尚风俗皆由士风形成，然后为百姓所仿效。穿戴、言语、行为、伦理由士而民，士行而民效。在有文化的人中，互相之间的迷信与崇拜是难以实现的。但名人、权贵的言行往往影响民风，特别是名人、名流给社会的影响力较大。

藏书是文化人的行为，名士、官吏、富商藏书较多。因此，藏书直接影响民风。

清代藏书家孙树礼说积书胜于积财。他的这一思想，是形成藏书士风与民风的指导思想，明代，人们已形成这种观点。积财以贯计，积书以卷计。积财 10 万贯，子孙日夕取求焉，不几年就用完了；积书 10 万卷，子孙日夕取求，享用终身而不尽，传于子孙，几十世用不尽。过去的人，将收入的 1/10 的钱存起来，9/10 的钱用来买书，说明书启人以智，胜于给人以财。这个理论相当于美国钢铁大王卡内基的捐款思想。卡内基说，他将数亿美元用于建造图书馆，让人们有文化、有知识，懂得怎样奋斗，怎样通过自己的努力去摆脱贫困，而不是给钱给物去养某些懒汉，让他懒上加懒。

积书胜于积财，人们达成了共识，藏书便有了兴趣，读书风气蔚然而起。苏州、杭州、常熟、宁波、徽州等地是人文渊薮，也是藏书之乡。本著在藏书与经济的发展一章中，详细列出了各朝代各地藏书家的分布状况。表中列出的是藏书很有名的人物。一般百姓，或在社会活动中无影响力的人，不容易载入典籍，未入典籍的藏书之家数量很大。在苏杭一带，凡衣食得以饱暖的人，几乎家家有藏书，凡积资逾万者几乎都有藏书室或藏书楼。如明嘉靖年间浙江有名的藏书家、藏书楼，给人民的影响颇大。宋濂的“青萝山房”，胡应麟的“二酉山房”，丰坊的“万卷楼”，高濂的“妙赏楼”，范钦的“天一阁”，姚翼的“玩画斋”，项元汴的“天籁阁”，沈节甫的“玩易楼”，茅坤的“白华楼”，清初浙江人黄宗羲的“续抄堂”，陈自舜的“四香居”，陆宝的“南轩”，郑性的“二老阁”，全祖望的“双韭山房”，曹溶的“静惕堂”，朱彝尊的“曝书亭”，吴焯的“瓶花斋”，杭世骏的“道古堂”等等皆飘溢着书香味。

西方人建公共图书馆，要求每3 000人一个，或每走一公里有一个图书馆。考我国古代私人藏书楼、藏书室，在发达地区，如苏州、杭州、常州、宁波、绍兴等地，其密度不亚于上述公共图书馆。为何？世代相传，风气所成。

藏书与学术风气相关。明清之际为我国藏书风气鼎盛时期。这个时期形成了很多学术流派，各学派的代表人物几乎都是藏书家，如：夏峰学派的孙奇逢、梨洲学派的黄宗羲、二曲学派的李颙、桴亭学派的陆世仪、杨园学派的张履祥、睢州学派的汤斌、安溪学派李光地、平湖学派的陆陇其、江阴学派的杨名时、无锡学派的顾宪成、白田学派的王懋竑、闽中学派李光坡、广东学派胡方、山左学派刘原渌、山右学派范郭鼎、两湖学派曾国藩、八旗学派德沛等。这些学派或好儒，或好性理，或好禅宗，或好王阳明心学。他们聚集四方学士，讲学论道，一传十，十传百，一学兴起，数方跟随，于是成为一种学术风气，进而成为一种势力。

各学派在某地兴起，即某地有一帮学者，他们读书、藏书，是读书之邦，藏书之乡，能一呼而百应。这些人读过很多书，有一定的思想渊源。各学派代表人物往往是大学者、大藏书家，如黄宗羲。黄宗羲自己有续抄堂，他还游学他乡，读遍天下书。凡有好书，则手自抄录，或花钱购买。总之，凡学者，即爱藏书。凡学问之乡，也是藏书之乡。学风带动藏书风气，藏书的风气促进了学风的形成。

为何二湖学派尊孔、二广学派崇洋，因其藏书一个守古，一个求新。传教士带来很多书籍，为沿海两广学者所接受，以致有太平天国运动，有康有为公车上书，有孙中山资产阶级革命，有曾国藩率湘军而卫孔孟之道等。是时天下孔孟书籍遍存，而西洋书籍少，所以曾国藩一呼而起，一举而灭洪杨。书，是思想基础，也是心灵的媒妁。藏书，非小事也。

当人为天下人，书为天下书时，真善美，邪丑恶，自然分明。其藏书会因人而异，且会因人而用，对人仍然会产生很大的作用。

清代乾隆皇帝说，书文可以经世、载道、立言、牖民。他登基以后，大力组织刻书、编书、校勘图书、典藏图书的活动。他多次发令征集图书，编纂《四库全书》，分藏于扬州文汇阁、镇江文宗阁及杭州文澜阁。弘历在江浙建了3个大图书馆，3个国家级图书馆，这对于民众文化有很大的推动和鼓舞作用。乾隆皇帝一系列有关图书的活动，调动了藏书家藏书的积极性，推动了江浙士子看书学习的热潮。

乾隆皇帝将《四库全书》在北京藏于禁中文渊阁，圆明园文源阁，沈阳文溯阁，热河文津阁，用以鼓励皇家子弟及在京文武大臣看书学习。

乾隆皇帝重视藏书，重视士风与民风建设，他通过征书、藏书等活动，确实为经世、载道、立言、牖民起了良好的作用，使世风得以敦厚纯化。

藏书的士风和民风，得益于政府的倡导，也是民众在经济发展到一定阶段后的一种必然性追求。

第三节　立言立德　文章千古

——官吏藏书

世袭庇荫得官，科举选调任官，是中国封建社会用人的主线。高门大户自己办教育，或其子弟在政府的学校里受教育，求知的机会比一般百姓多。这些人家的子弟一般有文化，这样的家庭藏书也颇丰。

一、才子兼官人藏书

中国封建社会是一个官本位体制的社会。有官则有权，有权则有钱，有权有钱则有势，有势则可以为所欲为。特别是某些人，一朝权在手，就把令来行。乌纱帽一戴，很多常人朝思暮想的难题，在他的手下都可以便宜行事。科举制以后，文官执政下，官本位制更为牢固。但是，这些当官人，是读书的士子出身，他们有文化，懂得四书五经。这样造就了一些官吏文章钟神秀、思想泛灵光的文才。曹丕说："文章乃千古盛事"。写书著文，一直为世所推崇。因此，很多官人，身为朝廷大臣，怀揣经纶，手中始终不弃书卷。酒席筵上，以诗词起兴。公文奏章，亦以文采受青睐。文风灌溉了士林官阶，读书，修心，炼志，养气，展才，成了官吏们的一生的修行。读书破万卷，下笔如有神。读万卷书，必得藏书。在封建社会，官吏藏书几乎成了惯例。"王安石三难苏学士"中①，王安石"叫徐伦把书房中书橱尽数与我开了。左右二十四橱，书皆积满"。他藏书，而且熟知书中的内容。苏东坡任意从其读过的书中翻开某书某页，王安石便能滚瓜烂熟地背诵出该页的内容来。藏书是一种雅兴，各种藏书家辞典中收集了几千名藏书大家，多数为官吏。其实，那仅是史书中有文字记载的一部分。在中国古代的官吏家藏中，人人都藏有一定数量的文献典籍。有的人收藏图书数量多一些，有的人少一些，即使少者也有几箱几柜。只是那个时代，文献典籍很神秘，秘而不宣，一般不为人知。记入史册中的藏书之家，仅是他们在社会的交往中，显现出来的，且被人记入文章典籍罢了。大多数官吏其文献收藏在私府秘室，何从考查？历史上文坛享有盛名的官吏兼藏书家，屈指可数者有司马光、曹操、欧阳修、曾

---

① 《警世通言》。

巩、赵明诚、陆游、祝允明、沈约、袁枚、汪中、阮元、梅鼎祚、元好问、孔文升、尤侗、董其昌、郑燮、赵万里等人。我们熟悉的文豪屈原、曹植、李白、杜甫、韩愈、柳宗元、苏轼、曹雪芹、吴敬梓，每读其传记，则见他们诗书自随，才高八斗，书拥万卷，著作等身。其中杜甫、韩愈、柳宗元、苏轼是官吏兼文豪，他们读自己的藏书，也读政府的藏书。曹雪芹、吴敬梓等人不在庙堂之中，不可自由地阅读馆阁藏书，但绅士家藏书、地方学府藏书、寺庙藏书、同辈好友的藏书是可以得到的。藏书是他们洋溢奔放才华的源泉之一。

1. 司马光

司马光历任大理评事、并州通判、天章阁待制兼侍讲、知谏院、龙图阁直学士、翰林学士、御史中丞、枢密副使、端明殿学士，知永兴军、西京御史台判，宋哲宗时任尚书左仆射兼门下侍郎，逝世后追封温国公。

司马光看到史书太多，皇帝不能尽览，于是仿照《左传》体裁，以年为纲编成8卷本《通志》。公元1066年进呈宋英宗，英宗命其继续编纂。他在刘攽、刘恕和范祖禹等人协助下编成了《资治通鉴》。神宗因其“鉴于往事，有资于治道”而赐名。该书上起战国、下迄五代，包括了约1362年的历史。该书取材范围很广，他从正史、杂史、笔记、小说、地方志、文集中，左右采获，一一诠次。内容涉及历代典章、制度、天文、地理与社会经济等。全书于公元1084年完成，历时19年。该书取材精审、考证详密、结构完整、史料宏富，是一部优秀的历史巨著。司马光的著作还有《司马文正公集》与《稽古录》。

司马光怎样写成《资治通鉴》的呢？

《文献通考》卷一百九十二引胡寅的话说：“司马公六任冗官，皆以书卷自随，岁月既久，又数应诏上书，论新法之言，小人欲中伤之，而光行义无可资者，乃倡为浮言，谓书之所以久不成，缘书局之人利尚方笔墨绢帛及御府……。光于是严课程，省人事，促修成书。其表有云‘日力不足，继之以夜，简牍盈积。浩如烟海，其间抵牾，不敢自保’。”

这段话告诉我们，司马光在政界十分苦恼，他想到国家的繁荣与昌盛，必需先让人们在思想上认识到治政的关键点在哪里？应该让人们懂得世事的兴替，历史的长河中星汉的运转状况。

司马光于公元1073年，在洛阳国子监尊贤坊北侧购得20亩地，建造了独乐园。这个独乐园是司马光治学之所。

独乐园内有钓鱼庵、种竹斋、采药圃、浇水亭、弄水轩与见山台等景点。独乐园的中心是读书堂，堂南为弄水轩。弄水轩建在溪流之上，司马光在这里会友、设宴、吟诗。堂北为钓鱼庵，建在湖中岛上。庵北为种竹斋，即一片翠竹旁六间小屋。湖东120多畦土地为采药圃，药圃南侧有6个花坛，栽有芍药、牡丹。花坛北头有一凉亭，名曰浇水亭，司马光常在此与客交谈。园中有一个高台——见山台，司马光在笔耕劳作以后，登台远眺，可以藉此展目舒心，揽胜抒情。

司马光为什么要给园起名“独乐”呢？他在《独乐园记》中写道：

孟子曰：“独乐乐，不如与人乐乐，与少乐乐，不如与众乐乐。此王公大人之乐，非贫贱者所及也。”孔子曰：“饭疏食饮水，曲肱而枕之，乐亦在其中矣。”颜子一箪食，一瓢饮，不改其乐，此圣贤之乐，非愚者所及也。若夫鷦鷯巢林，不过一枝，鼹鼠饮河，不过满腹，各尽其份而安之，此乃愚叟之所乐也。

司马光在独乐园中干什么呢？

《范太史记》卷三十六《和乐庵记》中写道：

熙宁中入洛，温公方买田于张氏之西北以为独乐园。公宾客满门，其常往来从游者张氏兄弟四人（明权、才叔、子京、和叔），出则相随。

司马光常着幅巾深衣坐在林间，张氏四兄弟伴随着，或下棋、或投壶饮酒赋诗。他把独乐园东南开一门，以迎接张子京的昆弟。他们一起，扶杖拖履穿过流水修竹，进入深林阴翳之中。

司马光在读书堂读书，有一老仆人吕直侍候。每天一更二点令老仆先睡，他自著书，夜深灭烛自睡。五更起床，点烛著述，夜夜如此。

司马光每天有工作任务，在缮写唐代“长编”时，规定每三天写一卷。一卷长4丈，如有事，当日不能完成任务则追补。

司马光为了写书，藏书达万卷以上，他的读书堂内简牍盈积，浩如烟海。

2. 欧阳修

欧阳修是唐宋八大家之一，著名的散文作家、诗人、史学家。他编纂过《新唐书》，撰有《五代史记》、《集古录》，遗留下来的著作还有《欧阳文忠公集》。在政治上，他曾参与“庆历新政”，协助范仲淹进行改革。先后任过西京留守推官、河南府户曹参军、馆阁校勘、夷陵令、知谏院、知制诰、参知政事等。

在欧阳修的文集中，我们多处看到他读书藏书的记载。

明道元年，欧阳修写了《非非堂记》。他于天圣九年在洛阳任职，第二年他重修河南府官署，作有《河南府重修使院记》。他在河南府官署的西边建非非堂，堂门朝北，门前种有一片筱竹，南向开窗，阳光从窗户照射进来，堂中的陈设仅一张床，一个茶几，书架上有书数百卷。他除了上班处理公务以外，早晚全在其中。非非堂安静闲逸，在这里可以闭目澄心，览古照今。

庆历二年，宰相吕夷简派富弼出使契丹，欧阳修上书，认为朝廷重臣不宜出使，上书无效，自求外调他职，被放在河南滑县作通判。在这里，他建了一个“画舫斋”。欧阳修把这个屋子作为燕私之居，他说这个房子像一座画舫，疏朗而通达。画舫是一只游船，欧阳修为什么把自己的屋子喻作游船呢？原来，这是一幅虚拟画。下班以后，他在房子里读书写字，神思八荒，岂不等于坐在船上，游览四方一样！

欧阳修注重人的素质的修养。他认为人生在世，应从修身、施事与见言三方面入手积极生活。修身，即立德；施事，即立业，或立功；见言，即立言，用现在的话说，就是学术上有所成就。欧阳修说，人与草木鸟兽一样，有生也有死，惟立德、立功、立言是万世不朽的事。孔子有 72 弟子。颜回在立业与立言上功绩不显，但是他居于陋巷，曲肱而枕，不畏饥寒，积极求取学问，则万世推崇。立身、立业、立言是相辅相成的。一个全面发展的人应该在立身、立业与立言上都做得很好。

欧阳修为了全面发展，他读圣贤书以勉励自己，积极从政，希望为人民做一些贡献。他努力学习，大量地发表作品，希望成为历史上的一个垂芳万年的人物。

欧阳修的散文雄健宏伟，实巧瑰奇。王安石称欧阳修的文章浩如江河之博蓄，灿如日月之光辉。清音幽韵，凄如飘风急雨，雄辞宏群，快如轻车骏马。其文章确实是不朽之作，此乃立言而不朽。欧阳修的文章与治世相联系。他积极地参与韩愈的古文运动，在韩愈之后继续挥动“文以载道”的大旗，使文章与人情风化相联系，与治政之道相辅佐。这是欧阳修立身与立业取得成功的根本。

欧阳修为人果敢刚正，作文则一丝不苟。他的妻子见到他苦思冥想，十分伤神，就劝他说：“你为什么这样自我苦恼，伤筋动骨，难道还怕你的老师来骂你吗?”欧阳修说，不怕老师，却怕后生笑我。欧阳修为作文，马上、枕上、厕上，忧思不已，这就是文坛佳话“三上”故事。他介绍作文的经验，就是多看、多做、多商量。

为了多看书，他广泛地收集图书。他说：“凡三十年间，闻人有善本者，必求而改正之。其最后卷帙不足，今不复补者，重增其故也。予家藏书万卷，独《昌黎先生集》为旧物也。”

欧阳修家藏图书万卷，可谓藏书家了。万卷书得来的途径，是他 30 年来持之以恒收藏的结果。凡听说有善本书的人，他就去求访、抄录或购买。他偶尔得唐朝《昌黎先生集》，则“特以其旧物而尤惜之”。可见宋代要访求唐本书十分困难。

欧阳修爱收藏古青铜器和碑碣，以考订史籍的缺失。从庆历乙酉至嘉佑壬寅 18 年时间内，他收集了金石文字拓本千卷。他说，汤盘、孔鼎、岐阳之鼓、岱山、邹峄、会稽刻石、汉魏以来圣王贤士桓碑、彝器、铭诗、序记、古文籀篆分隶诸家之字书都是至宝。这些文献，年代涉及周穆王到秦、汉、隋、唐、五代，来自四海九州、名山大泽、穷崖绝谷、荒林破冢。他编有《集古录》，今存10卷，欧阳修给予作跋文的有400多篇。欧阳修爱收藏文献，并且精于整理文献，善于研究文献，否则无《集古录》，否则写不出很有学术见地的跋文。

欧阳修在熙宁三年七月任蔡州知州，九月到任，自号“六一居士”。他上表请求退休，隐居安徽阜阳（颍州）。他在阜阳西湖之畔建了退休的住房。有人问他退休之际，为何更号“六一居士”，他答道：吾家藏书一万卷，集录三代以来金石遗文一千卷，有琴一张，有棋一局，而常置酒一壶，加上他老翁一个，合起来就是“六一”了。学者俭朴如此，而藏书则是其心中第一要事。

二、职官藏书

所谓职官藏书，指历朝历代政府馆阁官员藏书，或者说这些官员大半生为馆阁官员，身为聚书、校书、典藏图书的官员，这些人的私人藏书。

自科举取士以来，凡进士及第之人，先在翰林院任编修，编修任职若干年以后，或外调授职，或内迁升官。朝廷中很多官员皆出自馆阁。宋代的昭文馆（唐代为弘文馆）设大学士一人，以宰相充任。史馆里的官员，明代设修撰、编修及检讨，清代与明代相同。历史上很多名人出自修撰或编修或检讨，如清代的纪昀、杭世骏、张廷玉、查慎行、戴震、翁方纲、陆费墀、程晋芳、汪汝藻等人。宋代的欧阳修、陆游都是馆阁阁老。

1. 陆游

陆游（公元1125—1209年），字务观，号放翁，别号九曲老樵、笠泽渔隐、龟堂病叟、龟堂老人、笠泽钓叟、笠泽老民。

陆游的父亲陆佃是藏书家。他居贫苦学，夜无灯，映月光读书，还步行千里去向王安石学习经书。王安石因陆佃不附已，只传学术，不与议政。陆佃科举得功名，神宗授予他郊庙礼仪官，进而礼部尚书，龙图阁待制，直学士等。公元1143年，宋秘书省严抑上书，复建文献库。他说，宋朝收藏历代图籍，建有佑文殿、秘阁及三馆四库等。南渡以后，暂时存放在法慧寺，与民相接，深虑风火不虞，望能重建。于是南宋政府在天井巷东复建秘省，上书“佑文殿”、“秘阁”，又作“道山堂”。朝廷令陆宰（直秘阁）将他家藏书目录呈上。绍兴十三年（公元1143年），陆宰呈献图书13 000卷。

陆游的伯父好墨成癖，李廷珪、张遇、李邦直等人寄给他陈赡墨40笏。他把这些墨宝收藏在精制的盒子里，爱护备至。

陆游少小受家庭环境熏陶，十分爱书、爱读书，在他的作品中关于读书的主题很多。如诗：《夜读兵书》、《驿舍见故屏风画海棠有感》、《病起书怀》、《游诸葛武侯书台》、《小园》、《冬夜不寐至四鼓起作此诗》、《读书》、《春夜读书感怀》、《五更读书示子》、《雨夜读书》、《读杜诗》、《读史》等等。

陆游写了很多书跋，如《跋花间集》、《跋傅给事帖》等。给书写跋要看书、读书，书看懂了，看出了门道，才写得出很好的跋语。陆游写的跋，流传下来的只是其中一部分。

陆游当官以后读书不止。他的诗《假中》言及此事：“官身尝欠读书债，禄米不供沽酒资。剩喜今朝寂无事，焚香闲看玉溪诗。”

陆游在江西严州任职期间，有一度天连降大雨，他想找书看看，可是人们守秘不借，无以度日。公元 1179 年陆游居建宁，他写诗《思故山》，诗中赞美镜湖秀美奇丽，赞美画桥、薄林、红蓼、孤蒲、鸦阵、红枫，此时陆游划船出于湖上，船头一束书，船后一壶酒。

陆游爱抄书，凡有善本，自己动手抄，或雇人抄录。公元 1166 年，陆游在隆兴府任职，他抄录了玉隆万寿宫道藏本《坐忘论》、《高象先生丹歌》、《天隐子》、《造化权舆》及《老子道德经》等古文道书。他的“玉籍斋”收藏了道书 2 000 卷。

陆游爱刻书。公元 1180 年 11 月，他刻自己编辑的《续集验方》于江西“为心斋”。公元 1173 年，陆游任职嘉州，将其先人笔札刻石置荔枝楼下。

陆游爱买书。公元 1155 年正月，陆游居“云门草堂”。他见佣书人韩文持一束纸枕头而睡，取而视之，是《刘随州（长卿）集》。于是，他花一百钱买下了，并且亲自装订成册。

陆游常常从友人那里得到赠给的图书与字画。公元 1198 年，他在《庵中晨起书触目》诗中提及，庵中所设文具字画、剑砚，得自张季长、张仲钦。唐希雅画鹊、易元吉画猿、廉宣仲画老木、王仲信画水石，皆庵中所挂小轴。陆游游吴会，“得中郎之异书，心术正而无邪，文章简而有法，愤雕虫之积弊，疑野草之可收。”①

陆游通过各种渠道得书颇丰。他在“发书画还故里戏作”一

① 《陆游文集》卷六。

诗中写道："奇哉扫除尽，蝉蛇三万轴。岂惟息烦心，亦足养病目……。"陆游藏书画达 3 万册轴。这是公元 1179 年的事。该年 6 月，他收集了中原及吴蜀真刻汉隶 14 卷，由友人方千繇装裱。

陆游怎么收集到如此多的图书？他的书多是买来的。陆游在《拜致仕敕口号》中说："坐縻半俸犹多愧，月费公朝二万钱。"陆游工资每月两万钱。庆元（公元 1199 年）五年八月封为开国男，食邑 300 户，陆游把薪俸的半数用于买书了。

陆游与范成大、杨万里、尤袤为当时驰名的四大文人，其中尤袤是大藏书家。

陆游的书多，其书斋也多，如"烟艇"、"渔隐堂"、"可斋"、"昨非斋"、"书巢"、"老学庵"、"风月轩"等都是他的书斋。读书、藏书伴随着陆游的一生。

2. 纪晓岚

纪昀，字晓岚，又字春帆。河北沧县人，生于 1724 年 6 月 15 日，卒于 1805 年 2 月。官至礼部尚书、协办大学士，加太子太保兼国子监事。

纪昀因总纂《四库全书》而享名海内外。

《四库全书》收书 3 502 种，79 337 卷，纪昀用 10 多年的时间编纂了这部百科全书，并且亲自撰写了《四库全书·总目提要》200 卷。在著述方面，他有《阅微草堂笔记》、《纪文达公遗集》、《史通削繁》、《镜烟堂 10 种》等。

纪昀是国家大型图书的总纂修官之一。天下图书，政府利用政令广搜遍罗来，可以说是十分丰富的。一般说来，要读什么书就有什么书，不会发生书荒，用不着自己藏书了。

纪昀这个身在书山上、吃在书山上、工作在书山上的人，有个嗜好——藏书。这是一般人未曾料及的。

公元1750年，纪昀27岁。该年，他为应礼部考试，与钱大昕、卢文绍等结为文社，并常在书肆寻书。秋天，他购得《埤雅》一部。他在题跋中写道："庚午秋，买得《埤雅》一部，中拆叠绿笺一片。"上有诗曰：

愁烟低幕朱扉双，酸风微戛玉女窗。
青岭隐隐出古壁，土花蚀断黄金虹。
草根露下阴虫急，夜深情映芙蓉立。
湿萤一点过空塘，幽光照见残红泣。

末题："'靓云仙子降坛诗，张凝敬录'，盖扶乩者所书。余谓此鬼诗，非仙诗也。"①

纪昀买得文字工具类图书《埤雅》，他给此书写了题跋。纪昀在题跋中写明书得来的经过及其特征，从藏书人的诗中，判断出藏书人的嗜好。纪昀的藏书家的匠心可见一斑。

纪昀读了大量的书，也买过大量的书。他在《姑妄听之序》中写道："三十（岁）以前，讲考证之学，所坐之处，典籍环绕如山；三十（岁）以后，以文章与天下相驰骤，抽黄对白，恒彻夜构思，至五十（岁）以后，纂修《四库全书》，复析而讲考证。"

未登仕途以前，纪昀专于考证，所坐之处犹如书城。这些书不是政府的，是自己的，或借来的。纪昀从别人那里得到了《沈

① 《滦阳消夏录》卷二。

氏四声考》与《切韵表》等。书从向纪昀约诗的人那儿得来，或从朋友那里得来。纪昀曾经派人抄书稿。钱维城是他的老师，钱有陈氏《后山集》，共有诗765首，著文170篇，谈丛4卷，诗话1卷，理究1卷，词1卷，纪昀派毛循抄下来了这部书。

纪昀曾派李文藻访书求书。李文藻在信中回复，纪昀要的《十三代纬书》，从施愚山墓志得到线索，知尚未雕版。他从邹平那里访到该书作者之侄，其侄说书稿在长房兄弟那里保存着，不肯示人。李文藻最终在典当铺找到了此书32套，222种。可见纪昀求书之艰。

公元1764年，纪昀41岁，其父病逝，他自闽归故里河北沧县，筑“对云楼”，即藏书楼，诗曰：

还乡翻似在天涯，筑得书楼便作家。
偶睇郊原成野趣，拟从田老课桑麻。
长夏云峰入望深，轩开四面好凭襟。
儿曹莫笑村居隘，两载经营一片心。

纪昀筑藏书楼藏书、读书其中，丁忧守孝与求知并举，一箭双雕，真是好算计。

纪昀家里藏书很多，祖辈遗留下一部分藏书，他自己也收集了很多图书。公元1776年乾隆皇帝为纪昀献书《春秋经解》而题诗“邵张珍藏今归纪，汲古源心有足多”。为修《四库全书》，乾隆皇帝多次下诏采访图书。在京官员及各省督抚皆进呈图书若干，纪昀呈献图书100种。这100种是政府按图书目录对照以后，值得收入的好书。好书，即政府尚缺少的100种图书，我们可以推想到纪昀的藏书数量了。

纪昀善于藏书。例如他收藏了《顺治十八年缙绅》一卷，并请大学者法式善作题跋。法式善写道：“余昔辑《清秘述闻》，得顺治壬辰、乙未、戊戌三科会试齿录于曲阜颜氏。叙次款式与今通行本异……。”

纪昀说他的性情孤寂不能自闲，卷轴笔砚自束发以来，无数日相离。纪昀因泄漏机密，被发遣乌鲁木齐戍边，沿途得行路几个月，在他随行行李中有几箱书，一有空闲便读书作文。纪昀爱收藏图书，也爱收藏名人字画及宝砚等。纪昀珍爱的几本书有：《瀛奎律髓笺序正误》、《苏诗五阅始善净本》、《文心雕龙》、《王子安集》、《韩致尧集》、《唐诗鼓吹》等。

纪昀爱收藏名士文人的手稿。他戍边期间，其弟子李文藻给他检理曝晒图书，发现内中有惠栋著《周易述》、《易汉学》、《周易本义辩证》、《左传补注》、《古书尚书考》等。

纪昀还常到北京琉璃厂韦氏鉴古堂买书，有一次买书花费了数千两银子。

三、功臣良吏藏书

在历史的长河中，我们每谈起英杰人物，就肃然起敬，看到他们在历史中起的作用，往往深受启迪。他们英明、豁达、智力超群，他们的业绩是历史的丰碑。这些历史上的著名人物都是博学多才的人，也都是读书人、藏书人。在这里介绍林则徐的藏书活动。

林则徐（公元1785—1850年），字少穆，福建福州人，嘉庆年间进士，历任江苏按察使、江宁布政使、东河河道总督、江苏巡抚、两江总督、湖广总督、两广总督、陕西巡抚、云贵总督等职。在40年的宦海生涯中，他整顿河土、兴修水利、救灾放赈、创制农具、改革财政、垦荒开井、屯田定边等，特别是他禁毒禁烟、反对外来侵略及有关朝政治理上，功绩卓著，表现出一名政治家应有的风采。

林则徐祖宗数代“累传皆儒仕”，其祖父、父亲的生活境遇不太富裕，其祖父遗传给其父亲的仅是稻谷30挑，住屋数间，还有一份特别的遗产——书田10担。

林则徐的父亲林宾日注重对子女的教育，幼年的林则徐背得很多章句诗词，7岁便会作文。林则徐早年的读书笔记《云左山房杂录》，记载了他少年读书的情况。凡诸子百家、史籍、诗文、笔记、佛经、医书及书法碑帖等，他都爱读。札记中有一警句：“博闻为馈贫之粮，贯一为拯乱之药。”

公元1811年，林则徐27岁，科举中二甲第四名进士，这为他以后的官途生活奠定了基础。从此，学术上林则徐交往更为广泛。他在北京应试期间参加了“消寒诗社”，后称“宣南诗社”。这个诗社的活动尽管是褒衣博带，雅歌投壶，迎送饯别，相互标榜，相互唱和及赏花饮酒一类，但他结识了政坛与文坛的一些名流，如陶澍、胡承珙、吴兰雪、董国华等。

林则徐才思敏捷，语言功底较好，他的外文和少数民族语言的学习进步很快。公元1813年，他致力于研究满文，他能用满文翻译司马光的《谏院题名记》和韩愈的《师说》。林则徐的诗词文章颇丰，他遗留下来的作品有《华事夷言》、《俄罗斯记要》、《四洲志》、《衙斋随录》、《荷戈记程》等17种著作。林则徐的作品饱含着他一生的辛勤的汗水。

林则徐一生爱游书肆、藏书楼，以及建设自己的藏书楼。在他29岁，即公元1813年正月，他从南京到扬州，与吴锡麒、洪梧、秦恩复等人会晤。十三日，他到辕门桥五车楼冯家书肆买书，饭后与同窗屠春林乘小舟同往观平山堂。这时的林则徐尚未出山就职。公元1815年9月，林则徐被派往翻书房行走（翻译工作)。这时他与诸文人文化活动频繁。如给颜生评阅文字，给沈雨松及夏肇东捎去书籍物件。他自己修理住房中的书屋，积极读书。公元1819年，林则徐任云南乡试正考官。在到云南就任的途中，曾在辰州府城县署下榻，此地有小酉山，在城西北，他知此为古人藏书之所，十分高兴。公元1842年，林则徐被贬伊犁戍边，自正月至7月初在西安养病。7月1日，他来到许至书院，即归震川先生读书处，参观了学舍“茹古堂”，并参观了归家藏书的“文吟阁”。林则徐不仅自己读书、买书，还十分注重书房建设。公元1847年林则徐任云贵总督，工作十分繁忙。此时年事已高，他仍孜孜不倦地学习，为了读书方便，他在署中桂花亭后，盖了小书屋3层，每层俱四柱三间，分前后房，中一层上作小楼，即藏书楼。

林则徐一生诗书相伴。在他发往伊犁戍边的路途中，他的行李装了7辆大车，其中载有书籍20箧。“东壁图书府，西园翰墨林。诵诗闻国政，讲易见天心。”读书是精神觅食，可以修心炼性，作用不小。公元1834年，林则徐在江苏任巡抚，他疏浚河道、兴修水利、改进农具、发展生产。在这人文荟萃的地方，他收集了很多名人书画。该年4月27日，陶澍、怡良、陈銮、豫坤诸人至府中后园，在园内“竹亭”展玩书画。6月，林则徐给

《昭代丛书》作序。8月27日，他在江苏河工忙碌中，收到家里寄来的书籍与红槽。显然，林则徐在忙碌中，不忘读书，并不断向家中索取图书。公元1837年林则徐被任命为湖广总督。湖北私盐问题、襄河工程问题、土棍作恶问题等，问题很多，林则徐夜以继日，处理案牍，并四出查访，了解民情。他晚睡早起，抓紧点点滴滴的时间来读书。在他看来读书仍然是他的要事。他家里人不时给他寄来书卷。林则徐日记中写到：十二月初三，“襄阳船户刘茂送舟儿一信及书卷、瓦灯”。一行文字见辛勤，两件物品见人品。林则徐难怪为民众所称颂。

林则徐书读得多，对书的版本也就十分注重了。公元1822年6月，林则徐在去杭州补缺的途中，经过扬州，游焦山，登“松寥阁”，小坐，与太守、刺史等同至“仰止轩”看杨继盛的墨迹。其一卷为扬州丁家收藏的拓碑文，又一卷为《开煤山记》等诗作。林则徐看过后，知其原委：“此卷皆公谏马市，谪临洮尉所作，词笔森然，见忠愤之气。”他说这卷墨迹原藏谢东野侍郎家，谢的儿子将该卷赠梁山舟侍讲。“侍讲留一札而还其四，阮芸台尚书得之，以为家藏终必遗失，仿玉带镇山门之例，作记于卷，付山僧守之。札之真迹虽藏梁氏，而已有石刻，此卷所收，即拓本耳。”① 林则徐见得杨继盛墨迹，知其作于何时何种境遇？谁人收藏？几经辗转？山僧收藏意义何在？真迹在哪儿？此卷是什么版式？非文献有所专攻的人，难以知道得这样详细。

公元1834年，林则徐在江苏就任期间，曾督修海口石坝，舟行至刘河老镇，有八旬老人全瑞表，将他收辑的《刘河镇记

① 《林则徐日记》第97页。

略》十四卷里交给林则徐，求他给予订正。林则徐说，书中文章不大雅纯，然老人费了心血，于是欣然在书上题了几个字交给老人。博学多才的林则徐不以书的价值论高低，而以尊重乡民的劳动为准则，给书题字，此乃对乡土文化的推动与鼓励。同时还可以看出，林则徐对各种文献十分留心。

公元1835年5月林则徐在江苏致力兴修水利，给张官渡修越闸与正闸，挑挖练湖淤泥，到苏州育婴堂验收查看扩建工程。5月，他用小楷写《般若波罗多心经》，全文共272字。抄书、写经是人们修心炼性的一种方法。在日理万机，心头火急的时候，能用小楷抄写经书，是促使心地坦然的良方。程恩泽对林则徐在百忙中读书、抄书、藏书是这样解释的："诗书愈饱才愈壮，千辟万灌成龙泉"，"每当案牍堆笋束，辄展书画罗青毡，调以古香散壅滞"。①

林则徐大量的读书、藏书活动，是为了治政的需要。林则徐在广州禁烟的时候，日日派人刺探西方的消息，翻译西方图书，购买西方报纸，从而了解到英国人很藐视中国水师，却怕民间强悍渔户水手。根据这条消息，他招募丁壮5 000，每人每月给银子6元，养家银6元。在虎门横档屿设铁链木筏，横亘中流，购洋炮200余座排在两岸。

林则徐从西洋杂志、日报中摘录有关中国问题的文章，编成《华事夷言》。他读过德庇时写的《中国人》一书。此书于公元1836年出版，英文版。该书专门研究中国文化艺术风尚人情及英国人如何看待中国。

① 《寄别林方伯少穆》。

林则徐选读过《各国律例》及《对华鸦片贸易罪过论》。一是瑞士人滑达尔写的，一是英国僧侣狄尔清写的。林则徐收集这些英文图书及有关报纸，了解到洋人的立场、观点、态度、情绪和法律准则，为他决策如何对敌斗争，如何采取措施禁烟起了积极的作用。

林则徐在扬州时，曾把他收藏的《炮书》抄本付印，以供军士造炮抗英。他说《炮书》介绍的铸炮法与炼铜法与西洋一样，只要精心制作，就可以拿出克敌制胜的武器。

林则徐在伊犁戍边时，为了边疆的屯田守边，他亲自摘抄史籍，总结屯田经验。他摘的文稿有：《喀什噶尔、巴尔楚克等处屯田原案摘略》、《巴尔楚克等城垦田案略》、《哈密厅卷宗》、《摘录王公表传：哈密四部总传》、《额贝都拉传》等。

凡忠于职守、勤奋有为的官员（或君主）必然爱学习、爱读书、爱文化、爱藏书。他们眼界开阔、思维敏捷、具有决策制胜的能力。读书、藏书有益于官员的内修与外用。官吏诗书自随，知识面广，对新事物也敏感。他们重视对文献的藏与用，反映了他们对信息的重视和需要。信息需求量的大小，是有没有作为的象征。

四、半隐半现话藏书

官宦仕途风波滚滚，朝野出入，月变日新。人生随庙堂大事而起伏，升迁贬黜随人情恩怨而更替。一旦脚步踏上官阶，人的心情就没有平静之时。很多人奈何不得官场的风云，而自动下野，或只当了一二年官就辞职下野。“状元及第不入仕，甘避故里务桑麻”，大多数官吏都是儿上儿下，一会儿是座上宾，一会儿是戍边卒；一会儿金印在手，山动地摇，一会儿笑傲山林，对月饮酒，嫦娥为伴，不问世事之冷暖，独善其身，以诗书为乐，藏书为乐。袁枚是这等人士中的一员。

袁枚（公元1716—1797年），杭州人，字子才，又字瑞官，号简斋，亦号存斋，世称随园先生，晚年自称袁丝。袁枚于公元1739年殿试胪唱第五名，接着授衔庶吉士。在散馆学习期间，他的满文成绩不佳，又写了一篇清统治者犯忌的文章《清说》，公元1742年，他被外调任溧水县令，同年六月改江浦县令。公元1743年为沈阳宰，公元1745年为江宁知府，公元1749年辞官归居随园，37岁（公元1752年）他将被起用，这时父丧，又返归随园丁忧。袁枚在宦途生涯中仅仅只有9年多时间（公元1739—1749年）。自1749年春至公元1797年，他是在江湖名胜中度过的。

袁枚辞官居隐，形式上是为了奉养母亲。他的诗《喜终养文书，部复已到》写道：

一纸陈情奉板舆，九重恩许赋旧居。
身依堂上衰年母，日补人间未读书。
花竹千竿环子舍，牙签四面绕吾庐。
此中便了幽人局，门外浮云万事居。

实质上，袁枚看破红尘，厌恶黑暗腐败的官场俗事，不习惯于尔虞我诈，谗言嘲讽，“盐久生卤，官久生罪”，不如乘胜收场。他说：“三十休官人道早，五更出梦吾嫌迟。”袁枚不留恋红楼迷梦，乘盛筵而避席，寄情于山水，“试看永明春正好，神仙早挂竹皮冠”。

公元1743年，袁枚开始营建随园（江宁西边），前后用了3年时间建成。《鹤征后录》卷八：“侨居金陵之随园，颇饶亭榭，水木清华，仿西湖为堤井，为里外湖，为花港，为六桥，为南北峰。长廊复房，琉璃饰窗，琴书尊垒，玉石之属，横阵几榻。梅万枝，竹万竿，桂十余丛。小仓山色在户窗间。春秋佳丽，弹琴赋诗，烟霞供养，无以过之。当时名公卿争相投赠，莫不以一至随园为幸。”

退隐后的袁枚将功名看得十分淡薄。他的诗《偶然作》写道：

忆昔垂髫年，读书葵苍中。先生出见客，弟子偷余工。

闻客有科名，仰之如华嵩。家人多窥探，啧啧美其容。

于今二十年，都成可怜虫。孝廉难糊口，进士愁飘蓬。

在随园袁枚常与钱香树、尹继善、程荆南、庄有恭、蒋土铨等人诗歌互答。他在随园生活十分得意，作了《随园二十四咏》，写景、写意、写人，也写金石图书。

《书仓》一诗写道：

聚书如聚谷，仓储苦不足，为藏万古人，多造三间屋。书问藏书者，几时君尽读？

袁枚认为藏书如同聚稻谷，宜多多藏书，多多读书，不要只藏不读。他在《黄生借书说》一文中说，富贵人家积书汗牛充栋。但祖辈遗书，儿孙弃书，富贵人家子弟真正读书的不多。袁枚幼年时家贫，买不起书，有一邻居张氏藏书很多，但不外借。由是，梦寐中盼读书。中举以后，他拿了俸金便去买书，无论素蟫灰丝，时蒙卷轴，都一一买来。他有一个藏书楼名“所好轩”，轩中藏书很多，“凡清秘之本，约十得六七”。袁枚共藏书达40万卷，是中国历史上刘承干以外的第二大私人藏书家。

袁枚哪来许多钱买书？据考，袁枚当县令期间月俸金为300两银子。哪得大笔的经费建园亭24景？他的外孙袁祖志说，袁枚50年中，卖文为活，竟有一篇墓志文稿得赠银万金者。袁枚一生写了186篇神道碑、墓志铭、墓表、行状、行略、逸事、人物传，与他交好的都是尚书、抚臣、馆阁人士，可想是时他经济上很丰厚。一篇文章胜似一年县令的俸禄，稿酬收入大为可观呢！

袁枚晚年游历天下，武夷山、丹霞山、罗浮山、黄山、天台山、庐山，桂林、四明、洞庭、南岳等地皆有他的足迹。他在《八十自寿》诗中，以五首联诗阐述了他孝敬父母，颔联巡游岭南、天台二山，颈联讲叙他的诗文天下闻名，尾联诗如下：

甲乙丹黄万卷余，儿孙珍重好家居。但看手泽应思我，莫为科名始读书……

袁枚58岁那年，乾隆帝下诏求书。袁枚将那些人们不常传抄的书，献给了大府，或借给亲朋好友，一下子散去了他藏书的十之六七。人们莫名其妙，袁枚回答说，天下哪有不散之物，我应让我的书散得合情合理，亲眼看见书落主何家。古代有的藏书家，辛辛苦苦地抄书，日积月累，使书达到相当大的数量，但是子孙不以为然。有的用《论语》当作柴薪烧锅，也有不慎将36万卷书沉下水中的。我今天把书献给国家，藏在兰台、石渠之中，已十分光荣了。朝廷对我献书记功，宾朋对我致以敬意。如果把书藏在我这里，往往还不渴求急读。现在我要把书散放出去了，心中十分难舍。当决定某书散放出去时，我总是日夜不睡，把书翻来复去读上几遍，记下其大纲和新奇可喜的内容在心里。这样反而促进了我的学习。

袁枚在野饮酒、看花、游园、携百妓，唱百年歌，雅会空前。有时“书多雠校懒，花密剪裁稀”。发泄一通，惊回首，又忧可惜，亦曾于“万堆书里笑哑哑”。公元1791年，袁枚在随园作《遣兴》诗23首，似乎首首诗讲的是读书与学问。如“独来独往一支藤，上下千年力不胜”，“鹭鸶也渐通文墨，高立松梢看著书”，“急将手录三千卷，临别从头理一番”。

诗文笔墨在各人手中有不同的用途，有人用以治政，有人用以维道，有人用以叙情，有人用以排遣，有人用以玩味。袁枚买书、藏书、抄书、校书、读书、写书，都是为了精神寄托。袁枚少年才华出众，科举第五名，本可以青云直上，侍奉天子左右，因散馆满文事肇外用作一个七品县令，郁郁不欢，壅滞的情结落在心底，尽管百般发泄、发狂，都不能再次启动那飞腾的祥云。他强作笑脸，佯作乐观，百般掩饰，令人看来，总是两个字“隐痛”。他的《消夏》诗中有一首言《曝书》，诗句是：

向富数书对，收藏却最难。趁此三伏好，分作几回摊。

线脱忙教换，云遮怕未干。蠹鱼应一笑，未必子孙看。

诗句隐忍掩抹，意念与情感不知有多少“千千结”，怎去解得“对”、“难”、“摊”、“干”、“笑”、“看”呢？

袁枚有吏才，通达政务，在任县令时，明晰明决，百弊清除，刁民敛迹，理荒政，兴百业，百姓视他为神明。袁枚有文才，他的诗以“兴、观、群、怨”为根本理论，写出了真性情。他的诗“写性灵”、“解风趣”，对当时的复古与拟古的诗风有一种挑战的姿态。袁枚爱人才，当时很多名士出身其门下。袁枚笃于友情，不以穷富生死易心。其友程晋芳死，欠他个人的债达五千两银子。他去吊唁时，焚了债券，给其家属子女抚养费。袁枚这样的人已是豁达无私的人了，对于图书也是如此。他藏书为了什么？为什么他聚书复手自散去？他的书为什么可以借给他人阅读。他的“聚散论”有天下为公的思想。与其说他藏书，不如说是让众多的图书，通过他来一次再分配，重新布局，让各种图书有一个合理的去向，令人有放心的收藏之所。袁枚为天下人的利益藏书散书的思想与行为是十分高尚的。

五、贪官藏书

忠厚的人藏书为了立德、立身与立言。贪官污吏也藏书，他们藏书数量往往很多。他们藏书为了什么？翻翻史书，大量的事实告诉我们，贪官污吏藏书是为了立权、立威、立势，为了附庸风雅，断他人才思，独专智宝，权变诡谋，愚弄百姓。

1. 秦桧

秦桧曾是南宋的宰相，他卖国求荣、陷害忠良，一生不做好事，是万人唾骂的奸臣。秦桧是贪官污吏，形式上他附庸风雅，买书藏书，还利用职权强取豪夺图书。宋代阜阳有父子二人藏书家王莘、王铚。王莘，字乐道，早年登科，游宦四方，留心典籍，经多年收集，藏书达数万卷。王莘爱校仇图书，酷爱读书藏书。故乡人知其藏书很多，常来借书阅读，王莘皆欣然允诺。元符末，因党争之故贬官朝外。于是他在安陆筑室，一半书藏于安陆，一半收藏于阜阳故里。王莘子王铚，字性之，号“汝阴老民”。他善于记忆，通历史典故。宋王朝南渡后，他穷力抄录。其父传书籍，累计有万余卷。秦桧子秦熺好聚书。他见王铚的藏书颇具特色，便动了主意。他对王铚说，如果王铚把藏书转让给他，可保他以后得以升迁。王铚在绍兴年间，曾得高宗赵构诏旨，给札奏御。秦桧当道，王铚奏御的权力中止了。王铚对秦桧恨之入骨。当王铚闻悉秦桧依家势侵吞其藏书时，悲痛万分，他哭红了眼睛，以至眼中出血，舍不得心爱的藏书。他说书是他立世为人的根本，官位不要关系并不大，书不可丢失。

从这一段故事来看，奸臣秦桧父子的藏书有不少是通过威逼利诱的方式攫取的。

2. 严嵩

明代的严嵩是一个贪官污吏，在《明史》中被列入奸臣传。据《式古堂书画考》“严氏书品册页目（录）”，严氏收藏有宋元书抄本 2 613 本，经史子集书 5 852 套，道佛经诀本 914 部套。王世贞《朝野异闻录》：籍没严嵩家宋版书 6 853 部。严嵩的家被抄时，查出黄金一万两，白银二百万两，书共计万卷，其他物品，如翡翠、玛瑙、珍珠、名人字画、古玩、奇器、锦缎绫罗若干。作为文化珍宝的图书，他也强夺收藏。

六、官吏与藏书的关系

在以官为本位的封建社会里，有了官就有了权。有了权，众人低头，众人归附，万物汇流，言情利禄统统流向权主。书是知识的载体，智慧是人类共享的宝物。然而在官本位的时代，书籍等文献大多集结在官府或为官的私宅里。

北宋时期（公元960—1127年），众多宰相籍贯的分布告诉我们这样一个事实：哪里官多，哪里的藏书之家也多。北宋宰相籍贯分布状况是：河南17，河北10，福建9，山东7，江西6，山西4，浙江4，四川4，安徽3，江苏3。

北宋共67位宰相，其中15位宰相是江南人，52位宰相是江北人，而且主要分布在黄河流域，北宋时期文献中记载的藏书大家，大多数分布在黄河流域，河南数量为第一，河北藏书家数量为第二，山东、山西藏书家也较多。山西省历代藏书家很多，其官吏也很多，据称山西裴姓一个姓氏共产生了59位宰相、59位将军。史载金元两朝藏书家及状元及第人数，山西皆名列前茅，这与当时权力中心人物之所在是紧密相联的。

南宋以后，人才中心转移到长江中下游地区，江苏、浙江、江西、安徽、福建等地为人文渊薮。辛亥革命时起，人才中心，又有所南移，沿海地带成了中国政治经济起主导作用的地区。《人才天地》1985年第2期《我国人才地理分布略述》告诉我们，自秦汉至明朝24史中记载的6 000多名人物，在地理分布上处前10名的省份及其人才比重关系如表4—1所示。

表 4—1

省　份	史载名人数	占史载总人数比例	排列名次
河南	912	15.81%	1
河北	619	10.7%	2
浙江	528	9.15%	3
陕西	505	8.75%	4
江苏	505	8.75%	4
山东	477	8.27%	5
山西	422	7.32%	6
江西	378	6.55%	7
安徽	338	5.86%	8
福建	278	4.82%	9

浙江的官多，藏书家也多，原因在南宋迁都南方，政治中心落在临安，藏书等文化中心也迁移到临安。江苏、安徽、江西、福建、浙江的繁荣，因明代朱元璋起自凤阳，奠定功业的主要战略性活动在这一带，从而带起了一批文官武将。这些功臣在开国以后得以封王封爵，大量的资金从全国征集而来流向他们的王府。朱氏诸王子多受封在这一带，王侯功臣偏重于江南，对江南的开发与经济的发展是十分有利的。经济的发展推动了文化的繁荣，于是这一带的藏书楼、藏书家人数激增，顺延至清朝，依然繁荣昌盛。朱元璋开国以后第一次开科举士，进士及第者全是江南人，江北竟然无一人中举。这说明明朝初期，政治、文化的中心全面归附江南。而朱棣建都北京后，政治、文化中心才移向北京。

中国近代史上，人才的分布又有了新的变化。《人才天地》

1986 年第 5 期载文《中国近代人才的地理分布及分类特点》介绍，公元 1840—1919 年我国人才分类地理分布状况如表 4—2 所示。

表 4—2

序号	省份	政治人物	军事人物	农民领袖	资产阶级领袖	改革改良者	实业人员	文人	其他	合计
1	广东	16	11	34	90	11	11	11	1	185
2	满洲	67	48	/	5	/	/	4	/	124
3	湖南	16	31	13	36	9	2	9	/	116
4	江苏	26	6	6	13	9	15	21	3	99
5	广西	2	6	81	5	1	/	1	1	97
6	浙江	29	4	1	18	9	10	16	3	90
7	安徽	14	28	11	17	2	3	8	1	84
8	福建	12	15	16	22	1	1	5	/	72

鸦片战争以后，清朝统治日渐衰落，由于连年的战乱和外国侵略者的入侵，人们不会把精力和物力用于大批量的藏书。在这一时期湖南与广东的资产阶级革命者人数较多。这些资产阶级革命者，其家庭原是有产阶级，个人藏书的比重较大。在国外，公共图书馆已经在发达国家里形成定制。我国资产阶级革命者开始呼唤公共图书馆，要求建立公共图书馆，要求图书为民众服务。资产阶级的着眼点已不在于私人藏书。资产阶级革命者大多出自封建家庭和书香门第，无论史书记载与否，家有万卷书乃是常事。所以近代史上，我国个人藏书的主要地区在江苏、浙江、安徽、福建、广东与湖南。在这个时期，广东与湖南藏书家人数增多。特别是资产阶级革命发起地广东，其藏书家人数增长较快。

在一些实业家中，他们把钱投资到建设公共图书馆上来了。南方有数省出现了一批现代图书学家。江苏、浙江、福建、安徽、江西等省在明清之际，经济发达，藏书家人数较多。明清之际，这几个省踏入仕途的人数大大超过其他省份。官本位，为求官，必科举；为科举，必读书；为读书，必藏书。谋官位——进士及第——读书——藏书，这是一个人生的必由之路，也是惟一的一条出路。人生的价值在当官，当官的基础是读书与进士及第，在这种条件下，藏书的作用等于飞黄腾达的能源。

藏书就要花钱买书。古书很贵，一册书要银若干两。在我国，用现代化技术印书是20世纪开始的。以前的图书雕印困难，工价较贵，且人们以书为贵。

茅鹿门说："仆幸先人遗宅一区，近水田数顷，买书数千卷，箧贮其中，甚可饶吾岁时宾客伏腊之费，而与诸弟子诵说为乐。"以房屋一区，水田数顷，买书数千卷，非官非贾，谁敢出此大话。况且古书一卷，印成今日书籍，只有几页。一册书（今日图书）合很多卷帙。数千卷，只有今日图书100册左右。以田数顷，房屋一区购买100册左右图书，几乎令今人不可思议！

程念鞠在江西做官时，从书商那里得到一本他喜爱的图书，给出书价是白金30两，程几经讨价还价，以33块银元购得。此书只有57页，题跋一页，以页论价，每页合四钱五分银子。程氏购书的价格给了我们一个古人书价的准确数据，使我们得知藏书万卷并非轻而易举。

或有人说封建官吏俸禄较厚，可以大量买书。官吏除了俸禄，还有其他的收入，或好处费、稿费，或门生贡礼费。三年清知府，十万雪花银。以袁枚的收入看来，三年知府，何止十万雪花银。封建时代，凡中举者，不任官，也有生活费补贴。凡进士出身，少不了有一官半职，各种财源立即沟通了。我们可列出乾隆年间清代文武官吏俸禄的数据，让人们理解为什么封建时代，中国的藏书文化主要是官吏士族文化（见表4—3）。

表4—3　清代文武官吏俸禄一览表（乾隆年间）

品级	俸银两（年）	俸米（石）京外文官无	薪银	菜烛炭银	心红纸张银	总计
正从一品	180	90	144	180	200	794
正从二品	155	77.5	144	144.72	160	683.22
正从三品	130	65	120	48.36	36	399.36
正从四品	105	52.5	72	18	24	271.5
正从五品	80	40	48	12	12	192
正从六品	60	30	33.0356			123.0356
正从七品	45	22.5	33.0356			100.0356
正从八品	40	20				60
正九品	33.114	16.557				47.675
从九品	31.5	15.75				47.25

资料来源：《清代通史》。

清朝官员的待遇按俸食、养廉、公费、红白事等项发给。上表列出了九品文武官员的俸薪，未列出在外武官岁俸。其武官岁俸低于文官。表4—3也未列出养廉费及红白事费用配给数（红白事，即结婚与葬埋费用）。清朝官员的养廉费很高，同一级官员，任职地点不同，管辖范围不同，其养廉费配给各异（见表4—4）。

表4—4

总督	直隶、湖北、广东三省	15 000两（年）
	甘肃、云南	20 000两（年）
	江苏	18 000两（年）
	福建、四川	13 000两（年）

续表

巡抚	山东、山西、河南三省	15 000 两（年）
	福建、广东	13 000 两（年）
	江苏、陕西	12 000 两（年）
	江西、浙江、湖北、安徽	10 000 两（年）
	湖南、广西、云南	10 000 两（年）
布政使	直隶、江苏	9 000 两（年）
	广西	6 000 两（年）
	浙江、甘肃	7 000 两（年）
	其他省份	8 000 两（年）

资料来源：《清代通史》。

《清代通史》还记述了其他官员的养廉费，如下：

按察吏 4 000—8 000 两（年），按地区配给。

道员 2 000—8 000 两（年），按地区配给。

知府 1 000—4 000 两（年），按地区配给。

知县 500—2 257 两（年），按地区配给。

封建官吏薪俸不高，最高的一品官衔，一年不到 800 两银的收入，但其养廉费收入却十分可观，一年配给万两或数千两白银。他们上班时公费报销，每逢红白喜事另有补贴。“三年清知府，十万雪花银”，并非虚唱之词。郑板桥在未中举以前，流落街头，困顿于寺庙。中举后他做了知县，银子哗哗而来。郑板桥爱怜邻里，将银子挨家挨户地送给他们。读书——做官——发财，这是一个循环链。学而优则仕，仕而优则官，官而庸则发财。范进中举，一时间喜出望外，六神出窍，不知世事了。因为在朝廷做官，在经济上可获得的暴利，对人的刺激作用太大了。

欧阳修是大文豪，书卷气多，而俗气少。他藏书 1 万卷，

《集古录》1 000 卷。设每卷著录 100 件金石遗文，1 000 卷合为 10 万件金石。10 万件金石合银多少呢？封建时代有人藏书 10 万卷，还有藏书数十万卷的，他们要花费多少金银买得呢？

清代藏书达 10 万卷以上的官吏稍作一数就有：杭世骏、袁枚、王履端、朱绪曾。

历史上很多藏书家，他们自己虽然不是朝廷官吏，但其祖宗在朝廷曾有高官厚禄，如晁公武等，所以他们藏书颇多。

七、官吏藏书综述

中国传统的藏书文化，主要是官吏藏书的文化，官吏藏书是中国传统藏书的主流。上规模的藏书是官吏，藏书人数比重最大的是官吏，把藏书建设成一种文化，如建藏书楼、书房、曝书节、相互赠书、赏书，也是官吏。

在官本位的时代，官吏藏书具有经济基础。大量的图书、珍贵的图书，官吏可轻而易举地获得。他们获取图书的途径较多。朝廷赐给、民间呈送、朋友交换、金钱买得、祖辈遗传以及自己创作，等等。多种途径的书源，给官吏购书得到超人一等的优越条件。

官吏藏书，有其文化基础。在官本位的时代，民众没有文化，或者很少有文化。民众处于生存线上，他们的一生主要精力用于谋求衣食饱暖，谋求一家平安。官吏是特权阶层，他们物质生活不用操心费力，精神生活是他们一生的着眼点。灯红酒绿，歌舞升平，诗文互答，游山玩水，携妓女养优伶，藏书评画，观赏金石墨砚、奇器珍宝，是他们消遣的乐趣。官吏一般科举出身，懂得三坟五典、八丘九索，对文化有消费能力，对情感有表达能力，对事物有评判能力，对珍奇有欣赏能力，对佳作有理解能力，对杰才有仿效能力，对世事有透视能力，对错综复杂的社会矛盾有驾驭能力。读书学习，从书中汲取经验教训，几乎是每一个官吏应有的本能。所以，官吏藏书绝不是一个保守的“藏”，应该说，是一个有积极进取意义的“攻”。

在封建时代，官吏与平民的区别是：官吏是四海为家，过着社会化的生活；平民百姓守土，在几亩土地及祖坟山边，度过一生。平民纵使知书达礼，不能出而为士，读书何益？社会化生活，要求有开阔的视野，无所不知，无所不晓，方可豁达开朗，逢凶化吉，万事坦然。读书自然成了官吏的根本。

官人藏书表现出他们不同的侧重点。有些人以文得官，当官以后，以官养文，藏书至关重要；有些人以文得官，当官以后，以德养官，读书作画，修心养性，防止自己恣情妄为、狂猖纵驰，杜渐防微，确保性行忠良；有些人以政绩而飞黄腾达，为保证政务高效率，功名显达，必须努力学习，古今中外，融汇贯通，天文、地理、物理、人情，百事通达，信息灵通，决策可靠有效，非得读书藏书不可；有些人以权势得官，专横跋扈，顺我者昌，逆我者亡，倾天下为已有。他们虽然昏庸腐败，贪心不已，书画宝玩，极尽收罗。他们虽不学无术，然以绝人之需，饰己伪劣，断人之智，塑己伟岸。藏书充栋，毁书千万，不以为罪，反以为荣；有些人官运亨通，此生此世，享尽人间荣华富贵，但愿子孙一脉相承，书香永继，万世恒昌，藏书育人，造福子孙。

官吏藏书是中国藏书文化的主流。无论有史记载的官吏，还是无史记载的官吏，在以官为本位、且科举取士的时代，凡官宦之家，都有藏书。特别是那些少小时家贫，到处借书，辗转读书，历尽人间寒苦，一时成名，位显列尊的人士，更爱读书、藏书。

第四节　聚金积玉　不如藏书

——商人藏书

中国历史上有名的商帮有10个，他们繁荣了中国的商品经济，也繁荣了中国的藏书文化。中国历史上很多的藏书家出自商人或是商人后代。很多有名的藏书楼是商人所建，许多珍贵的典籍是商人保存下来的。商业促进了经济发展，经济带动了文化发展。

一、中国商业的特点及其伦理

商人，在中国封建社会是下民，被权贵们踩在脚底下。士农工商，是中国古代社会结构的四种人，其分工不同，社会地位也不同。“士”、“农”为本，“工”、“商”为末，封建统治者一直采取培“本”抑“末”的政策，限制工商的发展，并且规定工商阶层的子弟不得入仕。

尽管工商在中国数千年历史中被压抑，但仍然产生了一些有名的商人，如：范蠡、白圭、计然等。明清之际形成了10大商帮，商人已经形成一个庞大的群体。

唐朝时期商人不多，但商业活动已具有一定的规模，长安街上物资丰富、商品琳琅满目，人头攒动，销售两旺。那时在国际间也有一定量的商品交流。

宋代的经济、文化、科技发展较快，商业发展也随之加速。唐朝全国只有10多个大城市，宋朝发展到40多个城市。这些城市不仅是政治中心，而且是商业中心，特别是苏州、扬州、宁波、嘉兴、洛阳和建康等地，其商业城市的作用大于政治的作用。《东京梦华录》、《梦梁录》及《扬州画舫录》描述了中国封建时代商业城市繁荣的景象。

商业发展到一定阶段，便向专业化演进。宋代汴京出现了花市、米市、菜市、药市、丝绸铺、包子铺、书铺、香铺、金银铺、漆器、什物铺、菜铺和酒店等。人们的行业由习俗的36行分化为440多个。各种行业，就赢利来说，农不如工，工不如商。北宋时拥有百万资财者至多，十万以上者比比皆是。

明清时期，社会较为稳定，人口与社会经济发展较快，商业活动更为繁荣，这时政府对商业的控制放松了。唐宋商业活动以官商为主，平民百姓无力经商。他们一无资本，二无法律保障和官吏保护，三无办法营运商品，资金无法积聚和运转。明清之际，官商依然是商业活动的主体，但民间商人人数也很多。民间商人占有商业资本的量虽然不多，但他们经营的面广，商品品种多，特别是在某些地区经商蔚然成风，并形成了商帮。

这些商帮带有浓郁的地方特色、地方文化、地方经营模式、地方经商伦理、地方生活方式和地方保护主义。

我们知道，商业有其行业伦理：

· 做生意赚钱天经地义；

·买卖公平、消费自由；

·倡导商品化生产与流通；

·和平竞争；

·追求并满足人们的消费欲望。

商业活动创造了平等、竞争、自由和欲望。但是商业脱离不开社会背景，诸如：

·商品生产者：文化素质、科技素质、消费人数；

·消费市场：市场潜力、购买力；

·商业活动场所：市口、设备、运输条件；

·营运时社会保障：安全系统、营运系统、法律；

·资源：丰富。

各人各地的经商社会背景是不同的。因此，所谓自由、平等，实质上存在着不自由不平等，这样就导致了竞争。有差别才会有竞争。人们在竞争的过程中，努力减少等级差别，力趋平衡。商业导致了社会化的生活，社会化的生活需要文化。儒商结合是明清中国名商的特征。发展教育、提倡读书、热衷于藏书，成了中国传统商人的重要特点。

二、十大商帮与藏书

我国明清两代形成的10大商帮是：

山西商帮	陕西商帮
宁波商帮	山东商帮
广东商帮	福建商帮

洞庭商帮　　　　江右商帮

龙游商帮　　　　徽州商帮

1. 山西商帮

史书称之为山右商帮，又称晋帮。晋帮商人兴起于明代前期，得益于开中法及商屯政策。洪武三年，明朝廷试行开中法以解决边关军士粮食问题。具体办法是：将粮食输送到临濠、开封、陈桥、襄阳、安陆、荆州、大同、太原、孟津、北平、洛阳、陈州及北通州诸仓。根据道路的远近，交送1—5石粮，发给淮盐一引，每引200斤。商人凭引票去盐场领取食盐销售。开中法以后演变为纳米中盐、纳马中盐、纳茶中盐、纳铁中盐。其实质是以经济手段将军需品运送到指定的地点，政府给成功的运送军需品商人以报酬——卖盐的权利。

所谓商屯，指商人在边地雇人，垦荒屯种，就地生产军需物资，换取盐引。

山西有些地方较为贫困，地少人多，衣食不足。如：平阳府、泽州、潞州、汾州等地。这里的人有的失去了土地，有的不能依靠贫瘠的土地生活，于是就外出经商。明朝实行开中法以后，他们首先积极响应试行。盐业昌盛，一商崛起，他商辈出。山西人纷纷弃农经商、弃儒经商，投资经营以走四方，使得“平阳、泽州、潞州的豪商大贾甲天下”。很多文献记载了山西商人经商致富的例子。

山西平阳府洪洞县李因笃经营粮食达数千万石，积财千万。平阳府商人王玺在辽东贩运商品，王一鹤在江浙贩卖棉布及在扬州经营盐业，蒲州王现贩运商品到各通都大邑，蒲州丝绸商席铭、冶铸商张守清等，经商四方，各大要塞都有他们的商业经营点，他们积财百万。

王士性《广志绎》：“平阳、泽州、潞州、豪商大贾甲天下，非数十万者不称富。其后室之法善也。其人行业相当，其合伙而商者，名曰伙计。”

王世贞《太仓史料后集》卷三十六：“尝与所厚，屈指天下富豪居首者，凡国家……。所谓十七家者，已与蜀王、黔公、太监黄忠、黄锦及成公、魏公、陆都督炳，又京师有张二锦衣者，太监永之侄也。山西三姓，徽州二姓，与土官贵州安宣慰，积资满五十万以上者，方居首等，先是无锡有邹望者将百万，安国者过五十万。”

天下17家豪富，山西就有3家，这表明山西商业很发达。

到了清代，山西商业发展得更快，在全国的影响更大。嘉庆年间北京有各地商人会馆32个，山西商帮会馆占13个。山西商帮经营专业化、区域化，形成了太原帮、汾州帮、合荣帮、卷茶帮、西菸帮、闻喜帮、雅帮、花布帮、西药帮、核桃帮、土果帮、京卫帮、均烟帮、众帐帮、红花帮、皮货帮、当帮、匹头帮、皮纸帮、陆陈帮、西油帮和汇票帮。

道光以后山西票号兴盛。票号是专门从事存放款及汇兑业务的，同治年间山西票号广布全国80多个城市，全年汇出汇入款总额超过6亿两银子。大德通票号在光绪三十四年赢利达17 000两银子。山西票号是中国最早的银行业。山西票号标明了山西商业发展到了一定规模，商业运行机制的完善，说明山西商业的壮大已达到一个新高峰。

商业的发展，促进了资金的积累。资金积累的初期阶段，商人们重在丰富物质生活，资金积累到了一定的规模，便重视文化的建设，他们把大量的钱用于在全国各地建造关帝庙和会馆。同时，山西商业的发展，也促进了山西的科举和藏书活动。

明清之际山西著名的藏书家有：沈藩、晋藩（府）、李瀚、韩云、韩霖、张拱端、戴廷轼、徐昆、王杰、曹锡龄、曹学闵、张道源、孟生蕙、张敦仁、耿文光和张瑞玑等。这些藏书家家道丰殷，他们或为官宦之家，或为富庶之户，或承先人之遗产，或自己经商有成，衣食之外，常寄情于文章典籍，奔走于书馆与书肆之间，游交于四海五岳；更有甚者，他们把钱财家产交由管家管理，自己则饱读诗书、吟咏终日、攻守自如。游则神思八荒，守则虔心一意，为了显现风雅，他们把大量的银子用于构筑藏书楼。如："万卷精华楼"、"谁园"、"与古楼"、"六一堂"、"名山藏"、"丹凤阁"。他们用银钱，极尽搜藏天下秘籍珍本、书画碑贴、金石钟鼎、龟板简帛、诏书敕文。他们中很多人藏书10万卷以上。山西赵城人张瑞玑的"谁园"藏书15万卷之多。山西灵石县人耿文光藏书8万多卷。耿文光不但藏书，而且对于藏书深有研究。他著有《目录学》、《仁静堂书目》、《紫玉函书目》、《苏溪渔隐读书谱》和《万卷精华楼藏书记》。

耿文光在《万卷精华楼藏书记》中著录了各家书目47种，如：

郡斋读书志	遂初堂书目
永乐大典目录	文渊阁书目
世善堂藏书目录	文瑞楼藏书目录
平津馆签藏书籍记	秸瑞楼书目……

耿文光著录了珍本藏书2 000余种，每条著录标明书名、作者、版本、序跋、采书背景、学术源流及其得失利弊。

做藏书工作既劳神费力，又花钱如流水。耿文光读坟典，不为功名所惑，安然自守，乐于藏书，藏书达8万余册，这是需要经济基础的。耿文光家道富厚，积银千万，他家曾在道光二十二年及咸丰八年两次花钱捐得官衔。捐钱买官一般是富商积资很多，深怕以财生祸。他们希图买得一个官衔，得到朝廷的庇护，以图安然和发展。耿文光生活在这样一种优裕的环境中，他完全可以在前人的金银山上实现自己的理想，建造自己的天国——书香世界。

一般的商人赚钱为了一时的享受，聪明的商人赚钱为了让子孙得以超越尘俗而走向理想的世界，藏书、读书是子孙们的阳光大道。

山西商人亦商亦儒，重文化、重教育、重典籍，他们建设了藏书楼座座，为祖国保存了大量的文化遗产，史实累累。

2. 徽商

明清之际，我国10大商帮中，晋商与徽商的影响最大。徽州在安徽省的南端，山多地少，土地贫瘠，生齿日繁，人们无法依恋故土，被迫背井离乡，弃农经商，弃儒经商。

徽商在宋代已发展到一定规模，到了明代，朝廷为了供应边境军粮，推行开中制，徽商借机得以兴盛，在明末清初成为我国实力最强的商帮。

据李斗《扬州画舫录》称：徽州寄居扬州的商人，赢得暴利、家藏白银百万、千万者若干。谢肇淛在《五杂俎》中说："新安大贾，鱼盐为业，藏镪有至百万者，其他二三十万，则中贾耳。”李澄《淮盐备要》：“淮商资本之充实者，以千万计，其次亦以数百万计。”

扬州在水运为主的时代，地处我国水运主航道长江与大运河交汇处，为交通枢纽，也是商业中心，扬州的盐税收入是清政府税收的主要来源之一。公元1841年，清政府地丁杂税、盐课税等项税收总计为银3 859万余两，而扬州盐业资本约为七八千万两。①

从明嘉靖到乾隆年间移居扬州的盐商共80人，徽州商人60人，陕西、山西各为10人。

徽商在扬州盐业的成功，带动了其他商业的发展，如布匹、茶叶、木材、典当、粮食、药材等等。徽州人十有七八在外经商，一时经商蔚然成风，所以明清之际有句俗言：“无徽不成镇，无徽不成商。”

徽商发财后，其资本有用于购买土地的，有扩大经商范围的，有投资社会福利的，有奢侈浪费的，有兴建园亭的。李斗在《扬州画舫录》中也记载了徽商大兴土木，大建园亭的事例。明清之际扬州24景为天下之最，这多为盐商捐资所建。李斗说当时“杭州以湖山胜，苏州以市肆胜，扬州以园亭胜”。徽州商人在扬州建造的园亭十分优美。徽商郑侠如的休园，面积50亩，流水桥畔，风格独具，内设含英阁、植槐书屋、金鹅书屋、碧厂耽佳、止心楼、翠山亭、蕊栖、恺翠山房、琴啸、三峰草堂、语石樵，水墨池、湛华卫书轩、含清别墅、定舫、朱鹤台、九英书坞、古香阁、逸圃、得月楼、花屿等27种建筑。座座建筑题名，每个题名别具匠心。真是来到休园意难休，一睹休园万事休。在

① 江喜：《从政录》。

休园的27处建筑中，有书楼：植槐书屋、金鹅书屋、湛华卫书轩、九英书坞。50亩地的园亭中有书屋书楼四处。

徽州大盐商在扬州的园亭很多，如程梦星的筱园，江春的深庄、官园、东园和康山，马曰琯的行庵，江玉枢的西园曲水、砚池染翰、移园和南园，江兰容园，潭渡黄氏四桥烟雨和交翠林，洪征治的大洪园（包括虹园修撰、柳湖春泛），每座园亭都有书楼，而且往往一座园亭不只一个书楼。

藏书楼成为扬州园亭中的一景。藏书楼一般建在园亭幽深处，建筑华丽，装饰秀美，古色古香，又清逸明亮。楼旁有假山与秀水，花圃、翠竹及树林。马曰琯行庵中的小玲珑山馆“园亭明瑟，而岿然高出者，丛书楼也，进叠10万余卷”。扬州很多大商人的藏书楼都不比马曰琯的小玲珑山馆逊色。

徽商还在江南的一些省份建有藏书楼，如侨居扬州江春的“随月读书楼”和“康山读书处”，侨居浙江仁和的徽商胡树声的“琳琅秘室”，侨居杭州徽商吴焯的“瓶花斋”，侨居杭州小粉场的徽商汪启淑的“飞鸿堂”和“开万楼”，侨居南京的徽商江廷讷的“环翠堂”、徽商汪应鹏的“玩虎轩”、郑思鸣的“奎璧斋”、胡正言的“十竹斋”，汪梧风的“不疏园”，黄风池的“集雅斋”，鲍宁的“耕读书堂”，孙墨的“留松阁”。这些藏书楼各显风采，各具特色，表现了徽商重商也重文化的习俗。

徽商几乎家家有书楼、书房、书斋、书堂，藏书、读书几乎成了徽商的一种良好风气。徽商藏书楼的作用和特点表现为：

（1）藏书楼是私人园亭中的一景，藏书楼与其他各种楼台亭榭相映生辉。

（2）藏书楼就是读书处。藏书既是商业活动之余的文化活动，又是为子弟读书服务的一种方式，还可以为加强社会交往服务。

（3）藏书楼是文化消遣之所。藏书楼藏书、藏字、藏画、藏古玩金石。经商之余，商人们常常来书楼品字、赏画、摆弄古玩、吟诵诗文。

（4）附庸风雅。商人们赚了大钱有欣喜感，也有精神上的空脱感，思想上总有金钱洗去了良心美德的危机感，有时则认识到自己的颠颠倒倒，不知所从；钻钻营营，满足了占有欲，难防日益庸俗昏沉。为了防止贪财纵欲，防止因利失义，商人需要修身养性，借文星之光照去铜臭或锈斑，以利养义，振文风，壮门风，把自己与社会有效地联系在一起。因此，他们与天下才子来来往往，切磋吟哦，校书著书，谈天说地，可清神壮志，摆脱物质活动中的种种困扰，使自己得以超脱。

例如，盐商汪玉枢在扬州休园举办的诗社，盛况空前，据有关书籍记载，园中陈放笔墨纸砚、诗韵、果盒茶食酒肴珍美。诗文毕，听曲。绿玻璃厅中，四个无发无齿的老乐工奏曲一首，退下。屏门开启，只见二进楼中红灯千盏，十五六岁童男女各二，明眸皓齿，作起乐曲欢歌。诗牌全用象牙做成。诗文一成，立即发刻，遍送城中，若供不应求，三日内可重版。

由于扬州徽商对文化活动的支持，著名学者戴震、查士标、凌廷堪、曹学诗、孙墨、朱卉、闵麟嗣、张习孔、罗聘、汪士慎、王文治等常来扬州访友、读书、品画、入社、集会、讲学、收集金石字画、著书和作画等。

徽商在扬州的藏书楼，是扬州八怪画艺脱颖而出的温床。很多画家，如郑燮等，得扬州盐商经济上的支持方得成名。徽商在扬州的藏书楼是学者成才的基础。戴震在扬州考订了《水经注》，前后达数年时间，住在扬州，吃在扬州，一切消费，皆出自徽商。徽商程梦星、程晋芳在扬州筑筱园、漪南别业寓四方名士，“招致天下高才博学，与共讨论，四方宾客游士辐辏其门”。①

(5) 商儒结合，读书成习。徽商中很多人既是商人，又是学者。他们中有的前辈创业，家资殷实，子孙承业以后，经商守业，习文吟诗，以求功名。有的前辈为官，或宗室有人为官，仗权势经商。他们渴望有朝一日科场成名，求得一官半职。有的看破功名富贵，淡泊心志，惟以诗书自娱。史书上记载有如下事：

“金声，字正希。徽州休宁人。随父经商武昌，以嘉鱼籍中天启甲子乡试，崇祯元年戊辰进士。选庶吉士”。金声是在武昌做生意的徽州商人。他亦商亦儒，考取了进士。②

“郑侠如，（歙县）长桥人，祖景濂，迁扬州，以盐荚起家。侠如中崇祯已卯副榜。”

扬州有名的亭园——休园是郑侠如建造的，扬州大盐商。谁知他是明朝功名榜上有名的人物？徽商是儒商、有文化的商人、追求文化的商人。

江兰，字芳谷，号畹音，官巡抚，工诗文，有集。弟蕃，字君佐，号春圃，居扬州，购黄氏容园以为觞咏之地。弟茈，字芬

① 《两淮盐法志》卷四十六。
② 《东南纪事》卷四。

扬，工诗歌，精于盐策。其子侄士相，字得禄，工诗。”①

江兰做了官，买了容园作为咏唱之所。其弟是盐商，工于诗歌，子侄亦工诗，兼爱鉴别书画古器。徽商的家族中，父子、兄弟、叔侄，以儒为本，官商交错，相辅相成。

有些商人经营有成效，在园亭内吟诗作文，有些客商则“舟车往返，必载书箧自随”。

商人往往积财千万，富了身躯，穷了灵魂，缠金裹银，却失去了人的灵性与情理，思想飘忽不知所适。但是徽商却不是如此，徽商往往是儒商结合，以义为利，他们赚钱，也藏书、读书，做有文化的商人，做有操守的商人、有道义的商人、有修养的商人。这些徽商是有着东方伦理的商人。

3. 洞庭商帮与藏书

洞庭商人，指太湖中洞庭东山与洞庭西山的商人。洞庭东山与西山在苏州市西南，现在为东山镇与西山镇。东山镇管辖区面积80平方公里，西山镇管辖区为90平方公里。

东西洞庭山地盘不大，经济位置特好。自南宋以后，苏州、松江、常州、镇江、嘉兴、湖州和杭州一带是我国的经济命脉。据《明史》载，这7府总耕种面积不到全国的5%，而税粮占全国的20%。明末至清代，这一地区逐步向工业化、商品化经济过渡，形成了以桑蚕、丝绸、棉纺、布匹、钢铁业、印染业、金银珠宝业和运输业为主的工商区。在水运交通为主的时代，洞庭为该地区的交通枢纽，洞庭商人的生意做得火红，在全国很有影

① 《扬州画舫录》卷十二。

响。当时人有一句话："钻天洞庭遍地徽。"这说明洞庭商人与徽州商人无处不有。归有光说："往往天下所至，多有洞庭人。"①

洞庭商人经商得法，他们熟悉计然、白圭的经商之道，审时度势，随时逐利，薄利多销，盘活资金，注重服务态度，礼貌待客，顾客至上，强调商业道德，注重信誉，乐善好施，强调乡帮精神，互相扶持，一致对外。他们丰富的经商经验，形成了经商的理论，王秉元在《生意世事初阶》一书中作了介绍。

洞庭商帮中经营卓有成效的很多，表4—4例举了4个商人3个行业4个城市的经营。

表4—4是东洞庭商帮在太湖与长江南北经商要人。在长江沿线经商的主要是洞庭西山的商人，表4—5例举了4个商人经营行业与地区。

表4—4

叶嘉善（明）	苏州	市肆	席氏家族（明清）	刻印书籍
吴小洲（清）	南京	糟坊	翁参（明）	运输
王临伯（清）	常熟	经营	端攀端樊（明）	布业
葛篆（明）	徐州	经营		

表4—5

沈季文	明	淮楚间	秦隆	明	沅湘	转运
郑宜城	明	潇湘云梦	邓文	清	三湘	
徐四德	清	楚	孙大璇	清	楚	
徐联习	清	湘				

① 《震川先生集·叶母墓志铭》卷二十一。

清末东山席氏的钱庄与买办十分有名，他们是东山的巨富。东山端攀“货栈百，艘百，轿车百，僮仆千指。所进数千万缗”。洞庭东西两山土壤肥沃，物产丰富，交通便利，自然风光优美。人们家给丰足，安然自适，华屋大道，一片乐土气象。这里商贾盛行，藏金积银不只以上数家。几乎遍及每个商贾宅户。他们经济活络，生活优裕，教育发达，读书的风气很浓，藏书之风盛行。《中国藏书家考略》记载了东西山如下藏书要人：

王宠，字履仁，又字履吉，别号雅宜山人。明苏州人。生于弘治七年，卒于嘉靖十二年，于书无所不窥，手写经过皆成颂。少受学于蔡羽，居洞庭三年，既而读书石湖之越溪庄，前后二十年。非岁时省仕不入城。

翁轼，字犹张，酷嗜藏书。玉峰徐司寇，苏城顾惟岳、陆其清家藏宋元抄本，皆乞借抄。字画端楷。题识岁月于后，著《钓采吟》八卷，俞运之校补：号洞庭山人。

叶树廉，一作树莲，字石君，清时人，诸生，性嗜书。世居吴县洞庭山，常游虞山，乐其山水，因家焉，所至必聚书，常以衣食之资亡其资材，独身还洞庭，其乡人相与劳苦之，石君颦曰：“资财无足言，独惜我书耳!”乡人皆笑之。既复居虞山益购书，倍多于前。所好与世异。每遇宋元钞本，虽零缺单卷。必重金购之，世所常行者，勿贵也。其所得书，条别部居，精辨伪，手识其所由来。识者皆以为当。有三子，时诫之曰：“若余无务进取，但能守我书读之，足矣。”年六十七，卒于家。

俞运之校补：树廉名万，吴之东洞山人，晚家琴川。著有《论史石说》等。

洞庭东山人有读书之风，爱书之风，藏书之风。洞庭商人爱书胜于爱财。“资财无足言，独借我书耳”！资财丢失了，可以挣回来，那些珍本书丢了难得再有，好书失去了确实比金银更令人心痛！

《清代藏书楼发展史·续补藏书记事诗》记载有洞庭商人藏书的事迹如下：

叶乐天（承庄），世居洞庭山，爱护先哲遗著，征求搜访。不遗余力，以30载之功。积聚吴中即先哲遗书千册。颜其藏库曰：“爱泽楼。”

叶焕彬吏部，宋石林先生之裔，世居洞庭东山。封公于道成之交，避粤寇之乱。贸迁湖南，而卜居于省城长沙。焕彬以湘潭籍中进士，授观政天官而不乐士进，养亲家居，精研经义、字学、舆地、文词，旁通星命、医术，堪舆、梵文无不贯通，凡经籍金石、字画、陶瓷、钱币，无不罗致。

洞庭商人酷爱文化，注重藏书，注重文献典籍，他们投入了大量的金银来购买宋元版图书、字典及碑帖等。商人们这样做，可以补充和调节他们的文化生活，提高自己的文化素养，培养社会的读书风气。洞庭商人爱书藏书，促进了当地教育发展。明清之际，在这100多平方公里的土地上，科举中状元的2人，探花1名，会元2名，进士40名，举人及秀才如林。

很多学有所成的人绝意仕途，不求闻达。他们兴来，诗朋好友举觞吟咏；时至，墨客诗人或在湖畔山上，或因花因月结社题对。文化生活净化了商人的灵魂，将他们从庸庸碌碌的金钱运动中解脱出来，不致于物质膨胀而导致灵魂空脱，不会因为感官的满足而造成思想的浮泛，不会因个人欲望强烈的追求，而导致脱离天理和人伦，不会因稠密的人文活动而失去自然风光与灵秀。洞庭商人说，他们“以末致财，用本守之”。① 古代以工商为末，以农为本，也可以讲以读书为本，商人们以工商的途径发了财，以耕种和读书作为守成的良方。

洞庭商人经营商业获得金钱，把金钱理智地转化为功名、道义和精神，这是中国商人具有的特色。

4. 宁波商人与藏书

宁波商人在我国经济史上有重要的地位。宁波地处海滨，居我国大陆海岸线中段，是海上贸易的重要港口。自唐宋以来，宁波就与海外发生了联系，市舶商船常来常往，日本、朝鲜，南亚、中东、非洲东海岸各国的海商常来到这里进行贸易。明朝时，葡萄牙、荷兰人也常来此地作海盗式贸易。每年夏天，海船风帆猎猎，有时一天商船达 1 390 多艘。宁波商人也远航到海外从事商业贸易。明代为防倭寇骚扰，曾一度封锁海岸线。公元 1684 年康熙皇帝开放海禁，宁波商帮得以全面拓展海上贸易，他们将生意做到了荷兰、英国、菲律宾、安罗、泰国。国内，宁波商人将经商的触角伸到北京、天津、营口、常熟、汉口、上海、九江、南京、安庆、苏州、杭州和西蜀等地。他们经营的行业包括水产、银楼、货运、火柴、水电、杂粮、典当、成衣、药材、五金、钟表、眼镜、呢绒洋布、房地产等行业。

公元 1911 年以后，宁波商人在海外经商卓有成就的很多。如

① 《林屋民风》卷四。

香港的李达三，他是香港乐声乐器有限公司董事长、亿万富豪。宁波有在香港经营船业，被人号称船王的董浩云和包玉刚，香港娱乐业巨子邱德根，日本山王大饭店经营人张和祥（拥有400亿日元资本），美国华人10大集团之一的应行久等。他们都是宁波人。他们对祖国图书馆事业都曾捐资。特别是我们熟悉的包玉刚，他在上海、宁波等地捐资修建了几所大型的公共图书馆。是宁波商人对文化的贡献。

宁波的藏书楼在我国是很有名的，也很典型，很普及。这些藏书楼有官宦建造的，有的是商家建造的。无论官商、走私商、普通客商和海外商人等，他们对图书古籍典藏产生过很大的作用，对于当代图书馆的建设贡献也很大。在明清之际，宁波商人经商牟利，发展教育，培养出很多人才，成才后的商人大建藏书楼，使宁波的私人藏书蔚然成风。

5. 广东商帮与藏书文化

广东在我国南海之滨。唐代以前广东是一个自然环境优美，但不利于人口居住的地区。明中叶以后，广东的社会经济发展较快，特别是清代道光以后，广东的商品经济飞速发展。顺德、番禺、东莞、南海等县的教育、经济发展尤快。这四个县的藏书家也很多。

在广州商帮中，顺德人占3/10，番禺人占2/10。道光年间，广东向清政府捐税的比例则是：南海占60%，番禺、东莞占30%，香山占10%。税收反映出一地的经济与文化的关系。

广东商帮主要经营纺织品、林材和铜材。经营地点遍及全国、近海及远洋。广东商帮有以下几个层面：

（1）亦盗亦商。这些商人入海为寇，搞走私贸易，以武力占据一地，肆行一方，从事非法贸易。

（2）亦官亦商。这是中国封建商人的主要特征，他们利用手中的权力，打开经商的大门，发家致富。

（3）弃文经商。场闱不顺，寻求经商之路，投身贸易，如商人冼文清，佛山拜耀南，都是这种商人。

（4）弃吏经商。有些人当官以后，因忍受不了官场的倾轧，或不愿拍马逢迎，自动退出庙堂。有的嫌官小俸禄微薄，不得不以商图强。

（5）弃农经商。中国自古以来以农为本，很多家族世世代代不愿离乡背井。当商品经济冲击着他们生存的基础时，他们看出经商可以致富，务农则贫，由是弃农经商。

当商人的资本积累到一定程度时，他们便期求文化，甚至是高层次的文化。商人资助文化，文化滋养了商人。在这种前提下，广东藏书的商人越来越多了，商人的藏书越来越多了。其藏书卓有成效的，如《续补藏书记事诗·清代藏书楼发展史》载：

（1）孔广陶（公元1832—1890年），南海人，盐商，建“岳雪楼”楼，藏书33万卷。

（2）伍元薇（公元1810—1863年），名崇曜，南海人。洋商起家，轻财好客，好典籍。著有《远爱楼书目》。

（3）辛耀文（公元1876—1928年），顺德人，其父以经营实业致富。常挟十万金游京师访书，异书满屋。他广收名画古书，喜欢鉴别图书，考究署款笔迹、图章印鉴、纸绢材料、体裁风格，为人视为风雅。

（4）易学清，清末广州人，为广州洋商，其藏书楼名“有是楼”，著有《易氏目耕堂》。

(5) 潘士成，道光间，官兵部郎中，业盐，筑有“海山仙馆”，李仕良有《过海山仙馆遗址》诗一首，叙说其馆及藏书：

我步西城西，野花纷簇路。
遗址认山庄，旧是探幽处。
主人方豪雄，百万讵四顾。
买得天一隅，结构亭台护。
流露降雪堂，金碧纷无数。
佳气郁葱哉，森林簇嘉树。
播架汉唐书，嵌壁宋元字。
……

(6) 潘宋周（公元1874—1948年），南海人，任浙江兴业银行董事。其藏书楼名“宝礼堂”。

(7) 莫佰骥（公元1874—1948年），东莞人，他家先开“仁寿西药房”，后办《羊城报》。他经营有方，积资甚丰。他在办报和药房生意之余，以购书汇集国书为乐。为了书，他足迹达江浙平津。为了鼓励人们藏书、撰书、刻书，有福于己，于人有功，他将藏书楼命名为“福功书堂”。莫佰骥广采图书，很多藏书家的藏书流播在外，皆为莫佰骥所购，如盛昱、徐坊、丁日昌、方功惠等人的藏书及内府珍本。他收购了叶德辉“观古堂”藏书300多部，宋本书38部，元本书80部，其镇库图书为《孙可之集》、《李文公集》（孙可之，孙樵。李文公，李翱）。莫佰骥藏书总量达50万册，由是，将其藏书楼“观古堂”改名作“50万卷楼”。

个人藏书达 50 万卷，其藏书量之多，社会影响之大，可想而知。就是在知识爆炸的今天，很多高等院校图书馆尚不及“50万卷楼”。浙江吴兴刘承干藏书达 60 万卷，他的家庭也是经商致富。可见商人对图书的凝聚作用。

莫佰骥是商人，又是学者。莫佰骥年青时受过良好的教育，20 岁时以第一名的考分进入县学，后在广州光华医学堂学医。他在文理两科都有良好的素养。他经商养生，读书养神。他边读书，边撰写题跋。读书、校字、究理，使他学有所成。公元 1931 年，上海商务印书馆刊印了他的《50 万卷藏书目录初编》，公元 1949 年出版了《50 万卷楼群书跋文》，该书收集了莫佰骥对 403 部书的题跋文稿。莫佰骥博览群书，擅长考据，下笔千言。他的著述达 50 多种，如：《四库全书提要举正》、《书目答问补述》、《清代女子著述考》、《历代广东书证》、《群书索引》和《四史索引》等。莫佰骥是成功的商人、成功的学者，也是成功的藏书家。

广东的商人兼藏书家，应该说还有康有为等人。

中国历史上的山西商帮、徽州商帮、洞庭商帮、宁波商帮及广东商帮与藏书文化，是 10 大商帮中几个典型的商帮，对中国藏书文化起了重要作用。我们仅将其最有代表性的 5 大商帮与藏书文化做了研究，其他的商帮与藏书文化，也有着千丝万缕的联系，但是其雷同之处颇多，我们拟不赘述。

总之，山西商帮与徽州商帮是封建商人典型。他们亦官亦商，亦儒亦商。经商发财，有了钱，发展教育，科举成名，做官为宦，官宦对本地本族人经商予以保护。这是商——儒——士官——商的封建社会运行模式。这个模式以科举进士及第为核心动力，读书、藏书也因这根链条的拉动而兴盛起来。徽州地区在封建时代牌坊林立，10 户之家，不乏读书之声。徽州的藏书、刻书事业十分发达，号称文献之帮，这不是徽州商人创造的历史文化吗？洞庭商帮与宁波商帮，地处我国经济最发达的地区，也是我国生产力最强盛的地带，同时又是我国藏书楼最密集的地区。这个地区的人很重视亭园建筑，亭园中有藏书楼，或住家中有书房。洞庭商帮与宁波商帮，他们官与儒的成分少一些，而代表当时生产力的资本主义商人的成分多一些。在这个地区手工业、加工业和新兴工业发展较快，这里人民最早领受到了商品经济的滋味，最早尝到了竞争的甜头。他们拼命地发展教育、繁荣文化，大力藏书，积极倡导读书。以至明清之际，名人士子尽出东南。这里的藏书家很多，有名的藏书专家尽在江浙，古代藏书理论也多出自江浙。广东商帮对藏书文化的贡献，主要表现在推陈出新上。广东商帮的藏书文化形成于中国近代，其突出贡献是对公共图书馆的建设，新式藏书的方法与技术的引进和推广。

商品的运动和推销，促进了物质的运动，促使物质属性的改移和界域的变换，商品经济带来了科技发展，科技发展又有效地帮助了商人，促进了物质的破界运动。物质的运动，带动了文化的运动。文化是社会感情沟通的桥梁，又是社会共享的灵性。商业淡化了属性，缩小了时空，缩减了个人的天国。人们积金聚银，登在金银山上向下俯视，是一片荒凉。商人们抛开金银，购买书画，让人的灵魂在飘荡的大海里下锚。商人购书藏书，投资建设图书馆，对社会进步做出了很大贡献。广东商人对社会的贡献，不仅仅是封建式的个人藏书，而且是为社会藏书。

商人们买书、藏书、读书，推动了文化的发展，改善了他们个人的素质，影响了社会文化的发展，也推动了社会经济的发展。

第五章　社会文明与藏书

藏书与社区建设有关，与教育、经济的发展有关。藏书，作为深层次的文化作用于社区文化、家庭文化以及社会文化的发展，藏书促进了教育与经济的发展。

第一节　文明桂冠　书香世家

——举例讨论

中国的传统文化——藏书、读书在全国蔚然成风，不是偶然的，是数朝、数代人，一以贯之、坚持不懈、努力奋斗而形成的。爱惜图书、尊重读书人，是一种公共美德，特别是有的家族，相继数代藏书、读书。他们爱知识、爱文化、爱科学和艺术，在学术上成果累累，声名远扬，深得人们的爱戴。人们称这种家族为书香世家。

梅文鼎，我国清代杰出的数学家。他一家数代在文化事业的成就，显示出书香世家的楷模作用。我们仅以梅氏家族为例，讨论书香世家这一主题。

一、题解

1. 世家之说

世家之说源于司马迁的《史记》。司马迁把人物传记按照人物与政权的关系分为三个层次——本纪、世家与列传。本纪言帝王，世家言王侯外戚，列传言功臣名士。以后的史书中还有儒林、文苑、技艺、懿行、名宦、烈士等。凡入列传的人，都是朝廷的大功臣，“世家”一般是仅次于皇帝的“王”，或其人对历史产生过重要影响。由此可见，“世家”位在至尊，府第非同一般。

有些家族，世代从事某一行业，并卓有成效，得到社会的敬佩，人们也称其为“世家”。如：教育世家、铁匠世家、航海世家、医生世家、官宦世家等。社会把“世家”从权力中心转变到对社会奉献的价值中心，价值中心观念的转变，将“世家”尊荣的桂冠从权力争斗者的头上转到专于某一行的家族份上。

那么所谓“书香世家”，即世世代代尊重知识、尊重文化、追求真理、讲究科学的家族，他们爱书、读书、藏书，重视教育，并且人才辈出。他们对于社区的文明生活有着良好的模范作用，对于社会的发展有着良好的引导作用。有鉴于此，这种家族给予人们一种信誉、一种敬仰、一种崇拜。

信誉、敬仰、崇拜的心情，不是什么权力机关颁赐的，也不是任何功利主义者所期求而可得到的。书香世家，是社会的公认，人们的共识。人们把书香世家作为家政管理的最高目标，社会把书香世家作为社会管理的最佳典范。

在封建社会，一人做官，鸡犬升天。只要“大树”不倒，子孙世代受庇荫。翻开史书若是数一数，官宦世家，为数不少，若论书香世家则寥寥无几矣。在封建科举史中，有父子状元，兄弟状元，祖孙状元，翁婿状元，连中三元，一门三元，等等佳誉美事。中状元很难，三年一选，全国每科考生只一个状元。至于父子状元、兄弟状元等更难。一个家族产生一个状元，名震天下，但不能称书香世家。一个状元指一代人的成就，祖孙状元指三代人的功名。所谓世家，一般要五代以上。书香世家，当然指某个家族持续五代以上爱书、买书、读书，重视文化，重视教育。

一个家族在封建科举中，连续五代有人进士及第，如果没有学术造诣，在科学、文化、艺术等方面没有建树，仅仅为了争功名而做官为宦，这样的家族不能称作书香世家，更不用说那些贪赃枉法的官僚了。

书香世家，指五代以上的殷实之家，他们爱书、藏书，尊重知识，尊重人才，不为功名所惑，不为世俗所迷，情操高雅，对社会文明的发展有着良好的典范作用。徽州歙县县城里有几座功名牌坊，记载着某家族进士题名的情况，即数个朝代选中状元、榜眼、探花及不同名次的进士、举人的人名。现存的功名牌坊，每一座都刻有 10 个或更多的进士题名。此进士题名的功名牌坊，意在向社会宣告，某家族是书香世家。

2. 何谓书香

书，作为文献的载体，有一个演变发展过程。竹简、木简、帛书等是书，现在一般称纸型的册页书谓“书”。书本身并无香味，书放长久了，发了霉，味道不但不香，走进书房或大书库，有的还会有一种令人蹙眉的味道。

读书人（必须是真正的读书人），他（她）的书经常读，经常翻动，一般不会发霉，不会生虫，没有霉味。

读书人，买书、读书、爱书，将书籍管理得十分得体。书籍陈列整齐，归类正确，包装完好，常常翻晒。书中如果夹着一些花香与异草，当你走进书房，就感到肃穆、明达，香风飘绕。沈括《梦溪笔谈》有："古人藏书辟蠹用芸。芸，香草也，今人谓之'七里香'者是也。"谢堃《春草堂集》有一个故事，讲一个姑娘为得书香作终生之求。这个姑娘是鄞县人（浙江），姓钱。她的性情嗜好书籍，凡听得哪里有奇异之书，则设法购买。她听姑父邱铁卿太守说，天一阁藏有很多奇书，三百年来无书生虫。它的防蠹之法，是在阁中藏芸草一本，草淡绿色，微鲜。钱氏听后心中羡慕，改名秀芸，并用花线绣芸草若干，报请父母同意，嫁给了天一阁继承人之一范邦柱。她以为成婚后可以登楼观书，见得芸草以达夙愿。谁知范家规定，凡女子不得登天一阁。钱秀芸由是一病不起。临终之际，哭对其夫曰："我之所以来汝家者，为芸草也。芸草既不可见，生亦何为？"钱秀芸为得书香真谛，献出了自己宝贵的生命。这个故事何等动人。

公元1982年8月8日《文汇报》报道：天一阁防蠹的芸草，确有其事，即广西产的灵香草，是一种名贵中药。

不过，对于书香，另有解释。如：书香三味，指纸香、松墨香及书签香。好纸是青檀木作原料制成的，檀木有香味，成书后，香味不减。纸上的字，古代用油墨写成，油墨有的用松烟脂、驴皮胶内加麝香。唐太宗曾用宫女化妆粉与花蕊研制而成香墨，这种墨书写出字来，有光泽且飘香。也有人说书香重在三味——品味、趣味、兴味。书使人通达，越读心里越亮堂。书读入港后，滋味无穷，意趣与妙趣叠生，品读下去，越读越起兴。书香，真实说来，只有爱读书，讲科学，重知识的人，才能体会到，才会有敏锐的嗅觉。我想，那些不读书的人，不尊重知识，不讲文明的人是断断不会嗅到什么书香的。鲁迅说，古书常云，贵族小姐出的汗是香汗，劳动人民出的汗是臭汗，感情所系，

(一般人都爱娇小姐的形态)，性向所指，“香”即所追求者之意也。“书香”，大概内中也包含着人们追求知识的感情。

一句话，人们追求知识、追求文明，爱书、买书、藏书、读书，以书为香，以书为荣。书香世家，乃高尚家族，当受万人敬佩。

中国是一个以德治为主脉的传统管理体系。重人品，轻外表；重礼乐，轻浮狂；重修养，轻显露；重文化，轻武术；重精神，轻物质。特别强调个人的节操、内秀和品行。广称嘉誉的三皇五帝、初唐四杰、竹林七贤、苏门六君子、淮南八公、易堂九子，都是才与德很有建树的人。他们往往以“诗”、“文”、“功德”齐名。他们并非同一家族出身。同一家族出身，但数代人在诗、文、绘画、天文、数学等方面卓有建树，而且人才辈出者，历史上确有不少，宣城梅文鼎家族是其一，这个家族大概可以称之为“书香世家”。

二、梅氏家族

公元1633年3月16日，安徽省宣城县梅文鼎降生。他后来成为著名的数学家、天文学家。有人誉之为当时世界上三大数学家之一。

梅文鼎，字定九，号勿庵，享年88岁。

梅家是安徽宣城的名门望族，自北宋名臣梅尧臣至清末，世世代代书香飘逸，人才辈出。梅氏祖居宣城门外二华里双羊山下梅溪上村，村名九同碑，村东有一条河，名宛溪，村西有一条河名句溪，南边是栢枧山，山清水秀，人杰地灵。李白的《别韦少府》写道：

洗心句溪月，清耳敬亭猿。筑室在人境，闭门无世喧。

李白对这里的景色和环境留下了深刻的印象。

1. 梅文鼎

梅文鼎自幼跟随明逸民梅士昌（其父）研读经史、阴阳、律历等书。私塾先生罗王宾与竹冠道士倪正给他讲授天文知识及大统历法。

梅文鼎成年后与方以智、薛凤祚交往甚密。康熙十四年，他在金陵买得部分《崇祯历书》，在顾昭家抄穆尼阁（J. N. SMOGOLENSKI，公元1648年来华）的《天步真原》及薛凤祚《天学会通》，认真在家学习研究。公元1689年，梅文鼎来到北京，结识了大学士李光地和徐乾学以及学术名流朱彝尊、万斯同、刘献廷等。他在京期间与西方传教士安多（A. Thomas）攀谈历算。

公元1705年夏，康熙皇帝南巡，他对梅文鼎的《历学疑问》十分赞赏，召梅文鼎入御舟中，谈论天文与数学连续三日，并书“积学参微”四字表彰梅文鼎。

公元1699年，梅文鼎专程到福建访书，得《古历列量距度》等珍本书。公元1710年，梅文鼎到苏州与学者陈厚耀、杨作枚、秦二南讨论数学。公元1717年，梅文鼎到南京与年希尧讨论比例规问题。

梅文鼎编制有《勿庵历算书目》，书中包括他的天文学著作62种，数学著作26种。如：《方程论》、《几何通解》、《勾股举隅》、《平三角举要》、《方园幂积》、《弧三角举要》、《历学颖问》、《交食》、《恒星纪要》、《分天度里》、《南极诸星考》、《历算全书》。

梅文鼎重点研究了《授时历》和《大统历》。他指出了两法的得失，分析了两法在月行快慢、日食开方等数据上的差异和原因。他的黄赤坐标换算法与招差法，研究成果达到当时的世界水平。他第一次研究了多元线性方程组。他的“围日圆象说”使行星运动理论模型和谐自洽。梅文鼎第一次在我国介绍了伽利略（Galileo）的比例规，第一次研究了对数。其《平三角举要》及《弧三角举要》是第一套中国人写的三角学教本。在几何学方面，他研究了正多面体及球体的互容问题，介绍并研究了半正多面体问题。

梅文鼎的天文学和数学成就为时人敬慕不已，很多学者登门求教。他被乾嘉学派誉之为“历算第一名家”、“国朝算学第一”。梁启超说：“我国科学最昌明者，惟天文算法。至清而尤盛，凡治经者多兼通之，其开山之祖，则宣城梅文鼎也。”

梅文鼎虚怀若谷，淡泊寡欲，无声色裘马之习，日夜枕籍诗书，专心于天文数学。梅文鼎不悦于仕进，中年数度乡试不第，直至公元1695年才举贡生，时已63岁。73岁那年，康熙皇帝召对授官，梅文鼎以老辞。梅文鼎一生未入宦途，笃志嗜古，精于历算，著作等身，阐发西学，弘扬中学精华，以“平心观里”的态度研究中西学问，成为我国古代科技史上一颗明星。

2. 文鼎兄弟

梅文鼎的兄弟（五服以内）有：文鼏、文渊、文鼐、郎中、靓、巨儒、周、超中及磊等。他们都有作品问世。

梅文鼏，字尔素，文鼎弟，精历算之学，夜则掖图观天象，昼则运筹推步，考订史书。编纂《中西经星异同考》、《比例规用法》。①

梅文鼐，字和仲，文鼎弟，博学善文，才思敏捷，通天文历算之学。著《星图》、《慎庵笔算》、《几何类求》、《四书问答》、《中西经星同异考》等。

梅郎中，文鼎堂弟，少好学，饱读先世藏书，广求典籍，声名播吴越。侯方域称他“采六代之华，标三唐之制”，长歌短律，工整精妙。他著述《书带园集》16卷、《赋记》50卷、《宛雅三编》录他的诗62首。

梅靓，字清老，号昆陵、小孤山人、江上诗人、放翁。好吟耽游，数十年足迹遍天下，著《风声集诗》20卷。

梅巨儒，字谀闻，不图仕举。尽读家中藏书，博汇慎讨，举要订伪，编《史鉴大事录》、《左传发明》，订正诸家诗古文辞百余卷。

梅周，少孤，积学力行。有著作问世。

梅超中，字季升，工诗文，著《历代宦官传》。

梅磊，郎中从弟，著《响山集》。

3. 文鼎后代

梅文鼎的儿子梅以燕，精通历算，英年早逝。梅以燕同辈份的族兄弟中、出类拔萃者有梅以俊、梅庚、梅翀、梅铜等。

梅以俊，字子彦，号承露，邑禀生。博览百子诸家，性旷远，居恒一卷一壶。著《承露全集》、《茗语》、《弱冠草》、辑《梅氏诗略》。

梅庚，字耦长，又字雪坪，晚号听山，1681年中举人，授泰

---

① 安徽艺文考历算21:26。

顺令。著《雪坪诗抄》、《南雅集》、《漫兴集》、《梅听山诗文集》、《天逸阁集》。

梅翀，字培翼，孝廉，爱画奇松怪石，与其叔祖父同习画艺，写人物秋卉，疏淡有致。有作品《画理》、《悟道》、《赠西江吴云游》(《然后知斋答问》)。

梅鋗，康熙丁未进士，官至监察御史、巡抚，左都御史，狷介清廉，尊贤爱才，一代名臣。

梅文鼎的孙子梅瑴成，清代大数学家、天文学家。

4. 梅瑴成

梅瑴成，字业汝，号循斋，柳下居士，公元1681年5月9日生，公元1763年11月20日卒，公元1713年赐以进士。

梅瑴成自幼跟随祖父梅文鼎学习天文数学，帮祖父校正图书，演算垛积图，弧三角推算时步丈边角。

梅瑴成在清康熙皇帝的支持下，编了《数理精蕴》，附有勾股法4条，对数学有很大的拓新。梅瑴成编了《历象考成》一书，他根据实测，将黄赤交角由23°31′32″，改为较精确的23°29′30″。在计算太阳时差方面，将太阳不在赤道上运动及其视运动不均匀性二者的影响加以区别，在计算日食三差时以白道为根本，这些比西人汤若望的《西洋新法历书》更为科学。他在《赤水遗珍》中介绍了“求周径密率捷法”和“求弦矢捷法”，揭开了清代数学家对无穷级数学研究的序幕。《操缦卮言》收录了梅瑴成关于天文学研究的短文集。他对音乐很爱好，著有《律吕正义》一书。江永是清代的大学者，皖派经学的泰斗，他对天文、数学深有研究。江永很佩服梅文鼎在天文数学方面的贡献，他努力研究梅文鼎的运动理论。梅瑴成与江永交往频繁。公元1741年，江永在北京居住一段时间后南归，梅瑴成赠一对联：“殚精已入欧罗巴，用夏还思亚圣言”。梅瑴成学习西方的科学，不主张倾倒入西学，主张以中夏羲和之道为主。

梅瑴成的同宗兄弟中，班成、琢成、玚成、勖成、梅铨等，皆有文集作品问世。他们或科举功名，或官宦显达不等。

梅瑴成以下在学术上有造诣的人，主要有梅冲、梅光迪等。梅冲著《勾股浅述》、《庄子本义》2卷、《天廷阁诗前集》16卷、(后集13卷)、《天廷阁删后诗》15卷、(后集15卷)、《梅氏诗略前集12卷》、《瞿山诗略》33卷。梅光迪是清末留美学生，后为美国哈佛大学教授。

梅瑴成致仕以后推宣城旧产给族侄，自己搬家居江宁。其子梅铨从宣城籍，其孙梅冲上元籍。乾隆南巡，诏旨：梅瑴成清素可念，赐子钤举人，一体会试。并赐诗：“无欲有精神，闭门惟教子，下榻不延宾”。梅瑴成逝世后，赐祭葬，谥穆。现在，梅瑴成的子孙皆在江苏，梅瑴成诸兄弟的子孙多在宣城。

梅文鼎的子孙书香绵绵，那么梅文鼎的祖辈如何呢？

5. 文鼎先人

梅文鼎的父亲名梅士昌，梅士昌的同族兄弟有：士亨、士劝、士玹、清、士学、士云、士颖、士生。

梅士昌的父亲，即梅文鼎的祖父梅瑞祚，梅瑞祚的族兄弟有：鼎祚、膺祚、台祚、蕃祚、嘉祚、国祚、绵祚。

梅瑞祚的父亲梅守玉，兄弟辈有：守德、守箕、守极、守峻、守和、守鼎。

梅守玉的父亲是“继”字辈，有：继勋、继芳、继英、继善等人。

以上列名的人物在《皖人书录》、《宁国府志》、《宣城县志》都有记载，并载明他们有作品问世。梅氏深有造诣的人物颇多。这里摘其要者——梅守德、梅鼎祚、梅清作简单介绍。

梅守德，字纯甫，号宛溪，明嘉靖辛丑进士（公元1541年），授台州推官，擢户部主事，监户部主事，监徐州仓。时严嵩威虐朝士，忤之，出知绍兴府。就任后，修城养卒，兴学教士，均田赋，核湖税，民咸称颂。后升山东曹濮道兵备副使，改督学政。迁云南参政，以母老不赴，归宣城建书院，与沈宠讲学。世称宛溪先生。著《理学诠粹》、《景行录》、《宛陵人物传》、《资省名言》、《沧州摘稿》、《古今家戒》、《无文漫草》、《宣风集》、《徐州志》、《宁国府志》。

梅鼎祚（公元1549—1615年），字禹金，性不喜经营谋业，以古学自任，饮食寝处不废书。致力文辞，沈博雅淡，与宣城籍状元沈懋学齐名。王世贞称赞他，申时行向朝廷推荐他，屡荐屡辞。归隐宣城书带园，构天逸阁藏书，著述其中，他是我国古代著名的诗人、小说家、戏曲作家。作品有：《皇霸文记》、《两汉文记》、《三国文记》、《两晋文记》、《宋文记》、《梁文记》、《陈文记》、《后魏文记》、《隋文记》、《南齐文记》、《北齐后周文记》、《释文记》、《古乐府》、《书记词铨》、《青泥莲花记》、《才鬼记》、《宛雅》、《八代诗乘》、《予宁草》、《李杜诗抄》、《庚辛草》、《汉魏诗乘》、《梅禹金全集》、《鹿裘石室集》、《昆仑奴》、《玉合记》、《六朝诗乘》，《宛雅》二编发梅鼎祚诗94首，《明诗综》录他的诗7首，《列朝诗集》收有他的诗7首。

梅清（公元1623—1697年），初名羲，字渊公，又字润公，号瞿山。他是梅守极孙子。1654年中举人，考授内阁中书。梅清英伟豁达，读书辄竟夜不寐，以博雅负盛名，诗词雄放隽逸。遨游四方，绝意仕进，名公巨卿都向朝廷推荐他这个人才。他以诗名江左，尤擅书画，墨松苍雄拔秀，怪石形态奇异，善画理，王士桢常与他交游山水，采景赋诗，铺纸落画。其作品有：《天延阁集》、《瞿山诗集》、《黄山画册》。

梅清被誉为“黄山派巨将”。梅清足迹遍东南。据《书友录》、《天延阁后诗》等记载，梅清的学术交往有如下一些。

公元1642年，梅清旅扬州及江浦。

公元1655年，梅清在北京以“季布河东去”诗投季开生。

公元1656年，梅清自京还白门。

公元1657年，梅清作《秋怀》诗约萧云从集芜湖。

公元1674年，石涛客宣城，入敬亭山采茶，写景山水64幅于云斋阁，梅清常伴之。

公元1675年，梅清游吴门，访顾苳，周茂兰，至昆山与黄云等集叶奕苞半茧图。

公元1676年，梅清作《家徒四壁歌》为石涛题《放鹤图》。

公元1677年，梅清作《空山无人图》寄顾星。

公元1679年，梅清在南京与程邃会虎踞关。

公元1680年，梅清再至南京，诗题石涛《一枝阁》。

公元1682年，梅清在金陵与程邃、王翚会秦淮。

公元1685年，袁启旭等与梅清在宣城鳌峰培风阁作社。

公元1688年，梅清以诗约石涛去扬州。

公元1689年，梅清作《乔松古石图》。

公元1691年，梅清得金坛于佺诗讯。

6. 梅尧臣

梅尧臣（公元1002—1060年），字圣俞，侍读学士，工诗，以深远古淡为意，诗文奇巧。科举屡试不第，其叔梅询庇荫他为河南主簿。西昆派诗人钱惟留守西京，赞赏圣俞诗才，为忘年交，引为酬唱。满城尽倾，欧阳修与他结为诗友，尹洙、王复等结为至交。欧阳修在其墓志铭上写道：

圣俞以诗闻，自武夫、贵戚、童儿、野叟皆能道其名字。虽妄愚人，不能知诗义者，直曰："此世所贵也，吾能得之，用以自矜。"故求诗者日踵门。…其初喜为清丽，间肆平谈，久则涵演深远，间亦琢刻出以怪巧。…王公、康公见其文叹曰："两百年无此作矣！"

梅尧臣诗名振天下，但科举不进，影响仕途。他一直未能做大官。初补太庙斋郎，历任桐城、河南、河阳三县主簿，以德兴县令知建德县，又知襄城县，监湖州盐税，两军节度使判官，监永济仓，国子监直讲，累官致尚书都官员外郎。皇帝赐书"行懿而粹"，"学优而纯"。陆游称他的诗风："突出元和上，巍然独主盟"。刘克庄称他为"宋诗的开山祖师"。

欧阳修在《梅圣俞诗集序》中介绍了梅尧臣的身世与才华：

予闻世谓诗人少达而多穷，夫岂然哉：盖世所传诗者，多出于古穷人之辞也。凡士之蕴其所有不得于世者，多喜自放于山颠水涯，外见虫鱼草木，风云鸟兽之状类。往往探其奇怪，内而忧思，感愤之郁，积其于怨刺以道。…写人情之难。言盖愈穷则愈工。然则非诗能穷人，殆穷者而后工也，予友梅圣愈，少以荫补为吏，累举进士，辄抑于有司，用于州县几十年。犹从辟书为人之佐，郁其所蓄不得奋见于事业。其家宛陵，幼习于诗。自为童子，出语已惊。既长，学乎六经仁义之说。…因索于其家，得其遗稿千篇，并旧所藏，掇其尤者六百七十七篇，为十五卷。

欧阳修在序言中告诉我们，梅尧臣受家庭的影响，少而多才。梅尧臣的父亲梅让善诗能文，饱学睿达，但他不曾参加科举捞一官半职。梅尧臣的叔叔梅询进士出身，官翰林侍读学士，累迁给事中，知审官院，出知许州（有《许昌集》）。梅询以才为官，按宋制，一人做官，兄弟子侄可以荫庇得官。梅询劝其哥梅让仕进。梅让说，不行。“士之仕也，进而取荣禄易，欲行其志而无愧于心者难。吾岂不欲仕哉？居其官不得行其志，食其禄，而有愧于其心者，吾不为也”。梅让看穿官宦仕途，淡泊心志，守穷乐道，这正是书香世家的根本。如果功名利禄之心很重，权势机变之欲特强，断断不会舍弃仕进，舍弃庇荫，以颇能诗之家居于宛溪之滨，敬亭山下。

梅尧臣有兄弟 5 人（加上早卒一人，6 人），并有 5 个儿子（其中一人早卒），2 个女儿。梅尧臣的父辈、兄弟辈、子侄辈、诗文酬唱，潇洒自如。尧臣 4 个儿子的名字是：增、墀、垧、龟。梅尧臣长女嫁当时的进士诗人薛通，次女梅尧臣下世时尚未出嫁。

梅尧臣一家养成了良好的门风，爱读书，爱学文化，注重内修，注重素养，不大追求功名。他家的特点，据有关史载，从梅尧臣的叔叔梅询起，世世代代读书，真正是读书为本。他家自宋代起，世世代代有人做官，官职不大。梅家无大起大落，很多人记载在史志中有关栏目，如：名宦、懿行、文学、名儒、技艺。他们有的是医学家、画家、天文学家、数学家、音乐家、戏剧作家等。梅家的令人注目之处，不是权势声赫，而是书香，是才、技、艺。

7. 梅氏名流简谱

（1）询

（2）尧臣

元代 缺 无考

（7）继勋—维芳—继英—继善

（8）守玉—守德—守箕—守极—守峻—守和—守鼎

（9）致和—瑞祚—膺祚—台祚—蕃祚—嘉祚—国祚—绵祚—鼎祚

（10）士熙—士昌—士亨—士劝—士玹—清—士云—士颖—士生

（11）文鼎—文鼏—文鼐—郎中—靓—巨儒—周—超中—磊

（12）以燕—以俊—庚—翀

（13）瑴成—班成—琢成—瑒成—勖成

（14）钐—铒—铨—裕长

（15）冲—曾亮

（16）植之

（17）光迪

简谱中，元代梅致和、梅机未知系尧臣几世孙，清代梅冲以下，梅曾亮、梅植之、梅光迪，史书及人名字典上可见，但其排行辈份未考。梅曾亮查人名字典，其籍贯已是上元，其号柏枧。柏枧是梅氏宣城故乡的高山。梅氏诸人习惯于以家乡山水为号。

8. 梅氏进士（文鼎家族）

表 5—1

宋	梅询　梅尧臣
明	梅守德　梅鹍祚　梅守相　梅守和　梅守峻
清	梅销　梅觳成　梅立本　梅予援　梅理

9. 梅氏名作（文鼎家族）

梅尧臣—《宛陵先生集》60 卷

梅守德—《古今家诫》、《宛陵人物志》

梅膺祚—《字汇》

梅文鼎—《梅氏丛书》25 种

梅觳成—《操缦危言》、《算法统宗》

梅冲—《梅禹金全集》20 卷

梅清—《梅瞿山黄山画册》《画理》

梅鼎祚—《天延阁诗前后集》

10. 梅氏藏书楼

（1）平绿阁（梅守和《平绿阁存稿》）

（2）振古楼（梅国祚资料介绍）

（3）天逸阁（梅鼎祚构筑）

（4）天延阁（梅清作品中）

（5）满听楼（梅林凤作品中）

（6）书带园（梅庚作品中）

（7）培风阁（梅清梅冲作品中）

（8）云斋阁（梅冲作品中）

（9）天峰书院（梅文鼎作品中）

（10）瞿研室（县志·艺文志）

（11）水西书院（梅守德作品中）

（12）鹿裘石室（梅文鼎作品中）

安徽宣城，在唐末之际是我国有名的风景区。那时广东、广西一带森林蔽天，彰气迷人。宣城大概是介于南方的茫茫林原与中原的人声鼎沸之间。有梅氏诗为证。

同诸兄弟游栢枧溪上

偶从溪上饮，所得良不赀。
开樽临好月，听眺总不惑。
泉声风树乱，以此翔远心。
空林露香发，兼兼清与越。
鸥闲浴小渚，携壶酒渐罄。
悠悠宛自悦，斟酌趣难竭。
顾言常共此，御觞醉卧石。

——元·梅机

梅都官宅

一上高斋忆谢公，云间江柳有无中。
诗家政有销官宅，暘断荒山落叶风。

——元·卢挚

题瞿研室

昔闻瞿研山，披裘坐深谷。
责来桓大夫，逡巡不敢入。
易代人已且，高风犹在目。
一为吊岩阿，自云满山麓。

——元·梅机

赠宣城詹候督学南畈

敬亭看未厌，况在户庭间。
谢李曾游地，巢由不买山。
迁居拟赤甲，携好损红颜。
旧业成东陌，时时独往还。

——明·梅鼎祚

新田山旧居

（游工山，同诸子游玉山寺、过百家渡别墅）

云蔼旧山堂，新田绝壁傍。
石阴加栢枧，云气接华阳。
圃自载松暗，溪曾洗墨香。
十年分去住，回首亦苍凉。

——清·梅清

从以上诗中，我们知道，宣城梅氏有很多住处。最早大概在新田乡，后搬到宣城南门外二华里梅花溪上村九同碑村落。梅氏在敬亭山有一住处，在夏家渡有一住处，在栢枧山还有一个住处。敬亭山、梧枧寺、翠云庵、山门云洞、佛阁、云壑等等，是梅氏经常游览的地方。时称他们“世居文翰之地也”。梅询时，书“墨庄”以称其居。

11. 读书与教育

梅尧臣小时候在梅溪上村读书，他常在一块大石上坐着看书。日子久了，大石磨得很光滑，很为人所爱。邻里的孩子们也来与他一起坐在石上读书。尧臣，字圣俞，小时的他很有智慧，敢于斗争。一天乡里一个举人看中了梅尧臣的读书石，他带着家丁大叫大嚷地要抬走读书石。梅尧臣出来了，他大声喝道："圣谕读书石，哪个敢抬走!"举人听到是"圣谕"读书石，吓得屁滚尿流地溜走了。

梅氏重视教育，梅守德辞官归故里建水西书院，与名士沈宠讲学。梅理将诸生不能继续上学的人，招至署下，亲自讲课。梅铨为教育两个孙子，将他们在屋子里关上窗户，娓娓动听地给他们讲解学问。梅裕常布衣疏食，授课徒孙。梅氏专门建造了一个满听楼，白天给子孙讲课，晚上赋诗自娱。宣城梅氏，重视家庭教育，梅氏子弟中有很多家贫力学的故事。他们爱藏书、读书。

《宁国府志·文苑》记载：梅允开，字仲伯，邑诸生，家贫并日而炊，甫肚悼亡，不更娶。兀坐小楼，于经史百家靡不淹贯。诗赋清丽越俗，衣冠古朴，饮兴甚豪。知者延其家，进以酒索诗。允开左执杯，右拈笔，倾刻千言，人袖之去，亦不自记忆。他亦爱藏书、读书。

梅馥，孤贫力学，资治通鉴纲目，诵数页不讹一字。终日兀坐一室，虽炊烟不继，而口吟手批不辍。他深爱藏书、读书。

梅士玹，学问淹博，自汲冢鲁壁周鼓秦碑，以及草本、地舆、医卜之籍，靡不穷治。他亦藏书、读书。

12. 学术往来

梅氏学者与社会有着广泛的学术交往。梅尧臣、梅文鼎、梅瑴成、梅清、梅鼎祚自不待说，梅氏家族中还有一些在社会中有影响的人物，如：

梅守箕，少而多才，9 岁能文。成年后学术造诣深远，与其子辈蕃祚、嘉祚、台祚、国祚、鼎祚、膺祚诗文并称于世，人称梅氏七子。当时的文坛名流汤显祖、曹学佺、何无咎、潘之恒、屠隆常与他们唱和。汤宾尹回游梅守箕，曰："座上若无梅季豹（守箕字号），也容他辈得猖狂。"王世贞赠诗梅守箕："从夸荆地人，人玉，不及梅家树，树花。"

梅裕长与同乡马詹彬等结为九老会。

梅靓，字清老，喜好吟诗，游览山水。足迹所及，名流诗歌赠答。其诗钟山水灵秀，不借人牙慧。

梅庚，三岁而孤，家贫。资禀颖异，好读书，善诗能画，旷逸有致，客游京师，一时名公硕士，折节倒屣。朱彝尊、王士桢、曹溶对他很敬重。他累困公车，在书带园读先人藏书，浇花种竹，安然自适。

13. 藏书

梅氏数代人爱书、读书，也善藏书。其子孙在先人藏书的基础上读书学习，自己又搜录图书。梅郎中，"少好学，发先世藏书，旁搜披览，声名吴越间"。梅巨儒"为艺林所推，尽出藏书读之"，皆效先人藏书之例。

梅鼎祚，字禹金，明代宣城人，他诗文博雅，好聚书，经常与焦弱侯、冯开之及虞山赵玄度订约搜访图书，每三年在南京相聚一次，将各自得到的异书通典拿出来相互交流，校仇抄写。梅氏的图书藏在书带园，后来在宣城谢眺楼附近建一藏书楼，楼名天逸阁。天逸阁与宁波天一阁同建于明代，二藏书楼建筑上有何异同，无法考证，楼名仅一字之差。清代，梅文鼎、梅瑴成时期建的天延阁、培风阁、云斋阁或许是更大的藏书楼呢！梅家自宋梅询、梅尧臣到梅文鼎、梅瑴成时期，经过十几代人的文化积累，学术上达到了一个高潮期，十几代人的藏书是其学术研究的基础。十几代人相继流传积累，他们的藏书达到一个相当的数量级。

三、结论

从宋至清，梅氏在文学、戏曲、数学、天文、画艺等方面各领风骚。读书、藏书、教书、育人，一脉相承，世代相传，名流佳作，代代有人，或诗人，或训诂学家，或戏剧作家，或画家，或天文学家，或数学家，数百年来文坛飘香，真不愧为书香世家。

第二节　功名士第　诗书文章

——藏书以养芝兰

每逢盛世，民间藏书，建藏书室、藏书楼，蔚然成风。其目的是为了子弟的教育。子弟学习文化，学习知识，图书是资源，是基础条件。所以，藏书与教育是人们共同关心的主题。

一、教育史脉

我国自古以来十分重视教育。古代，给予帝王及诸侯子弟的是知识教育，给予百姓的则是行为方式的教育。

商朝设有官学“右学”、“瞽宗”，或日“西学”、“明堂”、“辟雍”。地方学校设“庠”、“序”主要进行礼乐教育，学习祭祀、军事、乐舞和文字。周天子皇室大学名为“辟雍”，教授音乐、道德、礼仪等课。诸侯的学校名为“泮宫”，学习礼、乐、射、御、书、数。地方学校名为“庠”、“序”，教习乡饮酒礼、射击、诗歌等。商周两朝，贵族在学校学习，条件优越。

春秋战国时期，诸侯逐鹿中原，天下分崩，英雄四起，一些思想家乘机发表自己的高见，一旦不能为朝廷所用，则办学讲课，传授自己的一套学说。凡有补于社会教化的学说，授受弟子众多。孔丘、孟柯、荀况、墨翟等都是办学卓有成效的人。孔丘有弟子3 000，72贤人。孟柯“后车数十乘，从者数万人”。他们的学生从学以后一部分人做了官，一部分人落为“士”。这些人在私学里主要学习孔子的文、行、忠、信四教，孟柯的四德（仁、义、礼、智），五伦（父子、君臣、夫妇、兄弟、朋友），荀况的学、行、忠，道家的复归自然，等等。他们在视知、闻知、识知几个方面探求知识，他们尤为重视亲知。

春秋战国有了一些重要著作，如《诗》、《书》、《礼》、《乐》、《春秋》、《大学》、《中庸》等。书是竹简、木简的，写、搬不易。人们主要凭记忆参与学习。学生学习回去后温故而知新，指在头脑里回忆记诵听到的与看到的知识，不一定都有书读，更不一定在书房里读书了。

秦朝怕人们厚古薄今，采取禁书、焚书的办法。秦禁游宦，禁私学。不准老百姓读书，不准藏书。

汉代建国之初，承袭秦制，继续遵秦挟书律。这时书的版本开始有了新的变化，出现了一些民用读本。汉文帝时贾谊《论时政疏》中，陈述了尊儒的重大意义及太子教育的重要性，于是，《诗》、《书》、《礼》、《春秋》、《易》被尊为经书。汉武帝时，废黜百家，独尊儒术。学生将儒术视为利禄之道。为了尊儒，汉宣帝（公元前53年），召集诸儒在石渠阁讨论五经。东汉平章帝（公元79年），大会诸儒白虎观，展开对儒家学术的讨论。

汉代的官学——太学。太学里有鲁诗、齐诗、韩诗、欧阳书、大夏侯书、小夏侯书、大戴礼记、小戴礼记、施氏易经、孟氏易经、梁邱易经、京氏易经、严氏公羊、颜氏公羊、谷梁春秋等课程。太学讲授的内容主要是今文经学。太学博士大班上课，分正业与居学。学术上讲究师授渊源，注重师法与家法。这样的学术气氛，自然需要藏书。

汉代为一些没有名望的豪强子弟办了所学校——鸿都门学，专习辞赋、小说、字画。

东观是宫廷学校，这里讲授诸子百家，校勘经典。

郡国也有学校——郡学，县道邑侯国曰校，乡曰庠、聚曰序。学、校、庠、序是地方政府的不同层次的教育单位。学生在这些教育单位学习以后，可以在本地委以重任。

汉代重视教育，文献也得到广泛采集，政府广开献书之路。汉武帝建藏书之策，置写书之官，百年之间，书积如山，官方的书，多为抄本。书的复本不多，由于抄书容易产生字误、遗漏、错别字等现象，校勘工作十分重要。汉代采取确定蓝本的方法，制作了兰台漆书经文，雕刻了熹平石经，供人们校对时作为依据。书籍难得，读书又是获得利禄的必由之路。很多人上不了官学，就学于私学。一些经师大儒自立“精舍”、“精庐”、“学馆”传习经典，训诂句读，皆由口授。官学主传今文经学，私学主传古文经学。口授笔录是汉代教学的主要方法，少数学者自己拥有图书。如董仲舒以“三年不窥园”的精神研究儒学，这种自学，必须建立在拥有文献的基础上。王充家贫，他8岁在书馆听学，后从师学《论语》、《尚书》，这是口授笔录的学习方法。《后汉书·承宫传》介绍承宫，8岁给人放猪，徐子盛给几百个学生讲授《春秋经》，承宫悄悄地在窗前虚心听讲，徐大为感动，将他留下作为弟子。

汉代，少数官僚已有了书房。吴郡范平很有学问，他培养的弟子有几个是历史上著名人物。他的儿子从儒学而做了大官，他的孙子范蔚藏书7 000卷，算得上是一个很像样的藏书家了。他的藏书给别人看，读者读书后，不愿走，可以在他家吃饭，特别困难的，还给解决衣服穿着。这种人以授学为主，为了传播他的学术思想，仗着家中有人为朝中大官，俸禄丰厚，乐于施舍。他们传教传道，乐为人师，解人忧困，算得上历史上开明的学者了。

三国时期，魏国曾立太学于洛阳，仍以讲授儒术为主，按照学生通达经书的多少，分别授予大学生、掌故、太子舍人、郎中、高第等学衔。地方有官学，招收一些地方子弟，豪门贵族一般请私人教书。由于请私人教授、家教，书房的必要性显现出来了。尽管那时无印刷术，书籍难求，豪门贵族为了其子弟的未来的发展，开始注重藏书。

两晋时期，司马氏在公元278年立国子学，专门为士族子弟服务，五品以上的官员，其子弟方可入国子学。太学士分门人为弟子、寄学、寄学陪住、散生等层次，可见得这些学生待遇优厚，一般无需自己筹建书房，国子学中有大量的藏书。

魏晋南北朝时期，选士实行的是“九品中正法”。所谓九品，就是前三品官吏必须出于士族，称为上品，七品以下为下品。“上品无寒门，下品无世族”。在这以前的教育和选拔人士时虽有严格的等级观念，寒门与贵族水火难容，但不等于不可逾越。汉代的王充就是寒门自学成才的，尽管这种越界破格者人数很少，毕竟存在。九品中正法定下了铁律，这样一来，一些官宦出身的人，基本上是大地主，他们把持着财权、政权和察举仕进之路，纠集门生故吏形成政治团体，矢志构筑世禄之家、望族、士族。社会等级森严、贵贱悬殊。“高门华国有世及之荣，庶姓寒人无寸进之门”。争学术、争创造、不如争门第。这种思想严重影响了公平竞争，使一些贵族子弟只知养尊处优，一旦失势，连最基本的生活能力都没有。寒门子弟前进无望，也不太专注于前程了。

贵族的超脱生活与寒士无力争春的局面，导致了清淡风气，玄学风靡一时，佛道空无的学说泛滥成灾。藏书、读书仅是标榜士人高尚远志的一种方式。魏晋南北明朝是我国历史上藏书事业薄弱的环节。在那时，或其前后，也有一些藏书家。

《晋书》：张华酷爱书籍，临终之时，家无余财，惟有文史，溢于几筐。尝徙居，载书三十乘，秘书监王虞撰定官书，皆资华之本以取正焉。天下奇秘，世所稀有者，悉在华所。

《南史》：“张缵好学，兄缅有书万卷余，昼夜披读，殆不辍手。”

沈约聪明过人，好坟籍，聚书至二万卷，都下无比。

任昉博学，于书无所不见，家虽贫，聚书至万余卷，率多异本，及卒后，武帝使学士贺纵共沈约见书目，官无者就其家取之。

王僧儒好坟籍，聚书至万余卷。率多异本，与沈约、任昉家书埒。

在那个时代，有藏书万卷以上的人，并非易事。

二、科举制度的兴起

隋炀帝（公元606年）首开进士科举，以策试取士，按考试成绩来选拔官吏。这是中国历史上人事制度的重大变革。科举取士一改旧式的九品中正制等任人唯宗、任人唯族及任人唯亲的制度，这是一个重大的进步。

隋朝没来得及发展和完善科举制度。唐朝继承隋制，开进士科，并增开秀才与明经科等科举考试。进士科科举以孔颖达的《五经正义》为蓝本，每个考生要经过5种考试：口试、贴经、墨义、策问、诗赋。唐代取士途径有三种：（1）学校出身的生徒；（2）州县考送“乡贡”；（3）天子自诏的“制举”。

唐代官办有国子学、太学和四门学。不论是官学或私学的学生，凡参加了乡贡，成绩合格者，经荐举，可参加全国统一考试——礼部试。唐代的考试与荐举相结合的选士方法，给平民百姓有了入选取士的机会，各阶层人士都有参与竞争的资格。这样的改革，大大推动了教育的发展。藏书事业开始繁荣。

《隋书·经籍志》：“隋开皇三年，秘书监牛弘，表请分遣使人，搜访异本，每书一卷，赏绢一匹，校写既定，本即归主。于是民间异书，往往间出。及平陈已后，经籍渐备……内外之阁，凡三万余卷……大唐武德五年，克平伪郑，尽收其图书及古跡焉，命司农少卿宋遵贵载之以船，泝河西上，将致京师，行经砥柱，多被漂没。其所存者，十不一二。其《目录》亦所浸濡，时有残缺。今考见存，分为四部，合条为一万四千四百六十六部，有八万九千六百六十六卷。”

官方藏书有利于皇族及官员子弟就读，皇帝、大臣及国子学、太学和四门学的学生可以就近阅读官书。《新唐书·艺文志》:“贞观中，魏征、虞世南、颜师古继秘书监，请购天下书，选五品以上子孙工书者为书手，缮写藏于内库，以宫人掌之。玄宗命左散骑常侍、昭文馆学士马怀素为修图书使，与右散骑常侍、崇文馆学士褚无量，会幸东都，乃就乾元殿东序检校，……。又借民间异本传录。及还京师，迁书东宫丽正殿，置修书院于著作院。其后大明宫光顺门外，东都明福门外，皆创集贤书院，学士通籍出入。”

不在京城的官员及学土豪绅等读书，必得自购自藏图书。唐朝私家藏书偶见于经卷，较之秦汉魏晋南北朝，则时风大变了！他们不但藏书，并且广泛地开展了编目、校勘、品题活动，每本藏书上有一牙签等，管理与研究工作做得较好，特别是有的人建了正式的藏书楼。如：

柳仲郢厩无名马，衣不熏香，退，公布卷（从办公室回家后打开图书），不舍昼夜。九经三史一抄，魏晋以来南北史再抄，手抄分门图书三十卷。

韦述少聪敏，笃志文学，家有书二千卷，述为儿童时，记览皆遍，人骇异之。述淡于势利，家聚书二万卷，皆自校定铅堑，虽御府不逮也。他兼藏古今朝臣图，历代知名人画，魏、晋以来草隶真迹数百卷，古砚、古器、药方、格式、钱谱、玺谱之类，当代名公品题，无不毕备。①

蒋乂为名儒，史官吴兢之外孙，以外舍（藏书楼）富坟史。

① 《旧唐书》。

幼便记览不倦，手不释卷，老而弥笃，旁通百家，尤精历代沿革，家藏书一万五千卷。

田弘正于府舍起书楼，聚书万余卷。①

李溪聚书至多，手不释卷，时人号李书楼。②

邺侯家多书，插架三万轴，一一题牙签，新若手未触，为人强记览，过眼不再触。③

家有赐书三千卷，尚在善和里旧宅。④

唐代的藏书伴随着广泛深入的科举制的推行而发展起来。官方藏书较之以前，稍有增长，民间藏书则明显不同了。科举调动了千家万户读书的积极性，私家藏书气象一新。凡名士之家皆有书房，超然脱俗，不囿于功名私利者，更迷于书籍坟典，藏书万卷，他们精心设计，在庭院之内建起藏书楼。从此藏书楼与粮仓、马厩、厨房、卧室一样，成了家庭中的专门建筑。

宋代是我国民众教育大发展的时期，也是我国藏书事业大发展的时期。改革以后的科举制度在选士用人上更为公平合理，这有力地推动了教育与藏书的发展，读书之风在宋代非常盛行。

三、读书风气的形成

《左传》记载有三坟五典，八索九丘，后人未见。孔子开展教育，可供学生阅读的书不多。在他的倡导下，读书、学习之风，已经形成。诸子百家时期，是人们热衷于读书、学习的时

---

①、②《旧唐书》。

③ 韩愈：《送诸葛觉往隋州读书诗》。

④ 柳宗元：《寄许孟容书》。

期。秦及以后的武力专政时期，少有人言及读书风气。相传三国的曹操很爱读书，他“御军三十年，手不舍书，昼则讲武策，夜则思经传。”他擅长诗文，登高必赋，及造新诗，被之管弦，皆成乐章。魏晋南北朝时士大夫阶层读书风气已经形成。南北朝时的梁元帝十分爱好读书发展教育，他亲自给大臣们讲课，直到苻坚大军逼境，还不知死之将至，依然在课堂滔滔不绝地讲课，劝学生读书。他的《与学生书》说：

吾闻凿玉为器，喻乎知道惟山出泉，喻乎从学，是以执射执御，虽圣犹然。为弓为箕，不无以矣。抑又闻曰，汉人流麦，晋人聚萤，安有挟册读书，不觉风雨，以至朗月章奏，不知膏火，为微所以然者，良有以夫？可久可大，莫过乎学，求之于已，道在则尊。

梁元帝告诫学生，一个人成人后是什么质料，全在于他的学习状况。他号召人们学习汉人流麦、晋人聚萤，刻苦读书。虽“风雨”、“膏火”置之度外，要持之以恒地学习。

唐代王延龄的《秋宵读书赋》，言及他读书入神的程度。他说：“独夜寥寥焉，清我素襟，践艺城焉，游遨书林。观先王之行道，见古人之同心，羲皇之精微焉，含阴吐阳。周孔之奥秘焉，神人鬼出。有礼乐经邦之化……。”

王勃的《读书序》阐发了读书的伟大意义：“书以记言，其未尚矣。越在三代左史，职之百官，以理万人，以察扬子王庭，用实大矣。苟非可以燮理情性，平章邦国，敷彝伦而叙要道，察时变而经王酋，树皇极之纲维，资生灵之视听。”

唐诗人皮日休《读书》诗一首，描写了他如何看待“读书”的。他写道：

家资是何物，积帙列梁梠。
高斋晓开卷，独共圣人语。
英贤虽异世，自古心相许。
案头见蠹鱼，犹胜凡俦侣。

宋朝皇帝真宗赵恒《劝学诗》则把读书推上了“万般皆下品，惟有读书高”的境界。诗云：

富家不用买良田，书中自有千钟粟。
安房不用架高梁，书中自有黄金屋。
娶妻莫恨无良谋，书中有女颜如玉。
出门莫恨无随人，书中车马多如簇。
男儿欲遂平生志，六经勤向窗前读。

在宋朝皇帝的倡导下，读书风气从士大夫普及到民间。颜之推在《颜氏家训·勉学》中告诫子孙：“积财千万，无过读书。”明清之际，凡经济较为富庶的地区，十户之家，不乏读书之声，通达之家，不乏读书之人。浙江翁森作诗《四时读书乐》以记其事。

春

山光照槛水绕廊，舞雩归咏春风香。

好鸟枝头亦朋友，落花水面皆文章。
蹉跎莫遣韶光老，人生惟有读书好。
读书之乐乐何如，绿满窗前草不除。

夏

新竹压檐桑四围，小斋幽敞明朱曦。
昼长吟罢蝉鸣树，夜深烬落萤入帏。
北窗高卧羲皇侣，只因素恋读书趣。
读书之乐乐无穷，瑶琴一曲来薰风。

秋

昨夜庭前叶有声，篱豆花开蟋蟀鸣。
不觉商意满林薄，萧然万籁涵虚清。
近床赖有短檠在，及此读书功更倍。
读书之乐乐陶陶，起弄明月霜天高。

冬

木落水尽千崖枯，迥然吾亦见真吾。
坐对韦编灯动壁，高歌夜半雪压庐。
地炉茶鼎烹活火，四壁图书中有我。
读书之乐何处寻，数点梅花天地心。

明清两朝，读书之风更广泛。明儒在唐宋禅学、理学的基础上，形成了心性学说，并形成了阳明学派、白沙学派、甘泉学派等若干学派。在教育上，以八股文为主，专以四子书及《易》、

《诗》、《书》、《春秋》、《礼记》五经命题试士。学术的繁荣，促进了藏书事业的发展。科举及其八股文，迫使学生读死书，死读书，凡读书人不得不藏书。

明代官办学校依然是郡县之学与太学，招生名额有定数，京府学60人，外府学40人，州县学30及20人。为解决广大百姓就学的问题，洪武八年，诏天下立社学，让乡村人民得教化，导民化俗。15岁以上少年皆送学读书，习以孝悌、忠信、礼义、廉耻，歌《诗》，习《礼》，让其知晓冠、婚、丧、祭之法。社学教育的发展，使文化得以普及，藏书活动频繁。

明代书院继元之后，有很大的发展，各省设有书院，书院是士大夫阐发学理、宣讲学术的教育基地。一般的书院有着大量的藏书。

清朝官办学校与民办学校并举，国子监、府学、州学、县学、书院为官学。社学、义学为民办学校。士商子弟，多习于家塾、公私学校。教育普及到方方面面，藏书之家，也由官吏、富商、士族发展到平民百姓，特别是清代中叶以后，兴起的考证学派，引经据典，更需要大量藏书。

四、藏书本是为了育人

我国古代的藏书文化十分发达。藏书达10万册以上的家庭为数不少。明清时期藏书达万册的家庭，在经济发达的地区是司空见惯的。人们为什么要花那么多钱买书藏书？为什么要提出“积财千万，不如藏书？”明代藏书家祁承㸁的《淡生堂藏书约》，以教育子孙的肺腑之言，道出了藏书与读书的必要性，其中很多语言颇富哲理。现将该文转录如下：

淡生堂藏书约

明　祁承㸁　（绍兴）

余十龄，背先君子，时仅习句读，而心窃慕古。通奉公在仕二十余年，有遗书五十七架，典卧楼上。余每入楼，启钥取观，阅之尚不能取其义。然按籍摸索，虽童子之所喜，吹笙鼓者，弗乐于此也。先孺人每促之就塾，移时不下楼，继之以呵，终恋恋不能舍。比束发就婚，即内室奁中物，悉以供市书之值。时文士竟秦汉语为比喻，益沾沾自喜。每至童子试不前，亦夷然不屑也。及舞象而后，更沈酣典籍，手录古今四部，取其切近举业者，汇为一点，卷以千计。十指为裂，然性尤喜史，书生欲得一全史为力甚艰。偶闻盱江邓元锡有函史，隐括颇悉，郭相奎使君以活版印行于武林者百许部，一时竟取殆尽。遂亟渡钱塘，购得其一，惊喜异常，不亚于贫儿骤富矣。时方馆于富春山中，昼夜展读，一月而尽。遂苦于怔忡，不成寐有数月，致有性命之忧。癸巳，读书云门僧房，与柳贞之共处讲席。贞之好读宗乘事，正与病惬，乃稍稍戒观书。然而蠹鱼之嗜，终不解也，凡试事过武林，遍访坊肆所刻，便向委巷深衢，觅有异本，虽鼠余蠹剩无不珍重，市归，手为补缀。十余年，馆阁之所得、膳粥之所余，无不归之书者。合之先世，颇逾万卷，藏载书堂中。丁酉冬夕，小奴不戒于火，先世所遗及半生所购，无片页存者。因叹造物善幻，故欲锻炼人性情乃尔。遂北人成均燕市，虽经籍渊薮，然行橐萧索，力不能及此。每向市门倚楼看书。友人辄以王任仲同嘲。辛丑下第归。稍葺一椽，寻欲籍书其中，而旋以释褐为令。初吏宁阳，掌大一城，即邑乘且阙，安有余书？及更繁茂苑？其为经籍渊薮，虽犹之燕市乎？然而吏事鞅掌，呼吸不遑。初非畏风流之罪过，实迫于晷刻之无年耳。间有见贻，即以坊梓，且多重复，奇书异本，无从用而寓目焉。自入白门，力寻蠹好，询于博雅。觅之收藏，兼以所重，易其所缺，稍有次第。然而汉唐人之著述，则不能用十一于千百也。癸丑，偶以行役之便，岁经园居，复约同志，互相汇集广为搜罗，夏日谢客杜门。因率儿辈手自插架，编以综纬二目，总计四部，其为类者若干，其为帙者若干，其为卷者若干，以视旧蓄，似再倍而三矣。夫余之嗜书，乃在于不解文义之时。至今求之，不得其故，岂真性生者乎？昔人饥以当食，寒以当衣，寂寥以当好友，余岂能过之。第所谓胸中久不用古今浇灌，便尘俗生其间，照镜则面目可憎，对人则语言无味，殆为是耳！然而聚散自是恒理，即余三十年来，聚而散，散而复聚，亦已以再见轮回矣。今有期尔辈有聚无散哉。要以尔辈继尔翁一生精力，……虑衡心田，艰难不避，讥呵不辞，节缩衣食，变易寒暑，时复典衣销带，犹所不顾，则尔辈又安忍不竭力以守哉。至竭力以守，而有非尔辈之所能守者，夫固有数存乎间矣。今与尔辈约，及吾之身，则月益之，及尔辈之身，则岁益之。子孙能读者，则以一人尽居之，不能读者，则以众人递守之，入架者不复出蠹啮者必速补。子孙取读者，就堂检阅。阅毕即入架，不得入私室。亲友借观者，有副本则以应，无副本则以辞。正本不得出密园外。书目视所益多寡，大校近以五年，远以十年一编次，勿分析，勿复制，勿归商贾手，如此而已。虽然，元美有言："世有勤于聚而俭于读者，即所聚穷天下书，犹亡聚也。吾岂能必尔辈之善读，读而且饶于辞哉。”盖有味于黄鲁直之言也。四民皆当世业，士大夫家子弟，能知忠信孝友斯可矣。然不可令读书种子断绝。有才者出，便名世矣。斯于藏书之意乎。因杂取古人聚书读书足为规训者列于后，而并示以购书鉴书之法，令儿辈朝夕观焉。

读书训并序

人亦有言，养子弟如养芝兰，既积学以培植之，又积善以滋润之。自幼律之以严，绳之以礼，则长无不肖之悔。然积学岂易言哉。子弟之学，非取其名学之而已也。颜氏之训曰：士大夫子弟，数岁以上，莫不被教。及至冠婚性体稍定，有志尚者，遂能磨砺以就素业。无履立者，自兹惰慢，便为凡人。饱食醉酒，忽忽无事，以此销日，以此终年，及有凶吉大事，议论得失，蒙然开口，如从云雾。公私宴集，谈古赋诗，塞默低头，欠伸而已。有识旁观，代其入此，何惜数年学，长受一生愧辱哉。梁朝全盛之时，贵族子弟，无不薰衣剃面，傅粉施朱，驾长檐车，跟高齿履，坐棋子方褥，凭丝隐囊，列器玩于左右。从容出入，望若神仙，当尔之时，亦快士也。及时异势殊，求诸身而无所得，施之世而无所用，被褐而丧珠，失皮而露质，兀若枯木，泊若穷流，当尔之时，诚为材矣。若能常保数百卷，千载终不为小人。谚曰：积财千万不如薄技在身。技之易习而可贵者，无过于读书。世皆欲识人之多，见事之广，而不肯读书，是犹求饱而懒营馔，欲暖而懒裁衣也。之推之言。其警人也至矣。尔辈时读一遍能无惕然？要以所贵读书，非仅涉猎，便可自足，王僧虔之戒其子也，汝开老易卷头五尺许，未知辅嗣何所道，平叔何所说，马郑何所异，指例何所明，而便盛于尘尾。自呼谈士，此最险事。且百家诸子，皆言家口实，如客至之有设也。汝皆未经拂耳瞥目，岂有庖厨不修而欲延大宾者哉？张衡思侔造化，郭象言类悬河，不自劳古，何由至此。旨哉斯言。世传六朝徒尚虚浮，而其教子弟者，乃谆谆务实如此。琅琊王氏，世传青箱学者以也夫。尔辈读书，务须奋志法古。古人足尚者，安可枚举，姑疏记二、三则，示例。①

祁承㸁在读书训及序言中反复阐发读书与藏书的关系，讲到了书与金银的不同，讲到了个人享受与知识积累的关系。他在聚书训中讲："凡人积金玉亦欲遗子孙，金玉之利有限，书籍之利岂有穷也"，"书值不可较价值"。接着，祁承㸁述说了"聚书"、"购书"、"鉴书"等要领，指导子孙后代藏书读书之法。祁承㸁这篇文章成了人们教育子弟的范文，至今读来，语意犹新。所谓诸子家训，这两篇则为优矣。

五、藏书与金榜题名

到了明清之际，人们十分重视读书，读书人惟一的出路在科举。一旦金榜题名，则荣禄俱来。个人的成就感，家族的荣耀，一起表现在科举进士及第上。明清两朝一共产生了5万多个进士，分布在800多个家族中，享有进士数最多的姓氏依次为：王、张、李、陈、刘、吴、杨、周、黄、徐、赵、朱、孙、胡、

---

① 选用本文时，本书作者做了标点断句。

林、郑、沈、马、汪、曹。其中超过1 000名进士的姓氏为：王、张、李、陈、刘、吴、杨、周、徐。第11位“赵”姓至第20位“曹”姓进士数在900—370个之间。

明清两朝共产生201个状元，分布在81个姓氏中。王姓11个状元，陈姓10个，张及吴各9个，刘姓8个，孙及李各6个，彭及林姓各5个，韩、徐、杨、朱、赵、钱、汪姓各4个，蔡、戴、胡、黄、金、马、罗、陆、翁、秦、沈、唐、周、庄姓各3个，丁、曹、顾、洪、吕、龙、梁、史、肖、姚、于姓各2个，剩下39个姓氏各产生了一个状元，其姓氏是：毕、费、邓、范、傅、龚、归、柯、焦、蒋、康、黎、缪、毛、茅、伦、钮、骆、潘、任、茹、施、商、科、文、魏、许、邢、谢、舒、夏、余、严、诸、邹、章、钟。

状元的地理分布各地不一，据《中国状元谱》我们可以计算出，最多的地方为：苏州18个，吴县12个，杭州9个，绍兴9个，闽侯8个，鄞县5个，常熟6个，南京6个，武进6个。

状元数量的分布与藏书家人数的分布大致是相吻合的，例如《吴中先哲藏书考略》一书收录了苏州藏书家共162人，《江浙藏书家史略》共收录江苏、浙江两省藏书家399人，《武林藏书录》收录了杭州的藏书家74人，而《中国藏书家考略》共收集了全国自秦汉清共741个藏书家。这说明了科举中选人士的地理分布与藏书家的人士分布基本是一致的。科举中选人多的地方是教育发达的地方。凡教育发达的地方，是读书风气很浓的地方，也是藏书活动最有名的地方。明清进士中王、张、李、陈四姓氏进士人数最多，在《中国藏书家考略》中也以张、王、李、陈藏书家人数为多。一个宗族中藏书家的多少与其中进士数量的多少也是成正比例关系的。据北京歙县会馆观光堂题名榜，仅清歙县汪姓有进士29人，汪姓载入《历代藏书家辞典》人数很多。如：汪中（公元1744—1794年）、汪士汉（清）、汪云荪（清）、汪师韩（侨居钱塘公元1707—?）、汪启淑（公元1728—1799年）、汪宗沂（清）、汪廷熙（汪中之孙）、汪泰来（公元1712进士）、汪泽辰（泰来之子）、汪继昌（公元1649年进士）、汪梧凤（清）、汪喜荀（汪中之子）、汪稚川（清）等13人。应该还有汪诚、汪涛2人。

清代安徽歙县汪姓产生了29个进士，有15个藏书家。我国共有3 000多个县级行政单位，《历代藏书家辞典》共收录藏书家3 400余人，一个县级行政单位平均不足有一个藏书家。而且是从秦至清2 000年间，歙县仅清代一个朝代，一个汪氏宗族就有藏书家15人。明清两朝共有进士51 724人，平均一个县只有17个。清朝仅歙县江苏汪氏宗族就有进士29人。现列表5—2如下。

表5—2

全国平均每个县含有量	歙县、汪姓、清朝
藏书家（秦—清）1	15
进士（明清）17	29

在科举上，徽州有很多奇迹，如“连科三殿撰，十里四翰林”、“兄弟九进士”、“兄弟四尚书”，“一榜十九进士”（指歙县），“一郡同科两元”及“同胞翰林”等。徽州人十分重视教育，明代徽州有书院54所，清代康熙年间有社学462所。十户之

村，不废诵读，茅屋之中书声朗朗。

徽州是人才之乡，教育之乡，也是藏书之乡。仅歙县汪氏（包括侨居外地的人）就建了很多藏书楼、藏书室。如明代汪廷纳的“环翠堂”书坊、汪应鹏的“玩虎轩”、汪济川的“主一斋”、汪道昆的“大雅堂”。清代则有：汪与图父子的“一隅草堂”、汪启淑的“开万楼”和“飞鸿堂”、汪森祖孙5代的“裘杼楼”和“小方壶”，汪文柏的“古香楼”和“擒藻堂”等。人才辈出，教育发达，文化繁荣，不是得于本地藏书文化的发展吗？

清代诗人汪由敦在《双溪绝句七十首》中，描写了他的家乡——双溪的村落文化。70个主题中，与读书藏书有关的主题诗就有：重榭、梅廊、石莲公别墅、世经堂、经笈堂、溪上草堂、双凤坊、世进士坊、储英会、文会、世科坊、春晖堂、书种堂等。我们读他的诗，便能知道当时双溪的村落文化。一个村分作屏山区、石鲸湖区、玉尺山区、摩青山区、鹰山区、瀛山区、桃花坞区、羊栈关区。每一个区有一系列建筑，每一系列建筑中有藏书楼或读书亭。汪由敦的诗描绘出一个美好的村落文化环境和读书学习的好环境。

双溪绝句七十首①

有序　汪由敦

由敦生晋陵北郭，时惟壬申首春，阅十龄。始随侍从两大人还双溪故里。寻复游学吴越间，或间岁一归，至今二十有五年矣。其为双溪人者，才五六年。丙申秋归自钱塘间，从世父改亭

① 《四库全书·松泉集》。诗中标点为本书作者点标。

先生，语：里中故迹退，而稍加诠次，前后得诗若干首，题曰：《双溪集》，他日行役余闲时，一省览，某丘某水恍焉在目，亦犹日撰杖于父老之后云尔。

一、垒石为台古渡头，飞檐高舆烟翠浮。

蜀西仙令留题在，山色溪声共一楼。

村东重榭，旧有额题“山色溪声共一楼”，前令蜀人唐公登俊书也。

二、云厂云封绝点埃，枕流漱石鹰山隈。

谁从丝竹东山地，清箪疏廉数举杯。

鹰山在村东，上有督学三余公别业，曰“漱石斋”，石门上篆题“云厅”二字，赵凡夫笔也。每九日邀先迥卿、石莲公子、仪公兄弟、分韵雅集于池，草阁公吟诗刻石俱存武林。

三、闻道登高梅廓好，怕寻残磴歇摩青。

几回冷阁凭栏望，红树斜阳簇画屏。

梅廊在屏山之巅，稍下为摩青馆故址，冷阁即漱石中杰阁也。

四、谁遣名园驻总戎，花开翻映绣旗红。

牙笺零落三千卷，墙角燎衣杂马通。

石莲公别墅在村北，董文敏题曰“书种堂”，中有霁园，朋石斋，慎余斋，多名花奇石，后防守据为营，寻颓废。

五、四宜轩敞玉玲珑，刺眼荒藤灌莽丛。

百丈游丝晴袅袅，一亭红雨画朦朦。

四宜轩在书种堂后，后有大池，红雨亭跨池上，池旁遍种桃花。

六、柿叶阴浓复小池，石栏清滋染榆縻。

因延好客锄三径，更向天香折一枝。

先赠御史次岳公读书处，曰："世经堂"，"焦淡园"，先生所题。楼前有池，上种柿树，后有竹林，今老桂尚存。

七、达观亭俯碧溪浔，露叶松稍半亩荫。

薜荔扶墙门自锁，徽之若到任情深。

达观亭为先参议云岳公别业，今割其半入吴氏。

八、堂前老桂迥凌云，扑砚晴香画郁纷。

拈出遗山诗更好，竹香时向静中闻。

经笈堂在达观亭之东，亦先参议公别业，庭前桂极高，遗山诗："潭影乍从明处见"一联，家秋屏太史所摘联句。

九、溪上草堂横素书，溪光如练绕前除。

草堂灰炉流仍洁，识取源头合问渠。

余家旧有溪上草堂，毁于火。先大父重建，高叔祖三余公颜以问清居，寻复毁。

十、游人无复向平泉，零落梅花涨满川。

若胜梨园傍村尾，只余森木乱鸣蝉。

黎园在村东，旧多亭馆。

十一、百尺楼高卧白云，匡床榧几对斜晖。

一条山带露山笠，叫过西风雁几群。

百尺楼在摩青山，笠亭在鹰山馆，俱可远眺。

十二、颜介旧传家训在，槎潭湾去荫安台。

思沾道晖煎香草，竹树千行着意栽。

自鹰山而西二里曰"槎潭湾"，中途有台曰"荫安"上有亭，先户部硕斋公施茶处，人呼为"百岁亭"，道旁竹树以庇行者，禁不得樵筏，见颜氏家训。

……

二十、门第从来说两河，题标双凤里鸣珂。

纵饶诸阮分南北，照道斋书世甲科。

天顺甲申果公登进士，嘉靖甲辰珀公继登进士，建坊曰“双凤”。

二十一、开元国柱冠河西，拥节名从谱碟稽。

坊表近传辰戍未，扫苔谁为续前题。

唐征天下望族，以16姓为国之柱，河西汪氏居其一，吾宗派出旌城，谱云：先世多拥旌典郡，故以名村。先参议公登嘉靖甲辰进士，迴卿公登万历庚戌进士，督学公登已未进士，桓兴公登崇祯癸未进士，村西有世进士坊。

二十二、春晖堂上散朝恩，世德曾高驷马门。

百岁家庭传盛事，产文孙又产文孙。

九世祖年百岁，封户部公父也，自参议公至迴卿公督学公，兄弟皆再世通籍。礼垣邵公庶庚戌赠言：“有产文孙，复产文孙，赐进士又赐进士”之语“春晖堂”。封户部公别业在槎潭。

二十三、述祖长哦谢监诗，通都百番播乌丝。

只怜白发征文献，暝写晨抄付阿谁。

“明经”鹰山公有述祖德长律，刻于临安，眉生叔祖撰《世征录》，网罗先世遗文，凡七册，册寸许（厚），今已散佚。

二十四、胜友传柑腊酝黄，储英高会文人行。

只今谁复思耆旧，人日题诗旧雨堂。

先祖联里中，耆宿每岁人日九日，登高置酒，曰“储英会”，先叔文学畅思，公兴怀执友，有“人日呈家改亭伯”诗，旧雨堂，叔小款所署也。

二十五、谁擅登高作赋才，灵珠荆璧斗玫瑰。

广筵待月分题处，排闼空青四面来。

里中向有文会，中废，叔祖侍郎涵斋公重兴，初会于来青书院，释真子朱子，定期上元，复二日，集诸文士，分题课艺。

二十六、月明不上史公楼，良夜追欢泛四游。

金缕曲终云不散，浣纱的的在溪头。

督学三余公有小湖舫，题曰“四游园”。叔秋屏太史亦制秋水篇，明月旬，其船联也。督学公家鹤珠小伶，擅名浙中，先曾祖畜小伶，善演浣纱剧。

二十七、家伶两部管弦张，一曲当筵也擅场。

驱犊归来坐春雨，更教儿辈理宫商。

先封户部公好丝竹，先参议公教家僮清歌娱老，一部居瓜园，一部居槎潭，至今世其业。

二十八、旧社兰亭最擅名，中舍（戴一美）五瑞（吴锡圭）

与云卿（吴文汉）。环中（吴廷枢）以后推公素

（吴文炜），狂草怀公楷率真。

里中善书者结兰亭社，始于明神熹间，诸子尤杰出，公素翁与家大人交契，予还里时，年已八十余矣，犹临醴泉帖见贻，近来乡榜署多出其手。

二十九、毕家住接冬青树，名姓曾传淡墨书。

十二乙科九进士，云仍阀阅近何如。

毕家昔为里中著姓，所列世科坊，自天顺壬午至嘉靖丁酉，登贤书者十二人，进士九人，今其子多散处他邑。

三十、先生乌角蹑芒鞋，御院除人早授阶。

壶里有天春尚满，苦吟谁识杏花斋。

里人金太医有奇精歧黄，先卿公赠以“春满壶天”匾额，所著《杏花斋诗》不传。

三十一、锦石中流行藻针，金龟不羡紫泥函。

蛟螭蝌蚪从人辩，山水平章别署衔。

溪底有大方石，号印石。

三十二、溪光淼淼树瑟瑟，云影风沦映彩毫。

谁写新诗坐相对，紫金浮玉一痕高。

溪中有石，浮出水面，号笔架石，紫金浮玉，老米研山也。

……

五十九、竹柏萧森种慧庵，旃檀香树供瞿坛。

篝灯小阁匡庐梦，朵朵慈云护法龛。

村东二里为种喜庵，中有旃檀佛，左余思阁，供先迴卿公西江生像。乙丑庚寅间予兄弟读书阁中，阁外为邑西孔道，有亭施茶庵，僧主其事。

六十、大道枫林朔吹悲，东皋逶迤杂葳苏。

更无人酹清明酒，雨蚀风磨义士碑。

村东道旁有碑，漫灭不可辨，人皆呼为义士碑。

六十一、石发侵阶抵树林，瓣香真印妙明心。

合移孝子祠中住，山谷泠泠写梵音。

抵林庵，金子骏太史室女焚修处，周孝子祠亦女僧庵，在村西杭埠岭。

六十二、步虚声出白云限，象简朝真日几回。

丹灶苔封鸡犬去，天风吹下小蓬莱。

李坞栖云处，又名小蓬莱。

六十三、红筵醉客暗香迷，曲馆花深有凤栖。

燕麦兔葵随地长，夜鸟依旧隔墙啼。

凤栖馆。

……

七十、千家烟火水弯环，四面云林拥翠峦。

若为双溪图十景，晴岚霁雪仿荆关。

旧传双溪十景曰：埠岭樵歌　洪洲牧笛　瀛山钓月　辛野耕云

南涧飞泉　西津古渡　茶潭夜棹　古寺晨钟

羊栈晴岚　豹峰霁雪

汪由敦的诗句画出他的故乡双溪读书、藏书、学习的人文环境。

双溪人文环境有益于读书。楼阁坊亭建在风景点上，各个风景点有藏书，或儒藏，或道藏，或佛藏。人们在风景点读书，把读书与摄取自然灵秀结合在一起。

全国类似徽州的藏书与教育相长的地方比比皆是。如浙江的杭州、宁波，江苏的苏州、常熟、扬州，广州的南海，福建的莆田等等。

江苏常熟钱家的进士与藏书家，也是教育相长的典范。常熟钱氏在明清之际共有7个进士，9个藏书家。

进士：钱时俊　万历三十二年……藏书家（谦益侄，先其叔谦益登榜）

钱谦益　万历三十八年……藏书家，其子孙、昆弟谦孝、从祖弟谦贞以及重孙，族孙共9人为藏书家。

钱裔禧　顺治四年

钱祖寿　顺治四年

钱天定　康熙二十七年

钱以铨　乾隆二年

钱禄泰　光绪二年

常熟钱家数代人喜爱藏书，注重教育，有多人考取了进士。藏书促进了教育，教育必须注重藏书；藏书繁荣了教育，促进了教育出人才。

第三节　百业兴旺　渊溯源津

——藏书与经济发展

衣食足而知荣辱。人的文明礼貌精神状态与经济状况息息相关。经济发达，社会便稳定；经济发达，政治便开明，人们的思想禁锢也少；经济发达，政治开明，社会稳定，人们便对未来充满了希望。于是，读书与学习，便成了人们最关心的事情。通过读书与学习，丰富了人们的生活；通过读书与学习，人们的思想与感情也得到了归属；通过读书与学习，人们掌握科学知识，能有较高的判断能力和决策能力；通过读书与学习，人们的道德情操得以升华，人们能够相互谦让，高风亮节，尊老爱幼，扶弱济贫。读书、学习，提高了人们个人的素质，也推动了社会文明的发展。

一、藏书事业的发展随着经济的发展而发展

大量的史实给我们描述了图书馆事业发展的历程。《中国藏书家考略》（1929 年出版），全书共收录中国自秦至清藏书家 874 人。虽然其他藏书家辞典收录人名较多，达 3 000 多人，但惟有这部考略未将刻书家、校勘家等混同藏书家列入。我们现在就以《中国藏书家考略》为依据，分析我国的藏书与经济的关系。我们将藏书家按其家乡所在地进行统计（地址不明的除外），得出中国历代藏书家地理分布状况（江浙主要藏书地区另列表）见表 5—3。

表 5—3

汉代		济南、河北、宜城各 1
隋代		高阳(河北保定)1
唐代		京北(陕西)1 不明地 6
五代十国		潼川(陕西)1 济阴(山东荷泽)1 博昌(山东博兴)1 青州(山东)1 太原(山西)1 不明地 2
宋代	河南(6)	开封 2 宋城(商丘)1 清丰 1 卫州(汲县)1 大梁(开封)1
	安徽(6)	汝阴(阜阳)3 庐州(合肥)1 历阳(和县)1 宣州 1
	四川(7)	华阳(成都)4 建昌 1 眉山 1 普州 1
	福建(5)	建安(建宁)2 莆田 2 南安 1
	河北(3)	赵州(赵县)2 燕 1
	江西(7)	高安 2 庐陵(古安)1 西江 1 丰城 1 临川 1 南丰 1
	陕西(4)	兰田 1 洛阳 1 京北 1 兴元 1
	山西(4)	祁县 1 夏县 1 陵川 1 代州 1
	山东(5)	诸城 1 东平 2 济南 1 钜野 1

续表

金代		太原1 石州1 安邑1(全山西人)
元代	山西(40)	太原1 稷山1 析州1 溥州1
		寿张(阳谷)1 河北真定1 不确凿地6 (其中山东1、山西1)
明代	山西(8)	潞州(长治)1 闻善1 濮州1 曲沃1 浦州1 猗代1 榆次1 绛州1
	河南(2)	祥符(开封)1 大梁(开封)1
	山东(3)	章邱1 益都1 历城1
	江西(5)	庐陵(吉安)2 安吉1 吉水1 分宜1
	河北(3)	景山(北京)1 怀安1 真定1
	湖北(1)	崇阳1
	福建(6)	闽县3 晋江2 侯官1
	四川(2)	开州(开县)2
清代	山西(12)	安邑(运城) 长治 介休 阳城 洪洞 定襄 崞县 原高平 平定 泌州 解州
	山东(12)	莱阳 益都 历都 诸城 德州 德清 聊城 平望
	安徽(6)	歙县 宣城 望江 新安 休宁 合肥
	江西(1)	临川
	福建(5)	泉州 侯官 晋江
	湖南(5)	宁乡 武陵 湘潭 长沙 新阳
	河南(3)	大梁(开封)偃师 仪封
	河北(4)	献县 宛平(丰台) 顺天 新城(徐水)
	湖北(2)	宜都 汉阳
	陕西(1)	奉天(干县)
	贵州(1)	独山
	辽宁(1)	辽阳
	广东	顺丰 南海 广州

从表5—3中我们发现，我国历代藏书家的分布是不断变化的，其规律是自北向南逐渐转移，北宋及其以前，我国著名的藏书家主要分布在黄河以北及淮河流域。宋以后，移到了长江两岸，藏书家主要分布在江浙一带，并向广东地区发展。近现代的藏书家则分布在珠江流域较多。根据统计，历朝藏书家分布的主要地区是：

五代以前分布在陕西、山西、山东、河北、河南一带。宋代主要分布在河南、四川、江西及安徽北部。金元两代主要分布在山西、山东、河北一带。明代主要分布在山西、福建、江西、江苏、浙江。清代主要分布在江苏、浙江、山西、山东、安徽，并向广东地区发展。

江浙一代是我国藏书家最为密集的地区。其分布状况大致如表5—4所示：

表5—4

地名	宋朝	明朝	清朝	地名	宋朝	明朝	清朝
常熟（39）	2	13	24	绍兴（9）	3	2	4
杭州（78）	7	16	62	苏州（91）		45	46
常州（27）	1	15	11	太仓（7）		3	4
海宁（27）	1	3	23	扬州（6）	1		5
嘉兴（17）		8	9	江阴（5）	1	3	1
无锡（11）	1	9	1	南京（7）	1	3	3
昆山（10）		7	3	秀水（7）		5	2
松江（6）		4	2	宁波（6）	1	5	13

明清两朝，江浙一带是我国藏书楼最多的地区，明朝苏州的藏书家最多，达45个，其次是杭州16个，再其次是常州、常熟、无锡、嘉兴、昆山、宁波。清朝则杭州第一，苏州第二，常熟第三，海宁第四，宁波第五，嘉兴第六，扬州第七。藏书家较多的7个城市辖区内，明朝有5个城市是江苏省的，即：苏州、常州、常熟、无锡、昆山，只有2个城市是浙江省的，即杭州与嘉兴。清朝时则发生了很大的变化，藏书家较多的7个城市中，浙江占4个，即：杭州、海宁、嘉兴、宁波。江苏仅3个，即苏州、常州、扬州。我们打开地图可以看出，藏书重心向南转移了。到了近代，广东一带则产生了一些现代图书馆学家。

二、各个朝代藏书重心与经济发展

公元403年是中国文化史上一个重要年头。这一年，东晋桓玄下令废简用黄纸，简帛时代自此结束，图书文献进入了纸本时期，这时雕版印刷尚未开行。公元420年以后洛阳与西安一带出现了专门抄书为生的“经生”、“拥书人”，街市上有抄书出售的“书贩”。雕版印刷则比这晚很多年。明代陆深在《河汾燕闲录》中说，隋文帝开皇十三年十二月八日令雕撰废像遗经，是印书之始。明胡应麟说“遍综前论，则雕本綮自隋时，行于唐世，扩于五代，精于宋人，此余参酌诸家，确然可信者也”。[①]

隋朝有了雕版印刷图书，《释氏稽古略》载，杨广平陈以后，藏书达90多万卷（903 580卷），杨广（隋炀帝）命令将秘阁图

① 《少室山房笔丛》卷四。

书抄写50个副本，分三品，上品红琉璃轴，中品绀琉璃轴，下品漆轴。90万卷，亦仅18万种书。

历史上记载隋朝私人藏书家不多。秘书丞许善心藏书近万卷，柳顾言藏书近万卷，颜之推藏书甚富。费长房与释彦琼藏佛教书分别为6 235与5 058卷。这些藏书家都与官方有一定联系，纯粹民间藏书在历史文献中记载不多。隋朝对图书典籍控制很紧，如隋文帝下令私家不得隐藏纬侯图谶，禁止民间流行音乐，隋炀帝竟派人四处搜查与谶纬相涉的书籍。这样闹得人心惶惶，人们不敢藏书，连乐谱也不敢收藏，乐工万宝常将其著《乐谱》64卷尽行焚毁。同时，隋朝的经济与印刷术虽然发展了，但尚未见特色。

经过隋末战乱，藏书焚毁严重，公元618年唐朝开国，当时仅有藏书8万卷。唐朝开国以后，实行租庸调制，经济繁荣，官方与民间文化十分发达，官方与民间藏书也开始兴盛起来。公元627年唐太宗即位，弘文殿藏书达20余万卷。魏征、虞世南等请购天下书，选五品以上子孙工书者为书手，缮写于库，官方藏书日见丰富。

1. 藏书大家

唐朝雕版印刷技术尚不成熟，图书生产率不高，私人藏书不多，藏书达万卷者更少，其屈指可数者有：

杜暹，山东人，开元中，官监察御史，拜安西副都护，同中书下平章事，礼部尚书等，积书万卷。

吴兢，河南开封人，长安中直史馆修国史，迁水部郎中、谏议大夫、荆州司马等。聚书13 400余卷，有《吴氏西斋书目》。

韦述，京兆人，在唐史馆工作达20年，蓄书达2万卷。

李泌，京兆人，唐德宗时任宰相，封邺侯，藏书达3万卷。

苏弁，京兆人，唐贞元间任度支郎中，滁州刺史，藏书2万卷。

杜谦，京兆人，唐元和时任苏州刺史，擢河南尹，藏书达万卷。

韦处厚，京兆人，曾任唐代集贤校书郎，直史馆，咸阳尉，户部郎中，中书舍人等，藏书万卷。

柳公绰，京兆人，任侍御史中丞，大和四年，任河东节度史，兵部尚书，藏书万卷。

陆龟蒙，长州人，其七世祖陆元方曾提任唐监察御史，同凤阁鸾台平章事。其八世祖陆柬之是名画家，授官太子司仪郎，其六世祖象先、景融皆名学者，龟蒙有田数百亩，屋30楹，屡召不仕，藏书万卷。

王涯，其先太原人，父温州刺史，他自己被任命为工部侍郎，长庆三年为御史大夫，藏书颇丰。

柳仲郢，京兆人，公绰子，元和末进士及第，校书郎，后擢太平节度使，有书万卷。

李溪，江都（今扬州）人，进士，累迁户部郎中，乾宁中授同中书门下平章事。聚书万卷，室名李书楼。

蒋乂（吴兢外孙），宜兴人，官兵部郎中，居史职20年，藏书1.5万卷。

田弘正，河北平州人，官至检校司徒，同中书门下平章事，穆京诏其兼中书令及节度使，起藏书楼聚书万卷。

唐代藏书万卷的14个人中，7人是京兆人，即陕西西安人。其余的人，山东兖城、河南开封、山西太原、河北平州、江苏苏州、扬州、宜兴各1。

唐朝的私人藏书特色是：

（1）官僚藏书。

（2）藏书的富集区在黄河流域的西安。

（3）藏书与当时的经济状况相一致，唐代的长安、开封、太原都是经济发达的地方，这些地区藏书很多。

2. 宋朝藏书与经济

赵匡胤建立北宋政权以后，十分重视经济的发展。他积极地劝导和鼓励农民耕稼、种桑缫丝，鼓励拓荒田，推广优良品种，改进生产工具，兴修水利，以后各代继承皇位者都一再下诏鼓励耕稼，发展生产。

宋代政府在经济建设上不仅仅是口头上的重视，而且采取了一系列措施推动经济的发展，在经济的管理过程中，充分发挥其政府的职能。

宋朝采取了均田、垦荒不纳租等政策，嘉奖耕稼成绩卓著者，政府给农民配备农家师指导耕稼，代农民解决种子、耕牛、多余劳力调剂的问题，推广占城稻、绿豆等新作物品种，推广新改良农具踏犁，引泾水灌溉洛阳4万顷土地，引白渠注渭水中，疏黄河水凿山岭入唐、邓、襄三州等。宋兴修农田水利10 793处，灌溉农田361 178顷。宋初耕地面积从2 953 300多顷增加到5 247 500多顷。宋朝人口增殖很快，开宝末年至天禧五年45年间，人口从309万户增加到867万户。

宋朝江苏、浙江是主粮区，四川、广南自给有余。江南、两浙、荆湖、岭南、福建皆种植高产粮水稻，茶、糖也发展很快，福建建安的“建茶”，遂宁郡的糖最为驰名，茶税一年收入数百万缗。宋朝桑、麻、果树、花卉、药材广为种植，这也成为繁荣经济的一个重要因素。

宋代的作坊、食品业、矿冶业、棉纺丝织、造船业等十分发达。商业城市主要有汴京（开封）、南京（商丘）、西京（洛阳）、真定（河北定南）、建康（南京）、平江（苏州）、扬州、陵兴（南昌）、成都、叙州（宜宾）、明州（宁波）、广州等。

北宋时，重要的经济区有关中、河南、江苏、浙江、江西、四川。《宋史·食货志上三》“漕运”写道：“先是，四河所运未有定制，太平兴国六年（公元 981 年），汴河岁运江淮米三百万石，菽一百万石；黄河粟五十万石，菽三十万石；惠民河粟四十万石，菽二十万石；广济河粟十二万石，凡五百五十万石。”北宋时漕运江淮第一，黄河第二。粮食征收黄河流域已处于第二位了。

据《文献通考》二十三卷记载，宋宣和元年各州上贡的钱物中，最多的几个州是：两浙路、江南东路、江南西路、淮南路、京东路、福建路。

据《宋会要·食货志》卷三十三，诸路每岁上供金银，最多的州分别是：两浙路、江南东路、江南西路。银：淮南东路、江南东路、江南西路、广南东路。元丰元年以前，宋代的税收银额，南方为 296 691 两，北方为 124 731 两，南方占 70%，北方占 30%。元丰元年以后，北方 38 223 两，南方 171 888 两，北方占 18%，南方占 82%，所以当时宰相李观说天下根本在江淮。

南宋迁都临安，政治经济中心更是转移到南方，那时浙江、江西、福建、江苏、安徽等都是经济发达地区。

宋代藏书万卷以上的藏书家比唐朝多，而且藏书量也比唐朝大。显然，宋朝经济的繁荣、教育的普及，带来了文化的繁荣，带来了人们买书、爱书、藏书的风气。拥有万卷以上的藏书家54人，这还是有据可查的统计，或者说是不完全的统计，有一些藏书家未入史册，无法考证，则不在此例了。

表5—5

姓名	籍贯	藏书量	
荣王宗绰(公元1035—1096年)	开封	7万卷	
王钦臣(王洙子)	商丘	4.3万卷	
王洙(公元997—1057年)	商丘	万余卷	宋公卿
宋敏求(公元1019—1079年)	河北赵县	3万卷	
王莘(元符)	阜阳	万卷	进士官宦
王铚(莘子)	阜阳	数万卷	莘子
赵宗晟(公元1031—1095年)	皇族	5万卷	
王溥(公元922—982年)	山西祁县	万卷	进士司空、修国史
赵令时(公元1051—1134年)	河北源县	数万卷	太祖六世孙
丁颏(宋丁度之祖)	河南开封	近万册	
尤袤(公元1127—1194年)	江苏无锡开化	万卷	与杨万里、范成大、陆游为南宋4大诗家
李觏(公元1008—1059年)	江西南城	万卷	太学助教
李常(公元1027—1090年)	江西永修	0.9万或2万卷	御史中丞
李淑(宋真宗时人)	江苏徐州	23 186卷	龙图阁学士
李衡(公元1100—1178年)	江苏扬州	万卷	秘书阁修撰
李光(公元1077—1159年)	浙江上虞	数万卷	吏部尚书
李清照(公元1084—1151年)	山东济南	2万卷	其父宋丞相
田镐(宋)	北京(燕)	37 000—75 000卷	父田伟

续表

姓名	籍贯	藏书量	
田伟(宋)	北京(燕)	75 000 卷	江都尉
吴永(宋)	山西石洲	万卷	进士
武伯英(此时天下乱)	山西崞县	万卷	进士
张举	江苏常州	万卷	
张昭(公元 894—972 年)	江苏徐州	数万卷	
张洎	安徽全椒	万余卷	南唐李煌赐书
贺铸(公元 1052—1125 年)	河南汲县	万余卷	
贺氏(宋)	浙江吴兴	10 万卷	
陈景元(宋)神宗召对天章阁	江西南城	数万卷	右街副道录
陈振孙(公元 1183—1261 年)	浙江安吉	51 180 卷	光禄大夫
陈起(宋宁宗时乡试解元)	杭州	万卷	
陈贻范(宋 1067 年进士)	临海(浙江)	万卷	庆善楼
晁公武(宋绍兴进士)	山东钜野	24 500 卷	四川转运使并度幕僚
苏颂(公元 1020—1101 年)	福建泉州	万卷	右谏大夫右仆射兼中书侍郎
宋敏求(公元 1019—1079 年)	河北赵县	3 万卷	进士,龙图阁直学士
宋绶(公元 990—1040 年)	河北赵县(赵州平棘)	2 万卷	子敏求
蔡致君(宋)	河南开封	2 万卷	
叶梦得(公元 1077—1148 年)	江苏吴县	10 万卷	进士,尚书右丞
富弼(公元 1004—1083 年)		万卷	宰相
周密(公元 1132—1308 年)	山东济南	42 000 卷	义乌令
周辉	宋绍熙间居杭州、淮海	万卷	隐居不仕

《叶氏过庭录》：公卿名藏书家，如宋宣献、李邯郸；四方士民，如亳州祁氏、饶州吴氏、荆州田氏，吾见其目多在四万卷。

宋代大藏书家颇多，家有万卷以上藏书的人还有如表 5—6 所示。

表 5—6

曾巩(公元 1019—1083 年)	江西南丰	2 万卷	进士,中书舍人
杨纮	福建蒲城	数万卷	太常少卿
胡仲尧(宋雍熙时)	江西奉新	数万余卷	国子监主簿
郑樵(公元 1014—1162 年)	闽莆田	110 972 卷	
郑寅(父樵与陈振孙友善)	福建莆田(郑樵子)	2 万卷	尚书左司
郭永(宋绍兴前人)	元城(河北大名)	万余卷	丹州司法参军
郭延泽(宋太宗时人)	江苏徐州	数万卷	户部员外郎
郭逢原(公元 1040—1099 年)	河南开封	数万卷	朝奉郎
彭惟孝	江西吉安	数万卷	
钱惟治(公元 949—1014 年)	临安(吴越王宗长子)	万余卷	镇国军节度使
朱长文(公元 1041—1100 年)	吴县(1059 年进士)	2 万卷	太学博士、秘书省正字
楼郁(公元 1053 年进士)	觐县(宁波)	万余卷	摄参军事
楼钥(公元 1137—1213 年)	觐县(宁波)	万余卷	资政殿大学士
陆宰	浙江绍兴	13 000 卷	陆游父
沈立(宋神宗时)	历阳(皖和县)	数万卷	江淮发运使
何恪(公元 1160 年进士)	浙江义乌	万卷	徽州录事参军
刘仪凤(公元 1132 年进士)	四川普州	万卷	兵部侍郎

宋代57名万册藏书家中，浙江11个，江苏8个，河南8个，江西6个，河北5个，安徽、山西、福建各4个，山东3个，四川仅1个。不达万卷的藏书家地区分布如下：开封5个，赵县3个，徐州3个，杭州、宁波、商丘、阜阳、吴县及江西南城、山东济南各2个。这样的地理分布，充分说明了藏书家与经济的关系。浙江、江苏、江西、安徽、山西、福建是当时经济较发达的地区，国家税收主要来自这些地方，藏书家也多。开封是北宋首都，有名的商业城市，藏书家不少，达5个。河北赵县与江苏徐州在当时的经济地理上位置十分重要，大藏书家各有3个，在江北并列第二。其他拥有2个大藏书家的城市有7个，都是当时的主要商业城市。多数藏书家所在地处黄河两岸政治中心，长江以北的商业城市中。长江以南的拥有大藏书家的城市是杭州、宁波、吴县、南昌，这与南宋移都临安有一定的关系。宋朝的经济命脉在江淮之间，其藏书也以江淮之间为主。

57名大藏书家中，在朝廷为官的占多数，少数人无官，但其父或其祖宗曾为朝庭功臣，官吏藏书依然是宋朝个人藏书家的主流。宋代官吏是科举入仕，读书才能做官，读书教育必需有经济支撑。所以，藏书的发展与经济相联系，藏书家的多少与某地经济繁荣程度也是息息相关。特别在藏书数量上，唐及其以前藏书家很少，藏书量达10万册的人更少，而宋代有57名藏书逾万卷的人，这说明经济推动了藏书的发展。藏书与知识相关，教育与经济繁荣昌盛的关系密不可分。没有金银万两，断难买得起万册图书。

藏书与经济的相辅相成的关系，还表现在宋朝有了一批可以指导经济发展的图书，直接为经济服务的图书。例如：《广中荔枝谱》（郑熊撰）、《本草》（田锡撰）、《芍药谱》（刘玢撰）、《梦溪笔谈》（沈括）、《营造方式》（李诫著）、《蚕书》（秦观著）、《糖霜谱》（王灼撰）、《泉志》（洪遵）、《橘录》（韩彦直）、《菌谱》（陈仁玉撰）、《全芳备祖》（陈景济编）等。经济发展促进了藏书，藏书又反过来指导经济发展。人民通过看书，直接将前人及当代人的生产工作经验转化为已有，提高了生产率，促进了经济的繁荣。北宋时编印《景德农田敕》，雕版颁行，民间咸以为便。公元1020年，宋真宗允李防之请，雕印《四时纂要》、《齐民要术》二书，赐书劝农司，这些都有力地促进了经济的发展。

3. 明代的经济与藏书

宋以后的元代是一个以武力著称的朝代，文化事业在元朝的统治下发展缓慢。元统治者以攻占城池为主要目的，扩大疆域为崇高目标，全国实行军事、生产、生活一体化的牛录制，军事为主，文化事业不以为然。元统治者把全国分作9种人，最后3种人是七娼八儒九乞丐，儒士在倒数第二位，仅仅比讨饭的叫花子社会地位高一点点。读书之风自然一落千丈。由于宋朝文化发展的惯性及中华文化的传统所在，在元朝士大夫中仍有一些人藏书万卷，如王世昌、阔里古斯、孙道明、裴居敬、陈季模、苏天爵等。

朱元璋征战南北，统一中国后，开始以文治理天下，并停止对外扩张的战争，让民生息，发展经济，繁荣文化。

公元1368年朱元璋颁诏，鼓励农民开垦土地，新垦地三年免赋税，并在规定纳税土地以外垦荒，永不起科。明朝政府大兴屯田以保证军粮，组织各地农民兴修水利，保证农田灌溉。在明朝政府的倡导下，耕田面积增长很快。到公元 1393 年，即洪武二十六年，可耕地比元末增长了 4 倍多，粮食产量增长 2 倍，达到 32 789 800 石。明朝棉纺业发展很快，江苏松江地区形成了棉花与棉布生产的商品化基地。官营的采铁、冶铜、制瓷、造船、织染业工艺精细，年产值很高。明代经济发达的地区主要有：苏州、松江、嘉兴、湖州、杭州、扬州、南京、福建、陕西及四川部分地区，安徽的宣州、徽州地区等。

经济的发展推动了藏书事业的发展，明朝的藏书在规模与数量上远远超过宋代，私人藏书达数万卷以上的有很多人。如：钱塘人方九叙、绍兴人杨维桢、金华人宋濂、昆山人叶盛、济南人边贡、太仓人陆伸、宁波人丰坊、苏州人钱谷、蒲州人孟时芳、兰溪人胡应麟、长乐人谢肇淛、萧山人何汝尹、中牟人张民表。其有准确藏书数字的藏书家有：邵武人谢兆中 5 万—6 万卷，浦江人郑嶲 8 万卷，苏州人朱存理 10 万卷，宁波人范钦 7 万卷，苏州人杨循吉 10 多万卷，松江人何良俊 4 万卷，晋江人黄居中 6 万—8 万卷，太仓人王世贞 3 万卷，绍兴人祁承㸁 8 万卷，福州人徐勃 5.3 万卷，兰溪人徐介寿 5 万卷，绍兴钮石溪 10 万卷，常熟毛晋 8.4 万卷。

明代藏书逾万册的人很多，特别是江苏、浙江两省居于一、二位，福建居第三位。现将江苏、浙江、福建各地藏书万册以上人列表如下（见表 5—7）。

山东、湖北、陕西、山西、河北、河南亦有藏书万卷的人。另外，皇室宁献王朱权、周王朱肃、简王朱成泳、衡恭王朱裕辉、晋庄王朱钟铉、靖王朱奇原、定王朱惟焯、唐高王朱原厚、瑞王朱知烊、泽王朱宠丕、庐江王朱见南等都富有藏书。

表 5—7

浙江省	共 17 人			江苏省	共 17 人		
杭州	1	绍兴	3	常熟	1	太仓	2
缙云	1	金华	1	海盐	3	苏州	5
吴兴	1	宁波	2	昆山	2	江浦	2
温州	1	兰溪	2	松江	1	南通	1
黄岩	1	浦州	1	福建省	共 5 人		
萧山	1	湖州	1	邵武	1	福州	1
平湖	1			晋江	1	连江	1
				长乐	1		

明代私人藏书的分布很有特色。其一，在地理上，分布重心在江苏、浙江以及福建。其二，皇室藏书的人数较多，藏书量大且广。其三，藏书数量增长较快，宋代仅 1 人藏书量达 10 万卷，明代有数人。明代藏书量达5 万卷以上的人有10 余人。其四，明代的藏书大户与宋代相比，身份有了很大变化。宋代绝大多数藏书富户是在职官吏，而明代藏书万卷书以上的人中，很多人不是在职官吏，而是巨富人家。如：王涛、王济、王文禄、杨维桢、郑隽、吴岫、孙楼、沈赞阳、钮石溪、张民表、毛晋等。

江苏与浙江是当时的经济文化中心，粮食丝纺等江浙第一，江浙土地肥沃，湖河交叉，水运方便，这为商业的发展提供了前提。江苏南京又是明代的首都，迁都以后南京虽为陪都，但南京仍然是当时的文化中心。明代皇室、开国功臣很多人分封在这一代，他们积聚的金银消费在这一片土地上，促进了这个地区经济的流通与发展。

福建藏书家的兴起，大概在朱熹以后。自朱熹到福建以后，一个很大的学术群体活跃在福建地区。福建的文化教育繁荣，科举仕途昌盛，官宦也增多了。这是福建藏书事业兴起的基础。

藏书要花钱，古代书价很高，往往一卷书则值钱若干、白金若干、奴婢一个、田地数顷。藏书万卷，需要资金多少，可想而知。

尽管书价很贵，有的人图书越买越多，压架万卷，以至数万卷。可以说，那时非豪富莫言大量藏书。毛晋藏书 84 000 册。常熟毛晋家有良田数万亩，金银满库，建造的藏书楼有“汲古阁”、“日耕楼”、“鼎足斋”、“宝用堂”、“双莲阁”、“读礼斋”、“载德堂”、“续古草庐”、“繁花坞”、“弦歌草堂”等。毛晋藏书，并爱雕刻印刷图书。公元 1641 年至公元 1642 年天下灾荒严重，书业衰落，他为了继续刻完十七史，一次性卖了良田 300 亩。

毛晋藏书、刻书、卖书，天下闻名。时人谚曰：“三百六十行，不如卖书于毛氏。”图书的买卖，形成了人们经济活动的一个组成部分。图书的购销两旺，象征着某一时代经济的繁荣；图书的购销两旺，告诉人们，物质的消费发展到相当的水平后，精神文化产品的消费开始盛行。同时精神文化产品的消费又促进了经济的发展。明代的藏书对经济发展的作用，明显地表现在：藏书家收藏并雕刻了大量的农牧、医书、工程及科技图书，直接对经济的发展起着指导作用。例如徐光启的《农政全书》集中了前人的科技成果，并且在大量的农业实验基础上写成的。他以 60 多万字的笔墨介绍了农具、田制与农事等农业基础知识。王桢的

《农书》也写成于公元1617年，并且雕版印刷，流传甚广。明代及太湖流域农业已很发达，但由于文化的局限性，信息闭塞，各地的优良耕作技术与优良品种需要传播，《农书》与《农政全书》弥补了这一不足，推动了当时的农业的发展。

明代王桢著《新制诸器图说》，宋应星编《天工开物》，王桢与瑞士传教士邓玉函合编《远西奇器图说》。这些书介绍了机械工程、手工业、农业及日常生活中的一些必要且实用的设备制作方法。如农用水车的制作方法、手推车的制作要领等，这对于提高劳动生产率是十分有利的。

同时，屠本峻的《闽中海错疏》介绍了海中的生物，熊三拔翻译了西方药物学著作《药露记》，传教士汤若望写了《矿物探源》和《远镜学》，朱权写了医书《神奇秘谱》，李时珍写了《本草纲目》，龙华写了《地震解》，张燮写了《东西洋考》，邓玉函写了解剖学著作《人身说概》及介绍数学的著作《大测》。这些作品在指导人们认识自然、认识世界、利用自然和利用科技方面起着积极的作用，它间接地为人们发展经济起了一定的作用。

从明朝藏书的特点，我们看到，明朝人已不再局限于个人生活的小环境中，人们的眼光已看到了全球，传教士给中国带来了西方的科技知识及《万国舆地图》，中国经济的发展不再仅仅是一个个小封闭圈了。中国人的经济活动不仅仅是以农业为本，自给自足了。长江中上游地区、珠江流域的藏书事业在发展，该地区的经济在升温，人们已翘首看着大洋彼岸。

4. 清代江浙鼎盛期的形成

清代康熙至乾隆120多年的统治，边疆局势稳定，内地没有战争，人民在和平的环境中生活百余年，百业兴旺，文化繁荣，历史上称这个时期为康乾盛世。

康熙皇帝在位期间，消灭内乱，驱逐外患，削平三藩，收复台湾，平定葛尔丹叛乱，将俄罗斯侵略军驱逐出境。康熙皇帝三次南巡，他大力兴修水利，治黄、治淮，开渠引黄河水入渤海，赈济灾民。自公元1711年起，增丁不加赋；自公元1710年起，3年内免征全国的钱粮，这些措施有力地促进了经济的发展。安徽、湖广、四川、江浙、福建、四川的稻米产量增加了，单位面积产量提高了，官仓满储。江苏、浙江、福建的经济作物与商业发展较快。在松江形成了棉纺织业，苏州与杭州形成了丝织业。另外南京、扬州、广州的商业十分发达。南京、扬州、杭州等城市处于经济发达地带，学者往往聚集在商业城市之中，读书、校勘，作诗、品画。很多学者以富商大贾为依托，治学、交游、攻关扬名。山西商人及徽州商人寄寓江浙经商，发财后投资捐款办教育及发展文化。江苏、浙江的人民在衣食饱暖以后，十分重视对子弟的培养教育。康乾时期，科举殿试前几名多为江浙子弟，曾一连40届状元都是苏杭人。时人称："上有天堂，下有苏杭。"苏州、杭州是我国最繁荣的地带，苏杭的读书、藏书之风很盛。

清代朝廷引导人们读书、藏书。康熙皇帝每天到南书房早读，有时他还给群臣讲解数学、天文等知识。乾隆皇帝亲自给科举状元赐宴，倡导读书。有一臣子在奏章中写有"书生不能胜任"，"书生气"字样，弘历批示：修已治人之道，备载于书，果足以为书，则有耿直谅人之心，行宽和惠爱之政。"书气"二字，尤为宝贵。人无书气，即为尘俗市井气。乾隆皇帝说他天天读书，其实是一书生。皇帝自称书生，他人怎敢非难读书人。可见得他在经济繁荣的前提下，十分重视文治，重视读书。

康乾时期，读书、藏书之风盛行于江浙，财政收入也主要来自江、浙。清代俞樾在《武林藏书录》题辞中描写了杭州的盛况。

“武林山水甲神州，文物东南莫与俦，湘帙缥囊富藏典，香梨文梓竟雕锼。丁君好古承遗绪，上溯六朝范与褚（吴范平、晋褚陶）。遥遥书藏访钱家（宋钱苏），下逮瓶花兼玉雨（吴焯瓶花斋，韩文绮玉雨堂）。我披此录心忡忡，千秋过眼如飞蓬。自叹衰年……因将盛事话乾隆。乾隆一代空千古，文治武功无与伍。大小金川尽削平，更命遗书汇四部。同时四阁建峥嵘，渊溯源津各锡名。旧典已教稽永乐，新书更为访环字。收藏最富惟江浙，特下玺书问存佚。浙中首及曝书亭，次及宁波范天一，犹恐丛残未尽汇，山崖屋壁遍搜求……山塘书贾推金氏，古籍源流能偻指。吾湖书客各乘舟，一棹烟波贩图史，不知何路达宸聪，都在朝廷清问中。星火文书下疆吏，江湖物色到书佣，穷乡僻壤开风气，何况浙江名胜地。遂使汪（启淑·汝瑮）吴（玉阶）范（懋柱）鲍（士恭）孙（仰贤）各将私藏呈中秘。大开书局太平坊，编次诸君日夜忙……颁来图籍共几家（赐给鲍范及汪启淑佩文韵府）。奉到御题凡几首（进书称旨者皆有御题诗句）。西湖建阁号文澜，百有余年未改观……。”①

---

① 括号中的人名为本书作者加。

清代浙江藏书之盛，在蒋恭熙的《浙江采集遗书总目》中可以看出一斑。其书云，乾隆三十七年开四库馆征访天下遗书，武英殿移交900种书，在京官员进呈983种书，直隶总督进238种，奉天府进3种，两江总督进1 365种，安徽巡抚进523种，江苏巡抚进1 726种，浙江巡抚进4 588种，福建巡抚进205种，江西巡抚进859种，河南巡抚进113种，山东巡抚进372种，山西巡抚进88种，湖南巡抚进46种，陕西巡抚进105种，湖北巡抚进84种，广东巡抚进12种，云南巡抚进4种，两淮盐院进1 575种，共采访得书13 789种；从永乐大典纂修得321种，共计14 102种。进呈图书较多的5个省份是：浙江4 588种；江苏1 726种；江西859种；安徽523种；山东372种；两淮盐院1 575种及两江总督1 365种。进呈的图书的数量，浙江第一，江苏第二。从进呈图书的数量，即可以推测这两个地区实际可发掘图书珍本的比例。因为清政府要的是官方未典藏的图书，进呈图书的背景必需依赖民间藏书量的多少。民间藏书越多，质量越高，政府可选用的越多。进呈图书是在政府与地方书目作了比较以后决定的。每本书的进呈都说明了具有一定的意义。江浙为《四库全书》而进呈的图书数量，表明了江浙民间藏书事业的鼎盛。康熙与乾隆时期还在扬州设局刻书，充分反映了江浙藏书的鼎盛与经济的繁荣。

此外康熙皇帝还组织文人编纂了几十种大型图书（如表5—8），还编有特大型图书《古今图书集成》。乾隆皇帝仿效其祖玄烨，他组织山林隐逸、博学弘儒编纂了一些大型图书（见表5—9）。

表 5—8

《周易析中》	《书经传说汇纂》	《春秋传说汇纂》	《诗经传说汇纂》
《孝经衍义》	《性理精义》	《朱子全书》	《律吕正义》
《康熙字典》	《音韵阐微》	《平定朔漠方略》	《历代记事年表》
《历象考成》	《数理精蕴》	《星历考原》	《佩文斋书画谱》
《渊鉴类函》	《骈字类编》	《分类字锦》	《子史精华》
《佩文韵府》	《古文渊鉴》	《历代赋汇》	《全唐诗》
《咏物诗选》	《历代题画诗》	《历代诗余》	《广群芳谱》
《御选唐诗》	《宋金元明四朝诗》	《全金诗》	《御选唐诗》
《历代诗余》	《词谱》	《曲谱》	

表 5—9

《周易述义》	《诗义析中》	《周官义疏》	《律吕正义后编》
《西域同文志》	《清文鉴》	《工程做法》	《古香斋十种》
《同文韵统》	《叶韵汇辑》	《音韵述微》	《明史》
《通鉴辑览》	《开国方略》	《平定金川方略》	《临清论略》
《兰州论略》	《续通志》	《续文献通考》	《续通典》
《皇朝通志》	《皇朝文献通考》	《皇朝通典》	《国子监志》
《历代职官表》	《大清会典》	《大清会典则例》	《大清通礼》
《皇礼器图式》	《国朝宫史》	《大清律例》	《盛京通志》
《天禄琳琅书目》	《仪象考成》	《经史讲义》	《大清一统志》
《历象考成后编》	《协记辨方书》	《秘殿珠林》	《石渠宝笈》
《西清古鉴》	《西清研谱》	《钱录》	《唐宋文醇》
《皇清文颖》	《四书文》	《唐宋诗醇》	

乾隆皇帝除了编纂上述大型图书外，还编纂了一部特大图书《四库全书》。《四库全书》编成后，分抄7部，分藏于北京紫禁城文渊阁、园明圆文源阁、奉天文溯阁、热河的文津阁、扬州大观堂的文汇阁、镇江金山寺的文宗阁、杭州圣因寺的文澜阁。前4阁经许可或有特别资格的人方可阅览，汇、宗、澜江浙3阁，任天下士子抄写阅览。

康熙、乾隆皇帝通过征访图书、编纂刻印图书、奖励进呈图书人。给博学多才的编修授官与俸禄等等手段，带动了文风的运行，促进了图书的收藏。

《四库全书》编纂人员360人，《曲谱》参与的编修105人。各种大型图书的编修人员，都是博学多才的。请学者参与国家的大型图书的编纂工作，把各种图书收集起来，加以归类、完善，使之体系化，为保存文献、优化文献、实现文献共享奠定了基础。从而，促进了人们的读书与藏书。

清政府把大量的大型图书放在扬州刻版印刷，取其交通便利，书籍印刷以后，可以随当时的南北水运枢纽向全国发行；又因扬州多富商，他们视刻书印书是佳行善事，愿意施舍，大笔的雕版印刷费有个出处；三因江浙经济发达，商品经济的意识较浓，见利忘义、背义逐利，时或有之，在此刻书、印书、建楼藏书，可以敦厚风俗，纯化人情。

在经济与人文最昌盛的江浙地区以外，有一个“附热带”，即在经济文化仅次于江浙地区的繁荣区。如安徽的皖南、江西南昌至上饶一带、福建的福州至莆田地区、山东济南与曲阜一带、广东的南海、佛山、广州一带等。

公元1840年以后，中国的政治文化经济发生了重大的变化，广西爆发了太平天国运动，继而是辛亥革命的领导人孙中山倡导的三民主义运动。随着民族资产阶级的兴起，其藏书事业也发生了很大的变化，中国文化发展的方向也发生了很大的变化。

公元1840年以后，中国大藏书家的经济基础不再是官宦士族，而是商人。在江浙一带出现了大批的实业家。他们经营工厂、矿山、航运、商业，在经营成功的基础上，他们大力发展文化，注重收藏典籍，以收藏图书来丰富自己的文化生活。著名的鱼米之乡太湖之畔的吴兴，自六朝沈约以后，藏书家层出不穷。南浔一镇在清末有三大藏书家，即：张钧衡、蒋汝藻与刘承干，刘承干藏书竟达60万册。

张钧衡世代经营盐业，太平天国运动以后，浙江巡抚委派其祖经办起吴越盐场，商利日增，官税日充，公私皆富。张钧衡藏书于“天适园”，藏有丰富的宋元古本、抄稿本及黄丕烈题跋本。南京图书馆的题跋本图书2/3系张氏所藏。

蒋汝藻，其父在海门经营过当铺，并经营纺织业。蒋家资财颇丰，藏书达万卷。蒋汝藻继承祖辈图书遗产后，曾以1 500元银元购得周密《草窗韵语》，8 000银元购下天一阁流出在沪的图书，公元1932年，商务印书馆购得蒋汝藻所藏的图书，当时价值16万元银币。

刘承干，其祖父经商致富，他先后经营过棉绸丝布，其父经营上海大达轮埠公司。刘承干从小爱藏书，他用12万元银币兴建了藏书楼“嘉业堂”，藏书量达16万种、60万卷，创中国历史上私人藏书之冠。富有金银的人成了社会中藏书大户，这是社会风气的新变化。他们的藏书，或是为了个人的修情养性，或是为了囤移居奇，或是为了转移资本，或是为了保存文化遗产，或是为了学习教育，值得后人借鉴。

经济的发展促进了藏书业的鼎盛，这是历史的事实。藏书也促进了经济的繁荣。藏书、读书，丰富了人们的文化生活，开拓了视野，造就了良好的学习环境，提高了人的品位。在社会生活中，有知识、有良好的情操素养的人，是人们和平共处的基础。在一个社区中，人们之间的文化差别，通过藏书、通过学习，可以缩小，逐步达到一个共识的水平。人们之间的经济差别，通过藏书、通过学习可以缩短，有了知识，有了科技本领，穷人可以发奋，可以致富。人们之间的道德伦理差别，通过藏书，通过学习，也可以缩小。藏书，追求高层次的文明，是建立大社会的经济基础之一。书在经济生活中，是路，是船，是灯。纵观天下，哪里经济发达，哪里就富有藏书，哪里注重藏书，哪里就经济繁荣。

第六章　文化情结

人有些情结是大家所共有的，根深蒂固的。如：故乡情结、恩爱情结、亲情情结，以及崇尚文明的情结。崇尚高尚，崇尚文化，都是崇尚文明的情结。中国封建社会里，大多数人没有文化，他们被称为“蛮人”。他们对于知书达礼的人崇拜得五体投地。他们对于知识、文化、图书与信息奉若神明。当时的文人以自己超越的社会地位，展开了一系列的文化活动。这些文化活动以节日的形式，或以崇拜的形式表现出来。这反映了文人对于知识、文化、图书与信息的一种情结。

第一节　信息通讯　书符最灵

——信息崇拜

信息有着广泛的含义。一般说来，有大自然的信息与人为的信息，即社会信息。大自然的信息，包括云、风、雷、电、水、火、星、日、月、鸟、兽、虫、鱼等等。自然现象对于一般人来说，不是信息，如果我们从系统运动的角度看问题则是信息。例如，“春东风，雨祖宗”、“彩虹日边见（早晨），大雨灌满田”。这些谚语告诉了我们大自然现象中“风”与“虹”的信息作用。

依靠大自然生活的人们，把大自然中每一种运动都作了记载、分析与总结，他们认识到大自然系统运行的现象与一定的结果相联系，每一种现象表达了一种天然的信息。他们认为嘉禾、庆云、凤凰、河水晏清等现象预示着吉祥的信息，地震、日食、山崩等现象预示着不吉利的信息。人们对大自然的种种现象，认定为一种特定的信息。所以，每当大自然出现了预示吉祥的信息时，便欣喜庆贺。如大臣发现河水晏清，庆云当空，则上书报告皇帝，以示盛世临朝。每遇日食，人们则焦急，打锣击鼓，试图吓走那吃日的天狗。人们对自然现象的喜与忧，表示了人们对自然信息的崇拜。特别是皇帝每临日食，或闻悉某地发生地震，则祭祀天地，言明自己治政有过，得罪天帝，望天帝给予宽恕。人们对自然信息的崇拜，翻一翻历史图书，诸多事例，举不胜举。

古人将自然现象与系统运行的未来结果结合起来，认为自然现象信息表达了一个系统运行的必然结果，有其合理的成分，科学的含义。信息预示的系统运行结果往往是合理的、正确的。以自然现象预测的社会事件，则一直玄乎其玄，难以言清，但是古人坚信不移，对自然信息十分地崇拜，甚至有人对花开花落也看作是某人盛衰的信息，表现为得意与忧愁的感情。在这里，我们不批判、不倡导、不探讨其明暗得失。同时，我们需认识到，古人对自然信息是承认的、肯定的、积极利用的，以致达到了崇拜的地步。

超越自然现象之上的信息，有龟板、河图、洛书等。

龟在古代视为灵物，它与麟麒、凤、龙为四灵。古人喜欢占卜问卦，以知未来。占卜的方法，把龟板放在火上烤，根据龟板拆裂纹理的长短竖横判断吉凶。尉缭子《武议》有此记录：“合龟兆，报吉凶，观星风之变，欲以成胜立功，臣以为难。”《左传·僖公十年》也记载了：“筮短龟长，不如从长。”《周礼·春官》记载古人：“卜人占坼。”《礼·月令》记载孟冬之月：“命大史衅龟，占兆，审卦吉凶。”《书·洪范》记载：“龟筮共违于人，用静吉，用作凶。”古人对龟卜信息十分崇拜。以龟为灵物、神物，把元龟与九鼎看作国家重器。《礼·表记》记载“是以不废日月，不违龟筮，以敬事其长，是上不渎于民，下不亵于上。”《礼·表记》的文字说，按自然常理，应遵循龟筮信息的指示，好好地为君主至尊服务，虔诚地对待上上下下各层人士。龟卜信息是神圣的，惟遵循是正途。

1. 河图

相传是古代黄河中河马献出的一种图。这个图为一组图案合成。其中间为一个圆点，圆点四边各一圆点，通过中间一圆点形成一个十字图案。十字图案的上下各有一列圆点，每列为 5 个圆点，沿 5 个圆点两端边垂直作线，形成一个四边形。四边形的下端有一圆点，上端两个圆点并连成一线。左端 3 个圆点连成一线，右边四个圆点连成一线。在两点一线的上方为 7 个圆点的连线，一个圆点的下方有 6 个圆点的连线。三个圆点的左方为 8 个圆点，4 个圆点的右边为 8 个圆点的连线。据说，周文王据河图而作八卦，因八卦而推知天地万物的变易。《易》系辞：“河出图，洛出书，圣人则之。”又有传说，尧曾受河图而知天命，或者说伏羲氏因河图而作八卦。

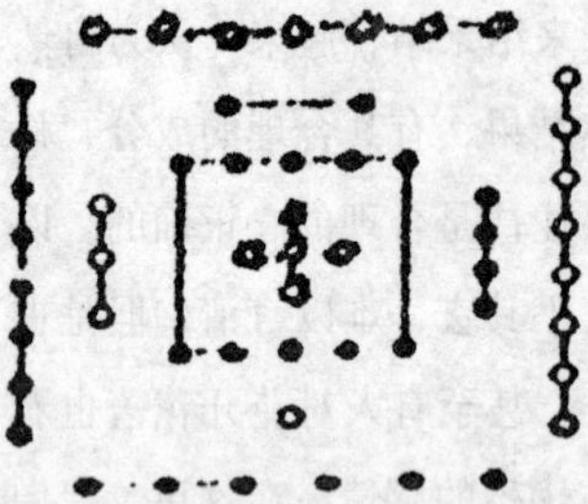

图 6—1　河图

2. 洛书

据《汉书·孔安国传》，大禹时期，有龟自水负岌而出。大禹认为这是上天给他的启示，他根据数至于九的道理，制定了九类常道，即九畴。

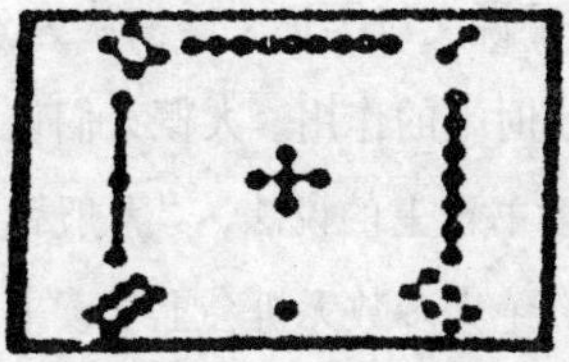

图 6—2　洛书

后来的人以“河出图”，“洛出书”，表示圣时祥端。《易·系辞上》：“天上神物，圣人则之，天地变化，圣人效之。天垂象，见去凶，圣人象之。”

人们根据河图洛书演义出太极、两仪、四象、五行、八卦等。古人以河图洛书作为复杂的信息演替预卜的工具，推知未来。于是河图洛书成了神秘物，对河图洛书无比崇拜。

人们在河图洛书的基础上做了很多学问。从《周易》到《皇极经世书》，大有据某信息便可推知未来的样子。尽管这些书讲得头头是道，但毕竟由心而言，无法试验，无法论证，玄乎其玄，不是确凿的信息，只能说是对于信息的崇拜。

3. 仓颉或孔子造字的传说

根据传说，黄帝的史官仓颉，他创造了汉字。仓颉造字那天，日月晦冥，鬼哭声咽，飞沙走石，天地为之动容。自宋代科举盛行以后，儒家学术得以广布，孔子为至尊。民间广建夫子庙，学校设孔子神龛，学生入学，先拜孔夫子后拜先生。由是，文字相传为孔夫子所造。谁不敬重字纸，就是糟贱孔夫子，亵渎圣人，罪该万死。《聊斋》中有一些文字记载了阴间阎罗惩罚不敬文字的人。日常生活中，一些老人教训孩子：“这有文字纸，随便丢得吗?”“字是不能用作包装食物或用作手纸的，用了有字的纸遭罪呢。”“算命通神，书符最灵。”①“庐山道士，能书符役鬼，幻化无端。”② 文字书符的力量，被道士阴阳家引申为万能的妙方。南朝谢超宗说：“声正涵月轨，书文腾日迹。”唐代韩愈的诗：“阵势鱼丽远，书文鸟篆奇。”孔子说文以柔远。儒家认为，文字是社会化生活的基础，它具有超越时空的作用。大概人们认识到文字信息的巨大作用，于是有了读书至上的说法，“万般皆下品，惟有读书高”的理论应运而生。绝大多数无机会上学读书的劳动人民，在文字信息的追求与渴望中，赋予文字信息种种神秘的色彩。

4. 祭书

黄丕烈（公元1763—1825年），江苏苏州人，他喜好藏书，购得好书，便约顾文圻、陶凫香等共作题签及跋语。黄丕烈乐于祭书，他在嘉庆辛酉至辛未，每年除夕祭书于“读未见书斋，中间有若干年未祭书了，到丙子除夕，又祭书于‘士礼居’。”③ 大年三十晚上，他将珍本书及稀有书供奉在香案上，香案上有蜡烛台和香炉。书陈列完毕，他点燃蜡烛两支（香案两边一边一支），焚香于香炉，并烧纸，揖拜三次，并作祭书图一幅。

叶昌炽的藏书记事诗描写黄丕烈祭书：“得书图共祭书诗，但见咸宜绝妙词，翁不死时书不死，似魔似狂又如痴。”顾广圻《士礼居祭书诗》：“归家倏忽岁将除，折简频邀共祭书。君作主人真不忝，我称同志幸非虚。仪文底用矜能创，故事还应永率

① 明《玉簪记·耽思》。
② 《集异记·鞍道》。
③ 《黄丕烈年谱》，中华书局版。

初。更愿齐刊刊舍奠，每陪酹酒与肴蔬。”①

中国有贾浪仙祭钱的故事，周栎园祭墨的故事，贾岛祭诗的故事，也有黄丕烈祭书的故事。黄丕烈祭书的目的在于：他希望自己死后，假如他心爱的书散落四方，会有个好藏主。黄丕烈的书是他费尽心血得来的，他花了大量的时间校勘、题跋图书。他希望他日此书归他主，可以得到妥善典藏保护。祭书还表示了书是神圣的，是奇物，好书得来不易，表达了他对图书的敬重，表示书是自己思想灵魂的依托与归附。惟书是尊，惟书是命。他揖三揖，拜三拜，人在书在，人纵死去，书神在，情随书载。

祭书第一发明权不属于黄丕烈。明代有一个藏书家，名为李鹗仲（公元1557—1630年），字如一。他每见图书与典籍，虽倾家荡产也得想法购回，每得书则焚香而拜。

人们崇拜信息，把图书神秘化了，古人一旦拥有字画图书，秘而不宣，不让人知道，也不外借他人。很多藏书家把藏书楼建在水中央。楼上悬一牌：“楼不迎客，书不借人。”唐代杜暹聚书万卷，每书后题字：“清俸买来手自校，子孙读之知圣教，卖及借人为不孝。”②

5. 惜字林

清代朱彝尊曾经给秀水南泉寺惜字林作记。他说古代将100个以内的人名文字写在方上，将100个以上的人名文字写在册上。自从使用茧纸作书后，因其图书价格很高，人们很爱惜图书，虽杵头轴子，人们不忍舍弃。长兴用雕版刻印“九经”后，

① 《黄丕烈年谱》，中华书局版。

② 周辉：《清波杂志》。

有了印刷技术。人们读书，可以不用抄书，人们读史记、两汉书及诸圣贤书容易了。诸子百家的书印刷不多，儒家的书则大量印刷发行。实行科举制度后，学生为了应付考试，不读诸子百家，专攻经书，或揣摸时文，书场应试书籍随便抛掷各地。考试结束，考生将书撕了盖钵子，糊蚕箔。京师流动人士特多，考生特多，废字废纸遍地皆是。虽然人们不愿意践踏有字的纸，然而计虑不及，必须找些消闲寂寞的人专管这事。于是在沙门找了几个和尚在街上捡拾遗纸，以免踏上字纸的人遭罪。拾字纸，也是和尚的修行。康熙十七年夏天朱彝尊买柴，柴车行在南泉寺，见有禅僧，身着衲衣，手持篾筐，在路上拾字纸。每逢初一、十五，他将废字纸点火烧掉。三年以后，他们在文昌阁下面建了一个小屋，屋前悬一匾“惜字林”。这里存放废字纸，有焚烧字纸的炉子。朱彝尊想到，汉晋以来，翻译的梵文佛教经书很多，虫鼠蛀咬没人过问，废纸更无人问事了。付之以火，可以净心。僧人拾字纸，是尊孔子，也是为了佛禅的善心与信仰。佛禅钟鸣而起，敲动木鱼念经，经书是禅宗法宝之一。惜字，当惜佛经。拾字僧拾字纸，有心莫让经文遭抛弃。

有南泉寺惜字林，必有北泉寺惜字林，东泉寺惜字林，西泉寺惜字林……处处惜字林。只是文人苦于科举，未将这些惜字林一一写在书上罢了。

南泉寺惜字林，很有点庄重，此处有惜字纸库，焚纸炉，还请大文人朱彝尊给作记。这才给我们留下凭证：古人对文字的崇拜，对文化的崇拜，对信息的崇拜。

6. 拾字僧

南泉寺记载了拾字僧一事。在《武林藏书录》中记载了郁佩宣从拾字僧那里获得一本奇书的事。

郁佩宣，名礼，号潜亭，杭州人。郁佩宣家里有东啸轩。轩前有明万历年间种植的两棵桂花树，枝叶交错，荫庇轩庭。郁佩宣爱书，其东啸轩藏书满架。越氏“小山堂”藏书散佚，很多异本归于他家。他的住所在杭州骆驼桥，与厉征君、樊榭住地相距不到一里。郁佩宣常从他们那里传录秘册。厉氏逝世后，其珍藏的《辽史拾遗》随即抛售街头。郁佩宣将这本书花钱买了回来，可惜欠缺50页，百求不得。一天，他到青云街去，见一拾字僧扛着两筐废纸。他从中翻检，尽是厉征君手迹，《辽史拾遗》缺页50也在其中，真是踏破铁鞋无觅处，得来全不费功夫。郁氏不想竟从拾字僧的废纸筐子里遂了心愿。

秀水有惜字林拾字僧，杭州也有拾字僧，或许各地各城都有拾字僧，可见，惜字、拾字纸是佛教常规门风。

7. 敦煌石窟

公元1900年农历五月二十六日，人们在敦煌莫高窟发现了藏经洞。该洞藏书约5万份，整理后归为5 000多种。有些文献复本较多，其中佛教文献占90%。其余10万份是官方文书、四部图书、道教典籍、摩尼教典籍、景教典籍、社会经济缗洛文书、文学书及儿童读物。

佛教文献是敦煌石窟文献的主体，绝大部分佛典卷帙残缺不全。《开元入藏录》，共有1 076部。《大般若经》不足600卷。《金刚经》重复的残卷残页达1 800余份。《法华经》卷一、卷二复本多达500份，卷7达700份。《大乘无量寿宗要经》复份近千。

人们发现，敦煌石窟中有很多杂写、习字纸、抄本、废纸、废文书、无效契约。有些书有卷首无卷尾，有的有卷尾无卷首，有的书中间穿洞，火烧痕迹斑斑。有的道经背面写了佛经语句及随笔。各种记录，字迹潦草，经纬不正。有的道经后面作了账簿，佛经典流通录。17 号石窟所藏文书，多为唐开元至天宝年间的乡籍、里籍及差科簿。文书背面有一些佛典疏释、账契与牒状。所存经济文书主要是寺庙经济与世俗人经济文书，如借据、货款、田契、收据、赋税文书等等。僧人不纳税、不纳粮、不养家糊口，是没有经济文书的。从而可知，这些文献来自内地。

僧人远离尘俗，有四谛八戒的约束，以洗尘脱俗，消除人们恩怨为职责，普渡众生为神圣义务。他们以敦煌这个迦叶创建的佛教根据地为堡垒，又得于李世民任敦煌王时尊重各种宗教，僧人的教义得以传播，使敦煌的佛教中心的作用得以强化。

佛教为了传播“佛、法、僧”三宝，鼓励人们书写经书，念诵经书。他们宣称写经、诵经皆为佛门善事，亵渎经书、诽谤经书，皆为罪恶。佛教讲因果报应，善有善报，恶有恶报，不是不报，时辰未到。信佛的人，有钱的人，欲修来世功德的人，可以施舍金银以建庙宇，或给佛像装金，雕刻印刷经典，进香，写经，自己诵经、请人写经。写经的经文由施舍人自己择取，整部经书或零页断章皆可，经末写上施主姓名，写经年、月、日及籍贯、住所，也可以加上一些祈祷语，如：“供养普济寺宝塔”，“愿此功德现为生眷属延福”等等。

长年累月，写经太多，雕版印刷的佛典太多，寺庙容纳各种典籍文字太多。一些有钱人一再施舍，佛典堆积如山。这些粗制滥造的佛教文献，数量日益增加，典藏、保护，需要房屋与人。如果烧了佛法，烧了典籍那是毁法，有罪。为了消灾消罪，把有文字的书籍纸张运到大沙漠的石窟中保存起来，是万全之策。

古人认为凡有文字的纸张，上有人们创造的信息。创造的信息，如同生命，具有一种活力，断断毁不得。至于秀水惜字林的焚字炉，那是清代后事了。在古人看来，佛是阿弥托福，不伤害具有生命力的信息，把它们送到敦煌石窟，不也是超渡生灵的方法之一吗?

8.《劝善文》中惜字文

《劝善文》中有“敬惜字纸文”、“惜字律”、“敬惜字纸功罪例律”、“周霖公先生《惜字正诠12则》”、“安宝训”等五篇文章。其中大意是：爱惜字纸，会得善果善报；践踏或不敬字纸，会有恶果恶报。书中举例：埋藏字纸的杨全善五子登科，李子林葬字纸一生显爵，鲜于坤残《孟子》而全家亡，杨白行坐经文举家害癞。敬字纸有若干种表现：

（1）以银钱买字纸至家，香汤浴焚

（2）一生遍拾字纸

（3）收字纸深埋净地（敦煌石窟文献的意义）

（4）劝人惜字，焚怪异淫乱书

（5）劝人勿用字纸包装用品

（6）见人作践字纸，以素纸换下而焚之

（7）不以字纸拭脏秽物

（8）不以字纸垫床及坐椅

（9）见污秽处有字纸立即收下

（10）不以字纸作鞋样

（11）不将字纸弄零乱或扯碎

（12）不在书上胡乱涂抹

(13) 不以字纸盖各种器皿

(14) 不将字纸抛掷在地

(15) 不在墙上或地面上画字

(16) 不以字纸垫路

(17) 阅览图书前必需净手

将典籍藏于卧床，题句于竹木之枝，贴字于便溺之处，展书膝上而与人交谈，臭口吟哦，读书而轻书，蔑毁圣文，亵法典籍，都是罪过。这些人在地狱会得到惩罚。“上帝屡行诫谕，诸生视若罔闻，仙真几次通知，众人弃而弗顾，岂知城隍社会司命、土地等神，除将各人善恶详注外，另外慢字数目，一一消除。破一字，促寿一日，践一字，削禄一朝，千以岁除，万以纪夺，重则子孙全绝，轻则眼目双盲，女子崩漏产亡，男子十伤而夭丧。一月一箕，考核惟严。人若敬之垂之，奉禄依例增益，人世未知。”①

周霖先生《惜字正诠十二则》称：文人用字不当，应受到报应。如下笔有关人性命者，或有关人名节，有误人功名、人情骨肉者，或涉人闺房阴事及离析婚姻，或谋人自肥、倾人活计，或凌老欺贫孤寡，或挟私怀隙、故卖直道、毁人成谋、唆人构怨、代高架词、颠倒是非、使人衔冤、作浮词闺谣、托诗讥讪他人者，或刺人忌讳、发人阴私、终身饮憾者，都是天地鉴之而震惊、鬼神临之而赫怒的事。

《聊斋·司文郎》“……即前日瞽僧，亦一鬼也。是前朝名家，以生前抛字纸过多，罚作瞽，彼自欲医人疾苦，以赎，故托

① 《惜字宝训》。

游廛肆耳”。此小说中贯穿了爱惜字纸的思想。

古人处理字纸的方法，用香汤，或清水一盆，将字纸湿透洗净，置净处晒干，用火焚之。

信息崇拜，是尊重知识，尊重知识劳动，重视文化遗产，尊重知识产权的一种表现形式。信息崇拜，要求人们客观公正地使用文字，不可利用信息文字对他人造成事实与心理上的创伤，保证人们朝气蓬勃地生活。古人对待信息，有其迷信的成分，也有他合理的部分。

第二节　文士与书　节日聚会

——曝书会

文化活动是很有意义的活动，它可以使人们的身心得以愉悦，使人们的社会生活丰富多彩。如：我国农历的正月十五玩龙灯、五月五日赛龙舟、八月十五赏月、九月九登高等传统节日，它不单丰富了生活，也给人们带来美的享受。中国古代几乎每一个月都有一项有意义的文化活动。这些文化活动，既表明了时令的特点，又借助于自然的佳境；既表示了人们对于历史事件的纪念，又表示出人们对于新生活的钟情，人民群众都乐意积极参与。这些活动影响较大，且历代相传，上上下下，东南西北，人人皆知。

中国古代各行各业也都有自己的文化活动。文人的文化活动，有祭文庙、举办诗社等等。在藏书文化中，有一种鲜为人知的活动——曝书会，这是一种很有意义的文化活动。

曝书，即晒书。书是纸浆制成的，纸浆有酸性，在一定的温度与湿度下会生虫，在梅雨天容易生霉，大热天搬出来晒晒，可以防书霉变生虫。现在有了现代化的设施，人们可以在书房里或书库中安装空调机，保持室内温度；也可以使用汲湿机，将书中的潮气吸掉。在现代化的条件下，书库里的湿度与温度可以人工调控。古代二层以上的楼房很少，图书易受地湿浸染。古代人没有电与机器，只好以人工的方法防潮去湿。他们利用太阳使图书干燥去湿。晒书，这本是一种很平常的事务。但古人将这种活动赋予特别的意义，使枯燥的事务变成有意义的文化活动，做起来意味悠长。这就是曝书会或曝书节。

曝书，史载最早的是《晋书》："魏武辟高祖，高祖避以风痹。七月七日高祖方晒书，令史窃知，以告。重辟之，继而应命。"魏武帝请司马懿出来为他的政权服务，司马懿以风湿病不能起床为由，不愿做魏朝的官。七月七日那天，司马懿出来晒书，被史官知道了，并告诉了魏武帝。魏武帝知司马懿假病不出，于是再次请他出来做官，司马懿害怕不出来为魏朝服务，就有生命危险，于是应命了。曝书节是习惯中的节日，司马氏因袭习俗，而忘了禁忌。

《四民月令辑释》记载"七月七日，是日也，可合蓝丸，及蜀漆丸，曝经书及衣裳。习俗然也"。

《四民月令辑释》是东汉崔寔所辑。此书虽不是正史，断不是小说神话，胡编乱造的。该书主要是讲农家一年四季，抓紧时间做应时的事，及一些民间风俗文化活动。它属于科普读物，是可信的读物。《四民月令辑释》告诉我们，古代人民在七月初七那天晒经书和衣裳。晒过以后，在书或衣裳里面放蓝丸或四川的漆丸，用以防虫蛀。这是民间的风俗。为什么要在七月七日那天晒书呢？王充在《论衡》中说："沐书日子，日沐令人爱之。卯日沐，令人白头。"王充是一个唯物主义者，他说的话大概不是迷信。而是说，在七月初七这天太阳很烈。书经太阳一晒，霉菌很快晒死了，书页很容易晒透。书一会儿就晒好了，晒书人当然高兴。如果不在太阳光很烈的时候晒书，就不那么如人意了，晒了半天，仍然晒不透。急死人的，头发也会急白的！

因为晒书是一个民俗，所以历代相承，代代仿效。自东汉我国生产了纸以后，历三国、晋、五代十国、隋、唐，到了宋代，书已很普及，晒书自然形成风俗。

宋代以前，我国的教育不发达、不普及。一般只是仕族才有读书的机会，只有仕族才藏有图书，也只有仕族才可能有图书出晒。宋代教育普及到百姓，民众与仕族一样有科举的资格，因而读书、藏书、晒书事也十分广泛了。晒书是件令人十分爽快的事，晒书犹如将军检阅自己的士兵，有一种说不出的喜悦。宋代描写晒书的诗很多，如：

陆游：催书稚子晒书忙。

李侗：新秋日后晒书天，白日当松影却图。

韩驹：日转蓬山晓曝书。

韩驹：公今未暇归田庐，且当驱童晒蠹鱼。

不过，有些资料记载古代晒书的日子，不一定是七月七日，也可以是六月六日，或其他的日子。明代项维贞《燕台笔录》："六月六日，本非令节，但内府皇史，晒曝列圣实录、列圣御制文集诸大函，则每岁故焉。”明朝内府晒书，定在六月六日。曝书节这类小事，每朝都有定制。

记载皇帝言行的书称实录，皇帝批准汇制的文集称御制文集。实录、御制文集、皇史等书属于皇家内藏。这些书，明代宫廷执掌文献的官员一般在六月六日出晒。古代人相信迷信，认为六月六日是龙抬头的日子，是吉日祥兆。皇家著作及描写皇家历史的著作安排在六月六日晒，符合“龙抬头”的吉兆。所以明代将这一天规定为晒书的日子，意味深长。

宋朝的司马光是大学者，当过宰相。他在公元1071年出为西京的判官，他在洛阳尊贤坊北边买了20亩田，建了一个私人园亭“独乐园”。园中建筑有种竹斋、钓鱼庵、浇花亭、采药圃、弄水轩、见山台及藏书楼。藏书楼名“读书堂”。司马光藏书达万余卷，宋英宗赐给他皇室藏书达2 400卷。“读书堂”是司马光的藏书楼，也是司马光的读书房。他的名作《资治通鉴》就是在这里完成的。

司马光很爱惜藏书，他曾经对他的儿子说：“贾竖藏货贝，儒家惟此耳。然当知宝惜。吾每岁以上伏及重阳间，视天气晴朗日，即设几案于当日，所侧群书其上以曝其脑，所以年月虽深，终不损动，……”①

清代藏书家叶昌炽（公元1847—1917年）以诗说明司马光曝书的重要意义。

独铄藏书训再三，后来青更出于蓝。

---

① 《涑水记闻》。

重阳上伏晴明日，群奉公言为指南。

叶昌炽说，司马光选择在上伏晴天或重阳节晒书，这样做是很对的，叶氏希望诸位向司马光学习。

从其他一些的诗文中我们发现，古代很多人晒书不在七月七日，他们一般依照司马光的说法，在伏天晒书，或九月九日晒书。

《上善堂藏书纪要》讲了“曝书”诸事要领。孙从添写道：

曝书须在伏天，照柜数目挨次晒，一柜一日。晒书用板四块，二尺阔，一丈五、六尺长，高凳搁起，放日中，将书脑放上面，两面翻晒，不用收起，连板抬风口凉透，方可上楼。遇雨，抬板连书入屋内，搁起最便。摊书板上须要早凉，恐汗手拿，沾有痕迹。收放入柜亦然。入柜亦须早，照柜门书单点进，不致错混。倘有该装订之书，即记出书名，以便检点收拾。曝书秋初亦可。汉唐时有曝书会，后鲜有继其事者。余每慕之，而更望同志者之效法前人也。

孙从添详细地介绍了晒书的方法、晒书最佳时期，并提及汉唐有曝书会，他很羡慕，他希望大家都来这么做。孙从添说，曝书会盛于汉唐。

叶德辉（公元1864—1927年）在这《观古堂藏书约》中谈到了他对晒书的看法。

古人以七夕曝书，其法亦未尽善。南方正值炎熏，烈日曝书，一嫌过于枯燥，一恐暴雨时至，骤不及防，且朝曝夕收，其热非隔宿不退，若竟收橱内，数日热力不消，不如八九月秋高气清，时正收敛，且有西风应节，藉可杀虫，南北地气不同，是不可不辨者也。

叶德辉认为古人七月七日晒书不一定合适。七月伏天太阳烈，书收在橱内，热力难消。他认为八九月间晒书最宜。南北地带梅雨季节不在同一个时期，且空气温度不一样。显然，叶德辉认为古人习惯于七月七日晒书，不一定妥当，应因地而宜。

《世说新语》中有郝隆七月七日出日中仰卧，人问其故，答曰："我晒书。"这当然是一则笑话。其旨在戏说郝隆生活放荡，或指郝隆喜日光浴。这句笑话告诉了我们，当时人的习惯，是七月七日晒书，否则，这句话听者不解，听了也不会觉得其意味所在。郝隆沐日，他自说是晒书。借晒书比如自己饱读了诗书。书读得太多了，知识在肚子里发霉了，用不上，只好在太阳下面晒晒，使自己思想轻松一下。郝隆"晒书"一词用得很活，很有风趣。

宋代诗人苏舜钦在《夏日》一诗中，寄托了与郝隆类似的情思。诗写道：

院僻帘深昼景虚，轻风时见动竿乌。
池中绿满鱼留子，庭下阴多燕引雏。
雨后见儿争坠果，天晴同客曝残书。
幽楼未免牵尘事，身世相忘在酒壶。

叶德辉与孙从添介绍了曝书会，孙从添提及汉唐有曝书会。在宋朝曝书会尚存。

宋代诗人钱勰写了一首诗《和阁老舍人曝书会》，描写曝书会。

天禄图书府，芸笺岁曝频。
幢经穷藏宝，赐会集儒绅。
顾陆高标好，钟王妙入神。
可无铅刊吏，来预石渠宾。

钱勰，字穆父，龙图阁直学士，知开封府，拜翰林学士，出知池州，入元佑党籍。这首诗《和阁老舍人曝书会》中“阁老”，指秘书阁的官员。“秘书阁”又称“秘阁”、“秘室”，是历代宫廷收藏秘籍珍贵函件的地方。宋代的“秘阁”指藏书库。宋代崇文院下分三馆——昭文馆、史馆、集贤院，皆藏有图书，供大学士、修撰等人掌修国史、日历及典图。秘阁建在崇文院中堂，择三馆书籍真本及内出古画、墨迹收藏。宋代设直阁、校理、判阁等官，充任秘阁官吏，当时称之“阁老”。景佑初，宋仁宗下诏翰林学士参加考试，根据考试成绩拟定“学士”与“舍人”的等级。“舍人”仅次于“大学士”，是馆阁官员之一。钱勰参加了阁老舍人的曝书会，咏诗以记其事。《墨庄漫录》卷八记有文彦博赴秘书省曝书宴的事。曝书宴上，文潞公酒酣，指着馆中的防蠹芸草（系他从四川移植来的），问“蠹”出何书，苏子容从容答出。文彦博很高兴，将芸草借给苏子容家中栽植。

封建宫廷的曝书会很隆重，很有意义。

公元1143年7月，宋秘书省在临安举办曝书会。朝廷给每人钱300贯排办费。凡侍从、台谏、正言以上及以前的馆职、贴职都赴会。"秘阁下设方桌，列御书图画。东壁第一行古器，第二、三行图画，第四行圣贤墨迹，西壁亦如之。东南壁至设祖宗御书，西南壁亦如之。御屏后设古器琴砚。道山堂并后轩，著庭皆设图画。开经史子集库、续搜访库，分吏人守视。早食五品，午食茶果、晚食七品。分送书籍《太平广记》、《春秋左氏传》各一部，《秘阁》、《石渠》碑文二本，不至者亦送。"①

宋史记载，宋代的内外判官皆出自三馆，所以每年曝书会新老馆员会集在一起人数很多。公元1178年那次曝书会，赴坐者达48人，饮用思堂春酒30瓶。皇家曝书会规模大且隆重，曝书会成了三馆新老馆员相聚的日子。曝书会也是三馆馆员欣赏书画墨迹的好时机。文人们爱书以及名人字画墨宝。在曝书会上，大家在一起评书评画、鉴定文物，觉得十分的痛快，大家在一起叙旧谈心，饮诗抒怀很是尽兴。

民间士族的临时曝书会不像皇家曝书会那样隆重，但也十分有情趣。设想七月七日那天，烈日之下，每家每户将书搬出来，读书之人一边整理书籍，一边用刷子掸掉灰尘。家家户户的图书，平常秘而不宣，这一天全显现出来。它展示出各家的藏书量的多少，也显示了各家各户的图书管理、图书品种的基本状况。通过曝书会，各家各户可以相互了解书籍有无，加强各家各户之间图书的互借与友谊。若是大户家族，数万册图书曝晒，邀来四乡八邻的文士墨客，嘉宾满座，举杯畅饮，岂不乐融融？若是左

① 见《中兴会要》。

右邻居十分友好，将图书搬到一个大广场上集中曝晒，简直像一个大书展，这也是文化与人情相互交流的良机。曝书会，它好像是人们检阅一年来在文化上的投入。

总之，曝书会是一个很好的乡风民俗。通过晒书，可以进一步管理好图书；通过晒书，可以促进文献资源的共享；通过晒书，可以促进文人之间的相互往来。农历七月七日是中国的情人节，情人节晒书，寄托了文人对图书的爱。或许，通过情人节晒书。情人们可以相会。难怪很多人在诗文里将曝书会描写得情趣十足意味悠长呢！

第七章　专业功力

图书收集、加工、管理、服务是一门科学，专业性很强的科学。中国的藏书家们一直在兢兢业业地研究这门科学，并取得了丰硕的成果。这些成果是值得我们学习和借鉴的。

第一节　广收博蓄　奇书示人

——服务社会

秘而不宣是一般藏书家的心理。在自给自足的经济环境下，人们依靠大自然生活，大自然间的一切似乎都赋予一种神圣感。秘而不宣不仅是把书收藏起来，不让别人知道，不让别人看，而且是广收博蓄，有效地保护图书，不让图书丢失的一种办法。书得之不易，珍惜是自然的心情。但是，也有人既珍惜自己的图书，又愿意把自己的图书拿出来为他人服务。

一、无端割爱出深闺

藏书家爱书是常理。有些藏书家爱书爱到了无以复加的地步。

清代人张蓉镜购得宋版书《击壤集》，以为至珍，爱不释手，惟恐不测，便在书前的空页中，咬破手指作血书：南无阿弥陀佛。在血写的字后，他用笔题写数语："乙巳十一日得之，爱不释手，以血书'佛'字于空页，惟愿流传永久，无水火蠹食之灾。"张蓉镜信佛，以为佛字、佛语可以永保图书太平，破指血书，足见其爱书至诚，足见其心中图书至贵至尊。

清康熙年间吴门医士陆谬，15 岁家贫失学，便自己学习，四处借书阅读，昼夜抄书，三九严冬，冷不可支，屈足腹下，学习不止，邻里人见而暗笑。他以代人抄书的工钱买书。每买一书归，将书放在神台上，揖拜焚香后入藏。陆氏爱书如同心肝。

清代马思赞有藏书楼"红药山房"，藏书甚多。他闻悉龙山查氏有宋版陆状元《通鉴》，朝思暮想不得。正在无计可施之机，有人报说查氏择地葬坟，阴阳家以为马思赞的一片田地为好。马思赞闻后大喜，拍案大叫"书可得也"。马思赞以 40 亩田地作为查氏的坟山，换得查氏珍藏的陆状元宋版《通鉴》一书。这在今人，似乎觉得不可思议。

明朝王世贞，嘉靖年间进士，官至刑部尚书。王世贞爱藏书，特别是精绝宋版书。他购买了 300 卷宋版书，其中最珍贵的是班范二书，书前有赵吴兴画像。这二书是他以一个庄园的代价换来的。这是图书交换史上的又一奇迹。

明代人朱大韶，字象元，号文石，嘉靖二十六年（公元 1547 年）进士。他爱藏书，特别爱好收藏宋版书。他听说吴门有人藏了宋代刻版袁宏《后汉书》，并且书中有陆放翁、刘须溪、谢叠山手评，装饰精美。在百思不得后，于是以他心爱的美婢换了来。美婢临行在墙上题了一诗，诗说："无端割爱出深闺，犹胜前人换马时。他日相逢莫惆怅，春风吹尽道旁枝。”以美人为商品去换书，用今天的观点看来是犯法的，是践踏人权的。那个时代侍婢不具有人权，仅仅是一个尤物。虽然此尤物很可爱，但她与宝玉一样，不具有人权，惟受主人支配而已。美婢，不仅美，而且会写诗，写即兴诗，说明非同一般的奴仆，是一个很有文化素养的美婢。这等美婢，这等文化素养的女子，不是思之即得的。朱某人竟然拿她去换了一本书？在朱大韶的眼里，美婢可再得，而宋代刻版袁宏《后汉书》无二本，获之特难。朱大韶竟做出了人轻书重的事，做出了割爱求书的事。美婢与朱氏是有爱情的。从美婢诗，我们知道，朱氏与其妻是形式爱情，与婢是真正的爱情。朱大韶割爱而求书，实为不可思议。难怪其美婢作诗来指责朱大韶，骂他无情。

爱书不要官的事历史上也有数例。宋朝时安徽阜阳有个人名王铚。其父王莘藏书数万卷。王铚继承了父亲的藏书家产，继续藏书。王铚曾任迪功郎，枢密院编修官。后因秦桧专权，隐居剡溪山中著书。他写了《祖宗兵制》、《六朝国史》、《哲宗皇帝元韦占八年补录》、《太玄经义解》、《默记》、《补侍儿小名录》、《四六话》、《雪溪集》等书。秦桧儿子见王锤富有图书，想谋取为己有。他对王铚说，王铚如果把藏书让给了他，保证王锤有官做。王铚听了眼睛哭出了血，说官可以不做，家藏图书必需保存。

在封建体制下，有了官就有了一切。有权就有钱、有田地、有侍仆、有势力，可以为所欲为，过着超人的生活。王铚尊重知识、珍爱图书，不畏诱惑，刚直清正，坚信知识就是力量，真理是立足之本。他宁要图书，不要官，精神可佳，值得称颂。

二、坚壁清野

藏书家为了藏书，花了钱、费心神、卖田地、换掉庄园、丢失爱情、放弃官位，破指刺血敬香祈祷，尽心尽力，尽情尽愿。许多藏书家“人为读书老，家为买书贫”。古人做事，讲“敬”，讲“诚”，讲“专”，讲“一”，这大概就是藏书家们所遵守的法则，大概是藏书家们的情操持守了。

今天。我们有的人不理解古人藏书为什么“秘而不宣”。以上事实告诉我们，藏书家藏书并非容易事。藏书中饱含着藏书家的血、汗、情与泪。藏书家不以此为苦，反以为乐。汤显祖曾对他的藏书津津乐道，题对联一幅：

金马玉堂，富贵输他千百倍。
滕床竹几，清凉让我两三分。

这幅对联中有几分退隐山林，与山水林壑为友的语气。藏书本身含有退隐之意。藏书的目的，通过买书、读书、校书、品书、著书等一系列活动，多一份书卷气，少一份市井气。有些藏书家把藏书楼建在水中央，如《居易录》：杭州张氏藏书甚富，造楼水中。在水中央筑上书巢，这首先是从思想上坚壁清野。在复杂纷纭的社会生活中，思想上能坚壁清野，本身就是出尘脱俗之举。宋代湖州东林沈思有诗一首写藏书家的清高：

西邻已富忧不足，

东老虽贫乐有余。①
白酒酿来原好客，
黄金散尽为收书。

沈思很穷，为了藏书，将荣华富贵置之一边。

藏书家爱书，想方设法将所藏图书永久保存下去。他们的办法之一，采用坚壁清野法典藏图书。明代藏书家祁承㸁在《庚申整书小记》（公元1620年）中介绍了他的坚壁清野典藏图书法。其要点是："联寡以成众，积少以成多。借书不出于园门，取观不归于私室，散帙勤收，蠹鱼必理，以吾所余，易人所有，奇书未获，虽千里以必求，异本方来，即片版之必室。聚海外之编摩，收难遇之遗书，破烂残缺虫蛀之书，概行抄购。"

明代范钦的天一阁藏书在管理上类似祁承㸁。公元1808年阮元在《宁波范氏天一阁书目序》中介绍说，范钦给子孙立下规约，书橱及书房的钥匙，子孙各房分房掌之。不允许把书拿到楼下。子孙中有要读书的，唤齐各房子孙掌钥匙的人方得开锁。有人无故开门上书楼取书的，不准他参加祭祀活动三次；私自将亲友带上书楼，或者擅自打开书橱的人，罚他一年不得参与祭礼活动；典卖图书的子孙，永远无资格参与祭祖活动。

在自给自足的经济时代，家庭是社会生活的基本单元。宗法社会，家庭、族祠，不但享有经济生活权，还拥有法权。一个人得不到家庭的承认，不允许参与祭祀，等于将他开除了出去，得不到社会的承认，更不会得到社会尊重，后果是无法介入社会生

① 东老即沈思。

活。人们每获得重要成就，例如中了状元，或进士，必须到祠堂祭祀，光宗耀祖，说明自己是哪条根上来的，根正源清，才有在社会中自立为人的资本。每逢重大节日及喜庆之事，亦需祭祖宗。这是风俗，谁不遵从，则被视作毫无教养的下流之辈。天一阁范钦对于子孙不遵守藏书规则者，罚不入祭，是非常严厉的惩罚措施。凡是想在社会中生活的人，是不敢违背的。

科举制度下，光宗耀祖的最佳途径是进士题名。读书是根本，是第一件大事。徐乾学，康熙庚戌进士，官至刑部尚书。他的藏书楼名“传是楼”。他给藏书楼题名的解说词是：“吾何以传汝曹哉？大概为人父祖者，每欲传其土田钱财，而子孙未必能世富也。欲传其金玉珍玩鼎彝尊斛之物，而又未必能世宝也。欲传其园池台榭，歌舞舆马之具，而又未必能世享娱乐也。吾方鉴此，则吾何传汝曹哉？因指书而欣然笑曰：‘所传唯是矣！’①徐乾学留给子孙什么遗产？给金银、给田地、给享乐，不如给知识，不如给书房。所以那时人们认为人生最根本的东西，应该是有田可耕，有书可读。

乾隆甲戌进士王昶，有一藏书印，印文：“二万卷，书可贵。一千通，金石备。购且藏，剧劳累。愿后人，勤讲肄，敷文章，明义理，习典故，兼游艺。时整齐，勿废置。如不才，敢卖弃，是非人，犬豕类。屏出族，加鞭捶。”

王昶把教育子孙爱惜藏书、敷文习典的话，以印章钤在书上。子孙每翻图书，都可以读得他的教诲。

星风堂书主杨继振告诫子孙，爱惜图书，不要把书借给别

① 汪琬：《传是楼藏书记》。

人，以贻不肖子孙。

元代赵孟頫，是宋太祖十一世孙，官翰林学士承旨，荣禄大夫，封魏国公。家富藏书。他教育子孙要爱惜图书："聚书藏书，良非易事，善观书者，澄神端虑，净几焚香。勿卷脑，勿折角，勿以爪侵字，勿以唾揭幅，勿以作枕，勿以夹制，随损随修，随开随卷。"①

赵孟頫要求子孙爱惜图书，随时修补图书。特别是看书之前，要静心、净心，专心入神，把读书台擦干净，焚上一柱香，以示敬诚读书。

古人对子孙提出的要求，今人看来似乎太苛刻，太讲迷信了，联系前人得书求书的情结，我们觉得是合乎情理的。读书前净几焚香合乎心理学的要求，不科学中有一定的科学道理。我曾见一学者，书房常燃一柱香。问其何为？答道："求静、求宁、驱蚊、驱蝇，香烟（指檀香）清心醒目，激人思绪层层。这比抽香烟（烟草）好多了。"我连连称"然"。

私人藏书家常常坚壁清野，不让他人阅览。这不是私欲的作用，而是小农经济的产物。自给自足经济环境下，人们足不出户，一家一户，一个小封闭圈；一村一姓，一个大封闭圈；每家每户从生产工具到生活用具以及生活资料，全是自给自足的。很少有商品交换，盐铁例外，盐铁历代受官商控制。一个姑娘出嫁，嫁妆往往有田地、山林、床、金银首饰、厨房用品、绣房用品、书房用品等等，保证姑娘出嫁以后，多少天以内不向婆婆要一样东西。娘家给女儿出嫁以后有一个小的生活封闭圈。婆家则

---

① 《历代藏书家辞典》第313页。

要拥有一个不向社会伸手的大的生活封闭圈，这个大封闭圈内无疑包括了生产、生活、文化娱乐、祭祀、交通、交往等基本条件。

藏书是自给自足封闭生活圈中的一环。藏书楼是封闭圈内的一个建筑。如果你有钱有势，不买书，不建藏书楼，到别处找书读，像扬州八怪一样寄身富绅之家，那样坐馆，就失去了主子地位，失去了独立性，不能自由选择、自由支配、自由阅读图书。那么人就不是一个自由人，也不可能是一个完整的我、封闭的我、尊贵的我、天然的我、心境平静的我。

为了保证封闭、自尊、天然、独立、一统无损的“我”，买书、藏书，且坚壁清野，不让别人来看自己的书，不让别人了解我有什么书，不让别人知道我在读什么书，十分必要，十分重要。

历尽宦海沉浮的士子们，不惜一切买书、藏书，把藏书楼坚壁清野起来，力图保全图书，实则是世事洞明，为子孙久远之大计！

三、君获奇书好示人

封闭式生活，产生了个人的封闭式思想与社会的封闭式文化。藏书秘而不宣几乎是普遍规律。社会的发展往往是，普遍规律制肘了一般运动，个别事物往往导引出新的未来。诸多藏书家将自己的图书收藏起来，秘而不宣。少数藏书家不仅仅注重于“藏书”，还注重于让大众阅读自己的藏书。

晋代杭州人范平家世代好学，家有藏书 7 000 余卷。[①] 他的图书，天下士子皆可阅读。每天来读书的人逾百，而且让读者在其家就餐，缺衣者，提供衣服。范平及其子范蔚都是这样做的。

范平饱读诗书，世事通达，但是生于多事之秋，政权更替频繁，政治风云滚滚。他青年时被举为茂才，并做了三国孙权统治下的临海太守。三国灭亡后，晋代朝廷屡次诏他作官。范平不愿介入政治集团的斗争，不愿出山。他认为参与官场的人事斗争，还不如在家多看几本书。范平父子看到，连年的战争人民痛苦不堪，战争带来的是田野的荒芜和人民心田上的荒芜。范平看到三国魏、吴、蜀之间的你死我活的斗争，司马氏为取得政权施行的种种阴谋手段。与其在政治舞台上你方唱罢我登场，还不如把帝王将相的舞台抛开，学习知识、学习文化，传播知识文化，让人们从习惯的相互厮杀中走出来，走向自尊、自明、自治、自由的天地。天下有一个地方，保证人们读书、吃饭与穿衣，岂不是桃花源世界？所以，他藏天下书，让天下人读。

宋朝的文风很盛，科举、雕刻印刷、教育事业很发达，藏书家大量增加。由于宋版书价高，平民百姓读书较难。这时，浙江绍兴有个人叫蔡瑞，他见有一个大石，高二丈，宽三丈，石质温润如玉，于是请人挖掘掏空，形成一个天然的石窟。蔡瑞买了大量的图书置于其中，称之为“石庵”。凡人有不能就学读书的，可以在石庵中看书学习，求得知识。不过来石庵读书的人一般是蔡氏子弟，算得上是一个村庄图书馆，或曰：氏族图书馆。因为那时一村一般是一个姓氏、一个宗祠的人。

---

① 《晋书．范平传》。

宋朝商丘是文化发达的地方。商丘的王钦臣（子）与王洙（父）是一家父子藏书人，藏书量达43 000册，大型类书《太平广记》还不算在内。他们每买一本书，将它用纸草写出来传阅。找来其他版本的书进行参考核阅，完全校对无误了，才认真地抄写出来。抄写本用鄂州蒲圻纸，这种纸质量好，质地均匀，每30—40页装成一册。这样可以防止图书被损坏。这个抄写本是专门借给人看的，子孙也读这个版本。他用精好的纸另抄一本，以绢素背之，作为镇库书。镇库书有5 000余卷。他与当时的另一藏书家约定，互换目录一本，发现彼此只有一家独有的书，另一家可以抄写。这是宋朝的馆际互借办法，宋朝的私人图书馆之间的馆际互借。不过，他不公开对外开放，只让熟悉的人来读他的书。

明代李鹗翀（公元1557—1630年），明江阴人，家世力耕，爱读书，他认得很多古文奇字，见图籍则大力收购，获异书则焚香肃拜。他有一藏书之所——“得月楼”，藏书甚多，善本亦多。他每得善本，就告诉好友相知。他不怕人家知道，不怕人家借阅，乐于借给别人阅读。他藏书的目的很明确，即：“天下好书，当与天下读书人共之，古人以匹夫怀璧为有罪，以书之为宝，尤重于尺璧，敢怀之以贾罪乎？”

李鹗翀认为书是人间的宝贝，是智慧的结晶，比宝玉更有意义，无法用钱衡量的。这样的宝贝不应属于某个人所有，而应属于社会共有，把书拿出来让大家阅读，让知识共享。李鹗翀可能是较早提出知识共享的人，也是较早提出图书共享的人，还是较早把私人图书拿出来为公众服务的人，是早期民办图书馆的倡导人和实施人。

清朝的袁枚也是一个“图书共享”的学者，袁枚在明清文学史上是一个名人。袁枚学识渊博，藏书极富，达 40 万卷，筑有藏书楼“小仓山房”、“所好轩”。他的藏书共享的思想表现在他的诗《书仓》中，其诗写道：

进书如聚谷，仓储若不足，为藏万古人，多造三间屋。试问藏书者，几时君尽读？

公元 1773 年，乾隆皇帝下诏求书，本来就认为图书属于大家的袁枚，此时把藏书散给了众人，并作了《散书记》与《散书后记》二文。

《散书记》说，他把稀有的珍贵的图书，献给了朝廷，或者借给了亲朋好友，人们很不理解他的做法。他说，天下没有不散之物，不如亲眼见其散，让其散得其所。古人藏书的劲头比袁枚更大，或大于 10 倍，可是他们的子孙用珍贵的版本《论语》书烧锅，把 36 万卷书沉在水里，历史上有数次书危。如其这般，还不如让书藏在国家图书馆里，国家赏功，宾朋感谢，何乐而不为？况且，大量藏书，并未一一认真阅读。当送给别人时，不忍诀舍，日夜攻读，取其宏纲巨旨与其新奇可喜者，腹存而手集之，形式上书给了别人，其实书是聚在于自己腹中。散书，而读书，从而达到了藏书于大脑中的功效，这才是最有意义的。人啊！不要占着田不种，占着房子不住，藏着书不读，何不散之于众，益学益民呢？

身为学者，聚书藏书，读书著书是必要的。开明的学者，不是为了一己之私，窃天下之书为己有，让自己拥有知识，让别人成为愚人。开明的学者往往让大家读书，让人人有知识、人人有学问。他们藏书，更注重图书的归属，让智慧的火炬长明。

有人说西欧人爱学习、爱读书、爱科学、爱文化、爱藏书。在资产阶级兴起之际，很多业主雄心勃勃，一方面在工业与商业领域开拓，一方面兴建公共图书馆，或若干私人将私宅图书汇集一起，让众人阅读，传播知识、传播文化。中国人在封建时代建立了很多私人藏书楼，以藏书为主，不是以“用”为主。到了资产阶级革命以后，形式上建立了一批图书馆，但是没有真正有效地为大众读书学习服务。

金朝孔天监写了一文《藏书记》，告诉了我们与人们观念相反的一个事实。孔天监说，山西洪洞县，邑居繁庶，土野沃衍，人民好学尚义，勇于为善，科举考试，秀才辈出。某些人家拥有书楼文库，但还不够用，多数人没有书读。孔天监的朋友承庆想到，有些贫穷草介之士，有志而无书，借观图书很困难，会影响人才的成长。于是他倡导豪门富绅捐款购书为民服务。一唱而众和，大家都乐于施舍，聚得一笔金银，买了经史子集书各若干，凡系于文运者，灿热毕修。孔天监盛赞友人之举：“是举也，不但便于己，盖以便于众；不特用于今，亦将传于后也，顾不伟哉。”承庆之举，带动了他乡民风乡俗。“以是义风率先他邑，使视而仿之，慕而效之，一变而至于齐鲁。蔚然礼义之乡，共为善利，岂易量哉！”

金朝是中国历史上一个武风占主导地位的时期，在那时，人们除了有私人藏书楼，还建立公共图书馆，并且形成一种民风民俗，遍及河北、山西、山东等省。中国公共图书馆的兴起较之西欧实在不为晚矣！

曹学佺（公元1574—1646年），明朝时期福州人，在四川、广西等地任职“按察史”及“右参议”。他是进士出身，爱读书、爱藏书。他认为佛教、道教都有藏书，而儒家没有藏书，不太合情理，理应建儒藏。佛教与道教藏书于寺观，供人阅览，即是专门图书馆，又是公共图书馆。为什么儒家不建专藏呢？若按曹氏的观点，广建儒藏就等于有了公共专藏图书馆。清代周永年赞同曹学佺的主张。周永年说，大都市的子弟中禀赋轻高者，在城里有书看，有图书楼提供图书。穷乡僻壤，寒门贫士，往往智姿超群，好学上进。但限于闻见，无法求书，无法求学。如果在一千里之内，建几所儒藏馆，使他们假馆以读，可给异敏之士以成才之途。可惜明中叶以后，高者失之于玄虚，卑者失之于妄庸，中国人读书良好的风气，不能大发展了。他（周永年）认为，在方圆百里之内，择胜地名区建义学，设义田，有志者，拿出家藏图书，或用金钱买书置学中，以待四方能读之人，终胜于一家之藏。这是周永年的在普天下广建图书馆的主张，也是曹学佺主张的发扬光大。

公元1880年（清光绪六年），经过鸦片战争、太平天国战争，帝国主义列强已经将侵略魔爪伸入到中国的各个领域。此时的中国，文化已受到西方传教士的影响，外国的哲学、科技、文化、等在中国有了广泛的传播。清政府用武力强行维护封建僵化统治，国内的生产力及国外的政治潮流相互作用，对清统治的僵壳产生内外冲击力，文化的冲击力尤为突出。西方图书馆的建设引起了国内学士的关注。

藏书家国英看到，历场战争，滋扰半天下，版籍多毁于火，书价大昂，藏书家秘不肯将书示人，寒儒苦于无书可读。他在公元1864年与诸君子共立崇正义塾。将做官的薪俸，自己生活的结余，全部用来买书。他在家塾里建起了五间藏书楼，题名“共读楼”。他说买了书，藏在楼中，子孙是否读呢？即使子孙读，让他人与子孙共读何尝不可。成己成人，是一个道理。他把私人藏书3 000余种，20 000余卷，法帖400余册纳入“共读楼”，愿好学者按其专向和才学读书，增长知识。这样可以济时局，换颓俗，经世济民，安民正俗。人人来读书，是国英建共读楼的愿望。

藏书家陆心源建有“皕宋楼”“十万卷楼”与“守先阁”。其“守先阁”藏书对外开放。他说：“读者不禁，私诸子孙，何如公诸士林。”学者孙星衍（公元1753—1818年）曾将其藏书置之家祠，供族人阅读。学者周永年（公元1730—1791年）曾建“借书园”，他与友人桂馥将自己的藏书置于园中，以怡来学。

公元1892年《京师大学堂章程》，提出建设一大藏书楼，广集中西要籍，以供士林浏览而广天下风气。公元1901年安徽省绅士提请开办藏书楼，约集同志，创办书楼，多储经史，以培根本，广置图书，以拓心胸，旁及各籍，以广见闻。在其章程中屡次提及西方人办图书馆的方法，中国人如何借鉴的问题。公元1903年浙江藏书楼建成，广置图籍仪器，让原来学者渔猎，稍阐文澜阁藏书之意，并不仅仅是规抚西法。公元1904年古越藏书楼建成。张謇作《古越藏书楼记》，说徐树兰不以所藏私子孙，独捐资建馆，推惠于乡人。张謇说，西方的公共图书馆，产生于古代的埃及、希腊、罗马。今天图书馆与学校并重，城市县镇都有，所以那里的人民聪明富有。如果我国的州郡县邑都有图书馆，把私人藏书公诸他人，怎么会赶不上西方呢？

可见，自从甲午中日战争后，特别是八国联军进攻中国以后，中国人猛省了。中国人要自强，要繁荣，必须改革。政治、经济、文化、生活一起改革。图书馆是唤起民众，自己拯救自己，自己教育自己，力图发奋图强的桥梁。全国人民对图书馆的认识越来越清晰一致，对图书馆的呼声日益高涨。公元1910年建成京师图书馆。这是中国封建社会政体崩溃前建成的第一个正式的公共图书馆。中国历史上为少数人服务的藏书楼，终于以崭新的形态出现在人民大众面前。

封建政体瓦解了，私人藏书家日益少了，昔日藏书的封建官吏阶层逐渐消失了，新兴的资产阶级未形成稳定的阵营，这时产生了私人小批量的藏书。自甲午中日战争以来，100多年时间内，中国风云滚滚，书籍毁于战火，毁于政治斗争。公共图书数量在不断增加，私人藏书几乎荡然无存。藏书文化鼎盛的时期，应是国家藏书与私人藏书并举的时期。这个时期，人们爱书，藏书，并有良好的藏书道德。“君获奇书好示人”，他们一方面为人民典藏图书，一方面将好书拿出来，奉献给人民。知识共享就是这个原则。中国历史上很多藏书家遵循了这一原则。

第二节　条分缕析　传书传人

——目录学

清代学者金榜、姚振宗、王鸣盛等人在当时的学术文化的基础上，倡导目录学，目录学于是成了一门显学。目录学有辨章学术、考镜源流的作用。所以清代王鸣盛说：“目录之学，学中第一紧要事，必从此问涂（途），方能得其门而入，然此事非苦学精究，质之良师，未易明也。”

清代学者在学术上提出“正本清源”，把明朝甚至宋朝以来，根据社会发展而改造了的孔孟之道，返回到经典原有的思想上去。他们反对把儒家经典当成政治工具，妄加引申比附，强调对原著的名物训诂考证，这就是古文经学。古文经学到了清朝，由于戴震、惠栋、顾炎武等人的倡导，古文经学发展成为朴学，朴学不重义理阐发，重于务实考据，重于校勘、辨伪、辑佚。目录学适应了这一要求，可以为考据、校勘、辨伪、辑佚服务，也可以指导人们系统地读书。

目录学从清代乾嘉时期直到公元1980年左右，是我国学术上的一个显学。目录学闹得场面很大，研究的问题不多，专著与文章却不甚少。专论目录学的著作有郑樵的《通志·校仇略》（宋），章学诚（公元1738—1801年）的《校仇通义》，耿文光（公元1833—1908年）的《目录学》，姚名达（公元1905—1942年）的《目录学》、《中国目录学史》、《中国目录学年表》，余嘉锡的《目录学发微》等。北京大学、武汉大学图书馆系开办以后，目录学是给学生传授的核心课程之一，全国编写了若干种关于目录学的教材。目录学研究的范畴从校勘、目录、提要、分类、书评、版本、辨伪、辑佚、作者介绍等内容，发展到国家书目、联合目录、推荐书目、专题目录、地方文献书目、个人著述书目及书刊索引的编制方法。

目录学家为国家藏书编制了目录。国家藏书目录主要有《别录》、《七略》（汉代刘向刘歆编）、魏朝郑默撰《中经》、晋朝荀勖撰《中经新簿》、东晋李充撰《晋元帝四部书目》、南北朝王俭撰《四部书目录》、隋朝牛弘等撰《开皇四年四部目录》、唐毋纮撰《古今书目》、宋梅尧臣、欧阳修撰《崇文总目》、明杨士奇撰《文渊阁书目》、清纪昀主编的《四库全书总目》。

各代正史中有“艺文志”和“经籍志”，记载诗歌文章与典籍，例如以《汉书·艺文志》、《旧唐书·经籍志》、《新唐书·艺文志》、《宋史·艺文志》等，记载了古代遗留下来的私人藏书书目很多，较为有影响的如表7—1。

表7—1

郡斋读书志(宋)·晁公武	天禄琳琅书目(清)·宫廷藏书
遂初堂书目(宋)·尤袤	天一阁书目(清)·范懋柱
直斋书录解题(宋)·陈振孙	皕宋楼藏书志(清)·陆心源
淡生堂藏书目(明)·祁承㸁	日本见在书目(清)·佐世
汲古阁校刻书目(明)·毛晋	贩书偶记(清)·孙殿起
述古堂藏书目(清)钱曾	50万卷楼藏书目录(清)·莫伯骥

公私书目对于人们读书学习与研究学问很有帮助，它给读者提供了一幅寻求图书的地图。例如清代姚际恒《好古堂书目》史部（见表7—2)。

表7—2　　《好古堂书目》之一页

正史类	《史记》至姚之骃《后汉书补逸》
编年类	荀悦《前汉记》至薛应旌《宪章录》
霸史类	常璩《华阳国志》至吴任臣《十国春秋》
杂史类	《古三坟》—吴邦策《国变录》
集古类	潘之恒《古史抄》—陶济《搜神后记》
时政类	《永乐圣学心法》—《嘉靖承天大志》

续表

礼仪类	朱熹《家礼》—《嘉靖大礼集议》
传记类	包映奎《从祀先儒考》—《状元图考》
典故类	《唐六典》—徐袍《事典考略》
职官类	张兹《仕学规范》—管志道《守令懿范》
法令类	窦子称《敬由编》—王明儒《读律佩觿》
食货类	王桢《王氏农书》—罗汝芳《明通宝义》
器用类	曹昭《格古要论》—《仙局遴奇》
虫鱼类	沈弘正《虫天志》
地理类	陆应旸《广舆论》—郑维新《惠大记》
方物类	《山海经》与吴任臣《山海经广注》
名胜类	何镗《游名山记》—《破山寺志》
川渎类	《水经》—《吴中水利志》
谱谍类	凌迪知《万姓统谱》—肖大亨《彝系俗重译》
簿录类	焦竑《经籍志》—吴氏《文漪堂书目》

《好古堂书目》是清代人姚际恒的私人藏书目录。姚际恒（公元1647—约1715年），浙江杭州人，诸生。其室名“好古堂”，著有《九经通论》、《庸言录》，编有《好古堂书目》四卷。

好古堂的藏书与一些藏书大家相比较，不算多。就这样的一个藏书家编的书目，对于今人的学术研究也是很有价值的。如果你是法学家，你从《好古堂书目》中“法令类”，可以知道《敬由编》与《读律佩觿》等著作。你若打开《好古堂书目》找到法令类，可详细查得姚际恒典藏的若干法律类图书。如果你是人事部门的工作人员或理论研究人员，从该书目的“职官类”，可得到《仕学规范》及《守令懿范》等古代公务人员的工作守则。这类书往往是你闻所未闻，踏破铁鞋无觅处的，一旦发现，有如获得珍宝！

当然，古代的公私藏书，现在大都不存在了，剩下的书有的藏在北京图书馆，有的藏在南京图书馆，有的藏在上海图书馆，有的藏在某大学图书馆，有的散失了。如果你根据某公私书目了解到某类图书，或某本书的书名，再到各大图书馆检索，那会方便得多，有了具体书名，如大海导航，目标一定，检准率及检索效率要高得多。

现在人们利用古籍时，愿意检索《四库全书总目》及《中国善本书目录》。《四库全书总目》基本上反映了中国最后一个封建王朝典藏的图书概况。《中国善本书目录》反映了我国当代各个图书馆典藏的善本书，是各个图书馆优秀的古籍文献联合目录，利用这两部目录，可以知晓当今能够利用到的古籍资料。

《四库全书总目》收录古籍不全，孙殿起的《贩书偶记》记录了《四库全书》未收到的一些图书。《中国善本书目录》是全国范围内现存古籍普查的基础上编纂的，其要求很规范、很统一、很标准，但其收书也不全。其原因是：(1) 各个大图书馆都有相当一部分书未能整理出来。古书堆积在一起，未整理的、未加工的、未分编、未上架、未登录、无记载的，尚有一定的数量。(2) 民间尚存一部分善本书，无法统计，无法展出，无法为公众服务。另外，地下埋藏尚有部分古籍资料，有待于发掘。

鉴于以上诸原因，中国古代的公私图书目录尽管很多已经消失了，尚存的部分公私图书目录仍然可以指导人们从事学习与研究。各家图书目录综合运用，便可以获得有关图书的真伪、版本、时代、作者、刻印人等等信息。

例如，有人曾在乡下购得一古书，破烂不堪，书名隐约可辨，曰《傅氏眼科审视瑶函》，拿回家后，众人不知此书价值几何？有人说系宋版书，有人说系明版书，有人说是中国古代最有价值的专科医书。为解得众人之迷，首先要弄清傅氏系何人，此书是何人所刻？

经查阅有关书目，从《贩书偶记》中查出“《审视瑶函》（六卷），崇祯甲申醉醒堂刊”。此书中缝有“醉醒堂”字样。说明此书系明版书，是善本书。

若无书目，怎能知晓此书根底？若无目录学知识，怎么查得有关书目？不懂目录学，无法下手，无处求问？

书目中有关著录条目，非常便于我们识别图书。例如，阳湖孙星衍撰《平津馆鉴藏记书籍》卷三中有：《琴史》六卷，题朱长文伯原，前有元丰七年朱长文序，末有绍定癸巳侄孙正大跋。巾箱本，每页二十二行，行十七字（凡从宋版影写者，俱载行数字数），余又以吴山尊侍讲所藏至正八年俞和手抄本校正之。书上钤有南梧沈氏家藏朱文长方印“春草闲房”手定朱文方印。璜川吴氏收藏图书朱文方印，惠栋之白文方印，定宇朱文方印，红豆书屋朱文方印，士英上园下方朱文小印，吴氏珍玩白文长印。

该书记录了《琴史》的书名、卷数、作者、写序人、作跋人、版本、每页行数和字数、校刊人及年月、校勘用书、书中各家藏书印，等等。有了这些记载，我们对《琴史》一书便有了较为全面的了解。《琴史》是较早的乐器专著。

各书目著录内容不一，《四库全书总目》著录书名、作者、版本、学术渊源、内容之评论等。例：

（黄氏日抄九十五卷）　安徽巡抚采进本

宋黄震撰，有古今纪要，已著录是书九十六卷。凡读经者三十卷，读三传及孔氏书者各一卷，读诸儒书者十三卷，读史者五卷，读杂史读诸子者各四卷，读文集者十卷，计六十八卷。皆论古人。其六十九卷以下，凡奏札、申明、公移、讲义、策问、书记、序跋、启祝文、祭文、行状、墓志、著录者计二十九卷。皆所自作之文。其中八十一卷、八十九卷，原本并缺，其存者实九十五卷也。震与杨简同乡里，简为陆氏学，震则为朱氏学，不相附和。是编所读诸书，随笔札记，而断以己意。有仅摘切要数语者，有不摘一语，而存标目者。并有不存标目，而采录一两字者，大旨于学问排佛老。由陆九渊、张九成以上溯杨时、谢良佐。其议杂禅，虽朱子校正阴符经、参同契。亦不能无疑于治术排功利。诋王安石甚力。虽朱子谓周礼可致太平，亦不敢遽信。其他解说经义，或引诸家以翼朱子，或舍朱子而取诸家，亦不坚持门户之见。盖震之学朱，如朱子学程，反复发明，务求其是。非中无所得，而促假借声价者也。

《四库全书》此段提要先介绍了书名、卷数、版本、作者及其时代、著作方式、各卷内容，后介绍学术渊源、学术观点、著作特点、学术价值。读此提要，对该书便有了一个总体性的认识了。

二、目录学家的贡献

Internet 网络在全球普及开来以后，原有的目录学著作不见得有什么重要意义了。电子计算机运行速度快，检索途径多，几万册图书、几百万册图书、甚至几千万册图书，检索起来十分轻松。这是多方面因素形成的整体效应。在技术上有了电子计算机，在管理上有了统一的、标准化的文献信息处理方法，在工作上有了明确的分工，在组织上有了大协调的功能，在队伍上有了专业化人才，这是现代化的力量。

Internet 没有消灭书目，在 Internet 上广泛地使用着目录，广泛地使用着文摘与索引，广泛地使用着分类表、主题词。Internet 并没有消灭中国古代的目录。相反，在经济条件许可的情况下，中国古代的各种公私目录都可以输入数据库并进入 Internet 网络。因此，我们今天仍然要承认那些老先生们目录学的成就。

中国古代目录学家给后人的贡献是：

1. 聚集了大量的图书

藏书家不一定是目录学家，目录学家则一定要利用大量的藏书。中国古代很多人当了官，或发了财，便聚集图书与文物，作为一种爱好与欣赏。有的人藏书不一定读书，有些贪官藏书，仅是作为一种财产（知识财产）的占有，并不读。但大量的图书仍需有人编出目录来。刘向、纪昀是目录学家，他们的目录学建立在政府的图书基础上，目录编纂工作需要有大批量的图书。聚书分三种，一种为国家聚书或为团体聚书，一种为个人读书聚书，一种人为了占有知识财产聚书。目录学家也分作三种，一种是职业目录学家，如刘向、纪昀。一种是业余目录学家，例如一些富商的藏书目录，一般不是商人自己编成的。他们花钱养了许多清客，帮他们聚书、校书、写书、作画、编制图书目录，刻印出来的藏书目录，署名则是图书、字画财产的拥有人——书主。封建社会的大官僚家里养有很多幕僚，专事出谋划策、诗歌唱和、评品书画，署名的作品往往系幕僚的心血，非官僚本人所出。但是，也有一些人在休闲的时间里，自编藏书目录，聊以自娱。另一种是学者兼目录学家，凡大学者都具有丰富的文献及文献整理的知识。

2. 在一定时期内保存了图书

图书有聚有散，散去容易，聚时难。聚书有一定的好处。聚集的图书，往往有专门典藏图书的房子、书架、管理人。图书的保存需要客观条件，否则会遭毁坏。如不识字的人拥有图书，往往撕下书页擦手、包物等。如无专藏条件，图书往往会受潮、霉烂。但是图书聚在一起，一旦火起，全部毁灭，损失巨大。

图书一般聚于兴盛之家及开明盛世。国与家败亡，图书典籍便随之散去。封建时代，江山总是不断更替，政权兴替不已。家族，特别是豪门贵族往往与当时的政权同生死共存亡，与当权人同生死并存亡，所以图书的聚散也随之演化。图书可能在一段时期内聚于张三家，另一段时期内会聚于李四家。聚书于鼎盛之家，图书的安全系数大，利用程度不一定大，仅是在一定程度上保存了图书。

3. 给图书做了加工

目录学家买了图书，给图书分类、编目、修补、订正、校勘、写序、作跋，将图书管理得井井有条。这样提高了图书的利用率，保证了图书按系统陈列，延长了图书的寿命，提高了图书的质量。例如，经黄丕烈校勘题跋过的图书，其价格分外地高。一本书经陈振孙写过解题，当是至宝。经过顾炎武批点过的图书，人们争相典藏。

4. 告诉了后人当时的图书情况

目录著录过的图书，现在或存于某图书馆，或根本上找不到了。如果藏书目录尚存，我们据此可知当时有哪些图书，人们研究过哪些问题，否则，后世人不知历史真相，往往盲目崇古，或随意非难古人，或随意伪造古书。

5. 研究了聚书、藏书、类分图书、保存图书、编写书目的一套技术方法

例如，四部分类法、依韵检索法。《上善堂藏书纪要》介绍了图书“购求”、“鉴别”、“抄录”、“校仇”、“装订”、“编目”、“收藏”、“曝书”的知识。《观古堂藏书十约》介绍了图书“购置”、“鉴别”、“装潢”、“陈列”、“抄补”、“传录”、“校勘”、“题跋”、“收藏”及“印记”等知识。目录学家编写藏书书目，不仅仅是编书目，他们还综合运用各种知识，为图书收藏服务，表现出他们爱书、读书、研究图书的热情。他们研究图书、加工处理图书的目的是为了图书代代相传。

6. 提高了图书的检索效率

家藏百册图书，倘若陈列不当，寻书则十分耽误时间。上万册图书、几十万册图书、几百万册图书，陈列是要有技术的。目录学家其实就是图书管理员，他们拥有管理图书的一套方法，经他们加工处理后，图书陈列在架上，每书有检索标识，每书都管理得当，图书检索效率便提高了。

7. 辨章学术，指导人们读书

目录学家研究的不是纯理论，目录学具有一定的实用价值。善于学习的人应善于利用目录。目录学指导人们学习，指导人们有条理地、循序渐进地学习，或研究问题。例如，敦煌石窟中发

现的《唐末士子读书目》就是一本推荐书目。唐朝实行科举制选拔人才，当时的人们对于科举制并不熟悉，这本书告诉了人们与科举考试相关的图书。知之者，中举的可能性较大。书目对于文化的传播有着重要的影响。类似的目录有元代程端礼撰《读书分年日程》，它告诉人们学习的步骤、程序、阅读的书目、学习的要点等。清康熙八年门人李氏记录的李颙教授的《读书次第》，告诉人们读书应从小学（音韵、识字、训诂）——经书——史书——文学等书依次进行。他们重经书与礼书，文学书仅有《八大家文抄》，还推荐了老庄等人的子部书。

清张之洞编辑的《书目答问》，在历史上作用较大。公元1840年以后，帝国主义列强屡次侵犯中国，中国的封建统治处于风雨飘摇的时期。张之洞积极地学习西洋的精华，为中华民族的复兴而努力。他认为中国的问题，首先是教育，让人们受教育，摆脱愚昧，让人们学习健康文化，摆脱沉睡无为的旧俗。他委托缪荃孙代撰了《书目答问》，成书于公元1875年。该书目选择了2 200余种佳作，分经、史、子、集、丛书五部，每部下分若干类，重要图书有按语、注意事项。整个书目由浅入深，引导人们学习。所选之书，以经世致用为主，让人们学习文化，务实入世，参与社会变革。

汪辟疆撰《读书举要》、胡适撰《中学国文的教授》、亮轩编《一个家庭最低限度书目》、北京图书馆编《中国最优秀的文化遗产选目》、台北李国良《师范生应读哪些古书》、章太炎撰《中学国文书目》等都具有一定的特色，对学生读书，有导航之效。

8. 确定了中文古籍分类法

图书分类法是使众多图书条理化的基本法则，是管理图书与检索图书的基本法则，古人的图书分类法走过的路是：七分——九分——四分，最后稳定在经、史、子、集四大类目上。

《四库全书总目》的类目具体为：

经部：易类、书类、诗类、礼类、春秋类、孝经类、五经总义类、四书类、乐类、小学类。

史部：正史类、编年类、纪事本末类、别史类、杂史类、诏令奏议类、传记类、史抄类、载记类、时令类、地理类、职官类、政书类、目录类、史评类。

子部：儒家类、兵家类、法家类、农家类、医家类、天文算法类、术数类、艺术类、谱录类（器物、食谱、草木鸟兽虫鱼）、杂家类、类书类、释家类、道家类。

集部：楚辞类、别集类、总集类、诗文评类、词曲类。

古代的大型图书其类目一般各不相同，《艺文类聚》分作43部，即43类；《太平御览》分作55部，即55类；《古今图书集成》分作6编32典，即6部32类；《十通》各书类目不太一致，大致有食货、选举、职官、礼、乐、兵、刑、州郡、边防、艺文、天文等类。这些都是专门或专用（类）图书的分类方法。

作为国家书目，对综合性藏书的中文古籍用四部分类（经史子集）法较为妥当。这是古代图书馆学专家研究了2 000多年的成果，是中国古代图书分类学上的杰出贡献。《四库全书总目》分类法，成了中文古籍的定型的统一的标引分类法，典藏古籍以及检索古籍一般需沿用这种分类法。须知，在一个大的国度里，众多知识分子认可统一的标准分类法，不是一件很容易的事。图书分类法是知识的脉络。认可一种分类法，就是认可一种检索知识的途径。

三、目录学家的造诣

《四库全书总目提要》是清代纪昀主持撰写的。现在在一般图书馆都可以读上这部书。翻读这本书，你会感慨地说：写此书需要博学和真知灼见，要不怕枯燥、无味，要有兢兢业业、一心奉公的精神。纪昀对他自己的工作书写过对联一幅："浮沉宦海如鸥鸟，生死书丛似蠹鱼。"

纪昀（公元1724—1805年），字晓岚、春帆，号石云，河北献县人。纪昀30岁（公元1754年），中进士，改庶吉士，迁侍读学士，因有意泄密给其亲家卢曾，被谪戍乌鲁木齐。公元1771年，赦罪返京，复授编修。乾隆三十八年（公元1773年），开四库全书馆，大学士刘统勋建议纪昀为总纂官，这次参加图书整理的共359个学者。纪昀撰《四库全书总目提要》200卷，共著录古籍3 461种，79 309卷，存目6 793种，93 551卷（现存4 000多种，6 000卷），全书共抄36 000册，约774 930千字。目录工程浩大，359个学者分工负责撰写提要。戴东原负责经部，邵晋涵负责史部，周永年负责子部，纪昀总其成。纪昀、陆锡熊等对采入书籍，分别编写内容提要，并述说书中大旨、著作源流、作者生平及校勘过程。

纪昀据大学士阿桂、侍卫阿弥达考察黄河的记录写成《河源纪略》三十六卷，绘图列表，记载沿河一带风俗、物产、古迹、轶事。

纪昀收集图书、处理图书、写提要、编写图书，每项工作都很辛苦。收集图书需按乾隆皇帝旨意办事，违碍清统治者意旨的书一律毁禁。明朝隆庆后将相奏议文录，高拱、张居正、申时行、叶向高、高攀龙、邹之标、杨连、左光斗、缪昌期、熊延弼、孙承宗、倪元璐、卢象升、孙傅廷、姚希孟、马世奇，晚明袁继咸、黄道周、金声等人著作都一一焚毁，有关图书中夹杂对朝廷讽刺或不满的只言片语也尽行销毁，这是纪昀在政治上的一个难关。

给书写题录及提要，往往语意弹拨，涉及褒贬，意蕴之差，人见各异，非击节正着，很难令学者信服。魏源《古徽堂集·书宋名臣言行录后》一文，指责纪昀“乾隆中，修四库书。纪文达公以侍读学士总纂。文达故不喜宋儒，其总目多所发挥，然未有如《宋名臣言行录》之甚者也……昌言抨击，讫再讫四，昭昭国门可悬，南山不易矣。虽然，吾不知文达所见何本也。”

清代经康熙、雍正、乾隆：100多年的治理，天下安然，经济繁荣，文教事业发达，文士很多，特别是考据学、朴学及读旧书、读死书、死读书的人特别多。皇帝事先作出表率，康熙年十七八时，读书过劳，至于咯血，不肯少休，他手不释卷，临摹名家手卷多至万余，写寺庙匾榜多至千余。天文、地理、历算、音乐、农业、法律、医药、科技及满、蒙、英文字母，无一不通。乾隆皇帝作诗达4万余首，超过陆游。他善于鉴别书画、书法。皇帝崇文，臣民效法，由是天下学院、学派、文章、诗社纷纷形成。文人才子倍增。纪昀在这种情况下承担《四库全书》编撰工作，十分光荣，也有登峰造极、十分不易之感。

藏书家精于藏书，了解图书的根底与来龙去脉，这也是学术造诣之一斑。清代周亮工在《书影》中记载了三条图书信息，反映了周亮工博学多闻。现转录如下：

(1)《夷坚志》，宋洪迈所著，兰溪胡元瑞《笔丛》，谓其书有百卷，今行世者什之一耳。元瑞曾得秘本，后归之同邑章无逸。常熟毛子晋家亦有宋版者，甲至癸流号计一百卷，与无逸所收同。无逸贫士，子晋作古，料无好事者为之梓行矣。

(2) 弇州旧藏《汉书》，得之吴中陆太宰家。宋版宋楮，字画端重，是越文敏故物。卷首画文敏象，标签字出文敏手。弇州亦图一象于后。弇州殁，钱虞山以千金得之。后复卖于四明谢象三。虞山自云，此书去我之日，殊难为怀。李后主去国，听教坊杂曲《挥泪对宫娥》一段凄凉景色，约略相似。又云：京山李组柱字本石，曾语予；若得赵文敏家《汉书》，每月焚香礼拜，死则当以殉葬。余深愧其言。

(3) 王文恪《震泽长语》云：《家语》今本，为近世妄庸所删削，惟有王肃注者，今本所无多具焉。《汉书·艺文志》载《家语》二十七卷，颜师古注云，非今所有《家语》也。……

读书多，方知何书出于何人之手？藏于何家？有哪些版本？何本最真？目录学家在目录中往往有序言与跋语。跋语介绍一书的得来经过、书的版本、书的内容在学术上的得与失、考订经过等。研究学问，读书先读跋语是很有帮助的。跋语是有关事实性语言，不是指点江山、激扬文字，它非常客观具体。写跋语要博学广闻，对书山学海涉猎较多，对山山石石和鹰鸟鱼虫深有研究，非虔心于学问者所不能。下摘《半毡斋题跋》中的两则跋语，以供参考欣赏。

（1）《事文类聚翰墨全书》。

《事文类聚翰墨全书》，诸家目录皆无此书，疑是宋《刘应李翰墨大全》，元人重为编次，掺入方舆一门耳。考兴和路之宝昌州，金之昌州也。仁宗延祐六年，改为宝昌州，是书仍作昌州。则编次之人，在仁宗延祐以前矣。壬集二卷后，有康熙时无名氏跋语，云刊于至正二年。盖甲集前序记至正年月，今又失去耳。是书体例冲驳，不足以资考证。惟舆地一门，次序与元史不同，如怀孟路下有冠州、恩州，可补元史地志之缺。

（2）《杨太真外传》。

《杨太真外传》二卷，宋乐子正撰，晁公武《郡斋读书志》作《杨贵妃外传》，与陈振孙《书录解题》同。惟范成大《石湖集》作《太真外传》，盖当时所见本异耳。是书采辑津阳门诗《长恨传》、《开元天宝遗事》、《幸蜀记》诸书而成，新旧《唐书》杨贵妃传，皆取资于此。然有与正史异者，如武惠妃。史记其卒在开元二十四年，外传云二十二年。史据实录纪年，当以史为正。元琰妻李氏，封梁国夫人，外传作凉国。考唐时封号，多以族望，梁国，李姓十二望之一也。外传作凉，其误可知矣。子正素娴掌故。不应纰缪若此，疑传写之讹，非子正之失也。至于封元琰济阴太守、陈仓县令、薛景仙之类，新书不载，若无此书，则淹没不传矣。……

这个跋语把《杨太真外传》的来龙去脉讲得清清楚楚。读了跋语，我们可以了解到相近的关于该主题的书还有哪些？何人所写？哪一本书较多真实可据？人们将那些曾经大藏书家作过跋的书，看得价高数倍。价值在于跋语指明书的真伪及利益得失。大凡古书，一经目录学家作了跋语，便可洞晓真伪。杨贵妃的传说就是例证。

清代顾广圻与黄丕烈是两个著名的校勘图书的人。顾广圻的校书理论“天下书当以不校之”。他校书，重依据，重善本，绝不凿空，不随意改动原书原字，将考异与校勘结果记在书后，他校勘图书细心谨慎，所以人称精确。

对于黄丕烈校书，《清史列传·文苑传》中说：“黄丕烈，好刻古籍。每刻一书，行款点画，一仍旧本，即有伪冲，不敢擅改，别为札记，缀手卷末。钱大昕、段玉裁甚称之，谓之可以矫近世轻改古书之弊。”王芑孙说黄丕烈，在版本、版次上，篇第多寡、音训异同、字画增减、授受源流、誊摹本末、行幅疏密广狭、装帧精美敏好等方面心营目识，条分缕析。他晴雨天气都干个不停，饮食男女之事淡化了，可见他用心之勤，功力之深。例《士礼居藏书题跋记续》卷下黄丕烈一段书跋：

《江月松风集》十二卷　旧抄本

《江月松风集》为元钱思复手书稿，草先民笔墨，具有别致。好事家因装裱成册。钱磬室、曹秋岳相继收藏。秋岳亡后，伯兄澄于金阊见之，倾囊得归。一时争相传写，未免有豕鱼之伪。此本乃余手抄，校对独细，惜有跌落，无从考补。至于字画间有舛误，亦从缺疑。大抵古人手笔，当仍其旧，不可妄以已意增损也。所得更有张伯淳“贯酸斋”书卷。元人草玄阁、湘竹龙唱和，并杂诗柬。共此集为三册，得于康熙丙寅之杪春，而抄成于季秋之十三日，东洞庭山人又张翁栻识。旁有朱字，仍录金，亦陶夫子所改误也。丁卯四月，栻、钱思复《江月松风集》，余向未之见。今见诸玉峰考棚汗筠斋书籍铺。盖太仓金元功家物也。却为吾郡人手录本。翁名栻，字又张，号南陔，其景仰昔贤之意可见。住东洞庭山，则太湖东区，两书中当必有其人。惜案头无其书，不其详。然爱书如命，手泽犹存，其人固可想见。且为金侃亦陶之高足。宜其流风余韵，洋溢于缥湘翰墨间也。余生平嗜书，并嗜藏书之人。书赖人以传，人赖书以传，安能离而二耶。此书罕有，固不待言，藏书之人，于此仅见，余故表而出之，为今撰修郡志者有考焉。道光癸未三月望日，雨窗，荛夫识。

黄丕烈的这一段题跋介绍了《江月松风集》的卷数、版本、作者、年代、字体、装帧、被收藏人、传播情况、黄氏手抄本特点、校勘原则、贯酸斋书卷特点、钱本收藏人翁栻简介，“此书罕有”标明该书的收藏价值。叶昌炽在《藏书记事诗》中赞扬了黄丕烈。王芑孙《黄荛圃陶陶室记》说：“荛圃则实事求是、汇亡剔陶，一言一句，鉴别古人所未到，时以笔诸书而广其副，嘉惠方来。荛圃读书之专且博……。”优秀的目录学家大概都有黄荛圃般的治学精神。如果没有这些人的辛勤耕耘，在那古书相互传抄为主的年代，或在那无统一刻印标准的雕版印刷的年代里，图书的真伪优劣实在难以辨识。

现在在《万有文库》中我们可以看到类似的图书有：

(1)《士礼居题跋记》。

(2)《曝书亭记》。

(3)《非石日记抄》。

(4)《程氏家塾读书分年日程》。

(5)《读书敏求记》。

(6)《知圣道斋读书跋》。

(7)《平津馆鉴藏记》。

(8)《竹汀先生日记抄》。

(9)《九经三传沿革例》。

(10)《拜经楼藏书题跋记》。

(11)《半毡斋题跋》。

第三节　鉴别欣赏　珍本善本

——识别图书

图书的鉴别与欣赏，在“士子藏书”、“商人藏书”、“官吏藏书”等章节中已有讨论。图书欣赏，是文士们的一种嗜好。这如同农民，没有事便喜欢在田间转一样。文士们一见面，口头语便是：“近来读什么书”，“得了什么书”，“有了什么好书”。对于珍本，文士们更是爱不释手。文士们爱书，便要了解怎样鉴别图书，特别是古籍版本。

要了解一本古籍的价值，主要从以下10大方面着手：(1) 书名；(2) 卷数页码；(3) 著者与编者；(4) 刻本年代及刊工姓名、刻书家；(5) 行款字数；(6) 栏线（单、双栏）；(7) 黑口、白口、单双鱼尾；(8) 序与跋；(9) 藏书印章；

(10) 附图；(11) 字体、刀法；(12) 避讳字；(13) 纸张；(14) 用墨；(15) 装潢。

一、关于版本知识

1. 善本

20 世纪下半叶，我国拟出了一个善本标准，其主要内容有：

(1) 元代、明代以及这以前刻印、抄写的图书（包括残本与零页），明版流传较多的不算。

(2) 清代乾隆及乾隆以前流传较少的刻本、抄本。

(3) 辛亥革命前的有独到见解的稿本、较系统的稿本、稀见的刻本、抄本，或反映某时期、某事件的稿本。

(4) 辛亥革命前的名人学者批注、校勘、题跋的印本和抄本。

(5) 反映某一时期刻印技术的代表作，如明代以前的印谱。

(6) 日本及高丽重刻的中国古书。

2. 孤本

罕见的图书，各家藏书目录不见著录的旧本。刻印以及内容俱佳的图书。如北京图书馆藏《吴姬百媚》。

3. 宋版

宋版书最为著名，按地区分，有：杭州本、瞿州本、婺州本、吉州本、抚州本、台州本、泉州本、建阳（麻沙）本、江西本、蜀大字本、茶盐司本、转运司本、平阳本。

4. 补版

刻印的书版，经年累月，出现断裂与损缺，经过补刻修整后再行印刷的书，叫做补版书。宋刻、元补、明又补的版，称作“三朝补版”。

5. 监本

北京与南京封建王朝国子监所刻印的书。国子监即政府最高学府。南京的称南监本，北京的称北监本。

6. 经厂本

明代专刻各种经书的厂坊，由太监负责图书的出版工作，校对不精，错误百出。这种书，字大、黑口，书的首页盖有“广区之宝”印记。该厂不时也出版其他图书。这些书因不属于该厂出版范围，所以粗制滥造，不受人们重视。

7. 藩刻本、王府本

明代分封各地的藩王与亲王所刻的书。由于各王府资金雄厚，养有大批人才，这种书质量较好。

8. 殿本

清代武英殿刻印的书。官刻本，多用开化纸印刷。它与监本、经厂本、殿本一样，书品宽大，刻印纸墨很考究。

9. 内府本

明、清两代经皇帝敕命编纂的书，在宫内刊印。内府本校勘及纸张精致。

10. 书帕本

明代新官上任，或奉使回国，习惯上以一书一帕相馈赠。书帕本，系礼品。刻书与收书人皆不经意。所以好书不多见。

11. 书院本

历代书院刻印的图书。宋元时期，书院本图书质量很好。

12. 批校本

名家批过或校过的本子。

13. 过录本

按照名家批校的本子，依样抄录下来谓之过录。

14. 袖珍本

袖珍本，为携带方便，刻印的一种小开本的图书。如乾隆下江南时随身携带的《通鉴纂要》。

15. 聚珍本

乾隆三十八年用枣木刻成活字而印的书，叫武英殿聚珍本。聚珍本，即活字本。

16. 局本

清同治光绪年间，各地书局刻印的图书。如江苏书局、金陵书局、浙江书局、淮南书局、江西书局、崇文书局等。

17. 坊刻本

书铺书肆刻印的图书。

18. 家塾本

私人或宗祠为了教育子弟而刻的书。

19. 影刻本

明清仿照宋本刻印的图书。

20. 百纳本

用不同书版各印刷图书的一部分，称为“百纳本”。

21. 配本

将不同时期刻印的书中，选配成一套完整的书。

22. 初刻本

版刻成以后第一版印刷的书籍，字画清晰，特征明显，为藏书家所珍重。

下选一例，系对《白氏长庆集》一书版本的识别与考证。

《白氏长庆集》七十一卷

唐白居易撰。稹元序说：“白氏长庆集者，太原人，自居易之所作。而乐天秦中吟、贺雨、讽谕等篇，时人罕能知者。然二十年间，禁省观寺，邮候墙壁上无不书。王公妾妇、牛童马夫之口无不道。至于缮写模勒，衒卖于市井，或持之以交酒茗者，处处皆是。”又注云：“扬、越间，多作书模勒，乐天及予杂诗，卖于市井之中也，长庆四年冬十二月十日微之序。”

是书中国印刷术的雕版发明之三十八页云：“清乾隆间，赵翼首先引用，并说模勒即刊刻也，则唐时已开其端欤。”白乐天与元微之诗，当时为京城内外所仿效。绍兴平水村教儿童读的，就是他们两人的诗。鸡林（今朝鲜）宰相至以百金换一篇，可见社会上对两人作品的迫切需要与推崇，所以扬越一带就有人把他们的诗篇刊成书版来印卖，有人见宋蜀本元微之文集，白氏长庆集序，元氏自注文内多作模勒，以为勒乃写之误，但是正文仍作缮写模勒，若改为缮写、模写，便不成词。王国维说得好，夫刻石亦可模勒，而作书需卖，自非雕版不可。则唐之中叶，吾浙亦已有刊版矣。

《唐代刊书考·卷四》则云：说者以为模勒，即指雕版而言，元序作于长庆四年，正与日本宝龟本陀罗尼经同时。元白之诗刊为书册，卖之市肆，遍于扬越，则刊书传播已广，刊刻范围亦已由宗教方面转入世俗文学，然此序所持，以为刊书之证者，仅模勒二字及模勒与缮写二字对举而已。顾模勒可释为摹写，勒亦可诠为勾勒，从原迹摹写勾勒若今影写本然，似以可通。至于二语对举，遂指缮写为传钞，模勒为刊刻，则其曲解，与见书本而即谓与墨板对举者以异也。元氏所云，揆之刊书蜕演之迹，及日本陀罗尼经，理实可能。然文字诠释，似有未晰，故在未得第二种文献及年代清晰之实物证据以前，不是据此即谓唐代在大历时即已有雕版印书也。

又云：中国刊书是否创始于唐？李唐一代在刊书史上之变迁若何？俱以文献不足难征其全。惟就所得诸家之言，考其时代，则大都在唐懿宗咸通或其后不远之际，是刊书之事，当自此始，渐为士大夫所注意，因而形诸纪述，今总称之日成通时代。其在咸通前后者，亦附见于中。关于诸家纪述唐代刊书文献，今就所得见者，略依时序此录于左：

一作白氏文集。元稹序后题曰：白氏长庆集五帙都五十卷，凡二千一百九十一首，又别分总目十帙共七十卷，总三千五百九十四首，其第七十一卷不入总目，系律诗一百首，前一行题衔与晁卷不同，盖即续后集之一卷。

按唐志白氏长庆集七十卷，宋志晁陈二家则载七十一卷，似宋时已佚其四卷，然考白氏后记云，前著长庆集五十卷，元稹之为序，后集二十卷自为序，今又续后集五卷自为记，前后七十五卷，诗笔大小凡三千八百四十首，集有五本，一本在庐山东林寺经藏院，一本在苏州禅寺经藏内，一本在东都胜善寺盆塔院律库楼，一本付侄龟郎，一本付孙谈阁童。各藏于家、传于后，日本新罗诸国及两京人家传写者，不在此记。又有元白唱和因继集共十七卷，刘白唱和集五卷，洛下游赏晏集十卷；其文尽在大集内录出别行，会昌五年夏五月一日。

一卷子残本，题单称文集卷第三，下署太原白居易，第一张十四行，次张以下十六行，每行十四字，盖是书自白氏真本传钞，故单曰文集也。①

按自记五本传写者不在此记，乃是刻本之意，会昌为文宗，当公元八四五年，次接宣宗大中，次懿宗咸通，其记会昌，先于咸通刻本之金刚经，仅二十有三年，以此核之五本俱是雕版，而唐盛行刊版至是显然，俗见故未之及耳，若以贞观论，更为刊本之证，不然何有数本之多也，且云传写不在此记，显然。

又按元微之集六十卷，唐志著录，长庆集一百卷，小集十卷，传于今者惟闽蜀刻本为六十卷，三馆所藏独有小集，其文盖已杂之六十卷矣，元白才名相埒，乐天守吴财岁余，吴郡屡刊其文，微之留越许久。其书独缺可乎，予来踵后尘，盖相去三百三十七年矣，乃求而刻之，书成置之蓬莱阁云。②

二、宋明清各朝代版刻的特点

1. 宋版书

宋版书刻印精细、纸墨精秀、字体肃穆且富有神韵，为世之珍宝。历经兵火战乱，传世的宋版书极少，现可见的宋版书，多为南宋版书。

北宋的图书多为单边，行距宽，白口，小题在上，大题在

① 俱见《古文旧书考》卷三，第39页。

② 见宋本洪适《盘洲文集》卷六十三，第9页。

下。南宋本多为双边，有刻工姓名，四川刻工多数姓王或姓单。宋版书字成直行，但横向不成列。北宋早年多为欧阳询字体，后用颜真卿体与柳公权体。大字，每行15—18字，墨色浓厚，水浸无害，刻工刀法精致，保持了书法的原意。

宋版书，浙本、蜀本主要用白麻纸，南宋建本用黄麻纸，佛经多用硬黄纸。竹纸很少用。麻纸纸质坚韧，水浸不烂。

宋版书主要是蝴蝶装，少数旋风装和经折装。南宋才有包背装的书。

2. 明版书

明初至成化年间刻书多为四周双边，粗黑口，弘治后改效法宋刊，盛行白口，口上有数字，下有刻工名。

明初至正德书刻为自由体，软体字。嘉靖、隆庆时字体着力不一，起笔细，落笔粗，字形方整，失去了书法的神韵。万历本为长体字，用笔横细竖粗，系仿宋体。徽州刻本多为写刻本，行书体。明版书用纸不及宋版精良。明朝用纸为白棉纸、黄棉纸和竹纸，以及开化纸、罗纹纸、毛边纸、毛太纸、太史连纸、白粉纸、库钞纸。官刻本多用白棉纸，坊刻本多为竹纸。嘉靖以后，棉纸减少，竹纸增多。

明代嘉靖以前是包背装，万历年间开始有线装书。

3. 清版书

公元1840年以前的清版书，一般为四周双栏或单栏，白口，字根竖向排列拉齐。书口有鱼尾，尾端有书名。清代皇帝批准雕版的书刻，有“钦定”、“御撰”字样。每页上标有卷次页码。

康熙后刻书仿宋，但字比宋版小。道光以后，行字用近体，字型呆板。

清代印书，殿版多用白棉纸与开化纸。其他则为宣纸、竹纸、毛太纸、毛边纸、粉连纸、行连纸、大桔棉连纸、官堆纸、太史连纸。

清版书一般为线装书。

三、抄本

中国古代，自给自足经济条件下，很多人家无钱买书，于是抄本书很多。一般人家得到一册书不容易，为了阅读和保藏，只好抄写下来。古代社会，很多文人毕生借图书，抄写图书，手校眉批，并出现了一批有名的抄本。这些书内容较好，手迹亦珍贵。著名的抄本如表7—3。

表 7—3

姓名	别号	地名	斋室名
丁丙	松生	钱塘	八千卷楼
厉鹗	太鸿	钱塘	樊榭山房
王宗炎	以除	萧山	十万卷楼
姚觐元	彦侍	归安	咫进斋
金檀	星轺	桐乡	文瑞楼
钱熙祚	雪枝	金山	守山阁
何元锡	梦华	钱塘	梦华馆
顾苓	芸美	长洲	云阳草亭
汪远孙	小米	钱塘	振绮堂
鲍廷博	以文	歙县	知不足斋

续表

姓名	别号	地名	斋室名
吴宽	匏庵	长洲	丛书斋
文征明	衡山	长洲	玉兰堂
叶盛	兴中	昆山	赐书楼
徐乾学	健庵	昆山	传是楼
王肯堂	宇泰	金坛	郁岗斋
沈与文	辨之	吴县	野竹斋
惠栋	定宇	吴县	红豆斋
杨仪	梦羽	常熟	七桧山房
秦四麟	西岩	常熟	致爽阁
毛晋	子晋	常熟	汲古阁
冯班	定远	常熟	空居阁
冯舒	已苍	常熟	空居阁
钱谦益	牧斋	常熟	绛云楼
钱曾	遵王	常熟	述古堂
叶树廉	石君	常熟	朴学斋
姚咨	舜咨	无锡	茶梦斋
祁承㸁	尔光	山阴	淡生堂
曹溶	洁躬	秀水	倦圃

四、各藏书家记载版本的书目

藏书家爱谈版本，他们以识得版本为真才，以藏有版本为资本。古书很多，印刷本、手抄本真真假假，辨认起来不大容易。辨别一书的版本，除了看书的特征以外，还得从各家书目上考证。各书目清楚明白地记载每书的主要特征：书名、作者、出版者、页数、纸张、卷册、题跋、藏书转移经过等。从宋至清各家书目中，读者可以发现某宋版书流传的经过，确认一书的真伪，记载版本的书目有：

尤　袤	《遂初堂书目》
叶　盛	《绿竹堂书目》
陆　容	《式斋书目》
吴　宽	《丛书堂书目》
李鹗翀	《得月楼书目》
范　钦	《天一阁书目》
陈　第	《世学堂书目》
瞿中溶	《古泉山馆题跋》
彭元瑞	《知圣道斋读书跋尾》
毛　扆	《汲古阁珍藏秋本书目》
清内府	《天禄琳琅书目》
清内府	《天禄继鉴》
季振宜	《沧苇书目》
钱　曾	《述古堂书目》、《读书敏求记》
陈学佺	《汗竹斋书目》
钱泰吉	《曝书亭记》
陆心源	《皕宋楼藏书志》、《仪顾堂题跋》
吴　焯	《乡谷亭熏习录》
吴寿旸	《拜经楼藏书题跋记》
黄丕烈	《士礼居藏书题跋记》、《百宋一廛书录》
张金吾	《爱日精庐藏书志》

陈　鳣	《经籍跋文》
朱绪曾	《开有益斋读书志》
杨绍和	《楹书隅录》
杨保彝	《海源阁宋元秘本书目》
莫友芝	《宋元善本书经眼录》、《宋亭知见传本书目》
邵懿辰	《批注四库全书简明目录》
丁日昌	《持静斋书目》
丁　丙	《善本书室藏书志》
孙星衍	《孙氏祠堂书目内外编》、《平津馆鉴藏书籍记》
朱学勤	《结一庐书目》
陈树杓	《带经堂书目》
袁芳瑛	《卧雪庐藏书簿》
瞿　镛	《铁琴铜剑楼书目》
杨守敬	《日本访书志》、《留真谱》
缪荃荪	《艺风堂藏书志》、《学部图书馆善本书目》
傅增湘	《藏园群书题记续记》
叶德辉	《郇园读书志》
森立之	《经籍访古志·经籍访古志补遗》
岛田翰	《古文旧书考》
卢文绍	《群书拾补》
河田罴	《静嘉堂秘籍志》
罗振玉	《鸣沙山石室秘录》

以上这些藏书家，善识版本，是有名的图书鉴赏专家。

对于图书的鉴别欣赏，有二种。一种是欣赏自娱，以此为生活的消遣方式，洗练情操。另一种是将图书的特点及流传情形详记于文字中。

五、避讳

根据图书中避讳的文字，可以推断刻书年代。避讳是中国的习俗。从心理学的角度看，凡个人心目中敬仰的人，其姓名一般难于启口。如《红楼梦》中，林黛玉书写其父的名字时，往往少写一笔，就是避讳，表示神圣不可及或敬重的意思。为处理这个问题，我国古代在刻书时，遇到非刻出的人名时，往往把避讳的字改掉，以表示对君主与尊长的崇敬。也有以改姓、改名，或去掉名字中一个字，或缺笔的处理办法。例，唐太宗名世民，隋朝降将王世充，避讳刻成王充，徐世勣刻成徐勣。汉明帝名庄，臣子庄助改为严助。各朝各代避讳特点不一，若要深入了解各个朝代避讳特点，请读工具书《史讳举例》。此书作者陈垣，1962 年中华书局出版。为准确地了解历朝避讳特点，可参照此书而行。

第八章　修身与寄意

中国传统文化视修身为根本。《四书五经·大学章句》一书指出：大学之道，在于明德、亲民、至善。格物、致知、诚意、正心、修身、齐家、治国、平天下，这是人生依次发展的必然历程。并指出：“自天子以至庶人，一是皆以修身为本。”中国的藏书家中，很多人爱刻藏书印，到了辛亥革命前后，刻藏书票也成了文人们的一种爱好。下面让我们共同讨论和欣赏他们的杰作及其艺术性。

第一节　方圆印章　天地广阔

——藏书印

读书、做官、治天下，是古代文人的目标。古代文人把读书做官作为求学的动力，对于“贡献”与“服务”不太理解。但在众多文人中，作官的人占的比重不大。很多文人饱读诗书，满腹经纶，参加过乡试、会试，也未得一官半职，只好赋闲在家。做过官的和未当上官的，以及不能当官的文人，在衣食饱暖有余的前提下，需要丰富自己的精神生活。他们买书、藏书、藏金石字画，或刻印雕字，练习书法聊以自慰。这些与世无争的文化活动，有效地防御了社会的浸染与内朽的咬蚀，把时光的消耗与无声无息的精神自慰结合了起来。藏书刻印是学习文化、塑造灵魂、磨练意志、修炼情操、约束自己、深造内功的过程，亦是修身守身之道。

1. 官印与私印

《元代秘书监志·印章》："秘书监印一、分监印一，监少监亦各有职印，印如其品，皆铸以铜，直钮，篆以国字，以银龟为匣。后职印废，监升三品，印易以银。"给双银盒，右贮印，左函朱，联以韦笈茵褥副焉。

元代以前印章为金银铜质，表示权衡。皇帝用玺；诸侯王、左右将军用章，章为黄金质；二千石食禄的官员用印，银质；二千石以下的官员用铜印，金属印章系铸造而成；国家图书馆员秘书监享有官印，系银质或铜质印。

私人藏书家一般用人工雕刻的印，印的质料很多，如玉石、玛瑙、珊瑚、水晶、青金、蜜蜡、青田石、昌化石、寿山石、磁石、象牙、黄杨木、檀香木、竹根、牛角、登莱石、大松石、灯光石等。官方藏书印记如"内殿图书"、"集贤殿书院印"，唐太宗"贞观"连珠印、玄宗"开元"连珠印、南唐李后主"建业文房"印、宋太祖"秘阁图书"印以及清"文渊阁印"。印与章本来是有区别的，王侯将相用章，臣民用印。后来把印章混为一体，人们把印与章不再作为两个概念，不分等级档次，人人都可用印章了。

2. 名章与闲章

(1) 以名章标示藏书家的名字以示图书归属。例如：瞿启甲印、杨以增印、陆心源印、孙景衍印、毛晋之印、李盛铎印等。标示个人字号的印章：(瞿启甲) 良士、(杨敬夫) 杨承训印、

（马曰琯）秋玉父印、（范大冲）范子受氏、（丁丙）松生等。

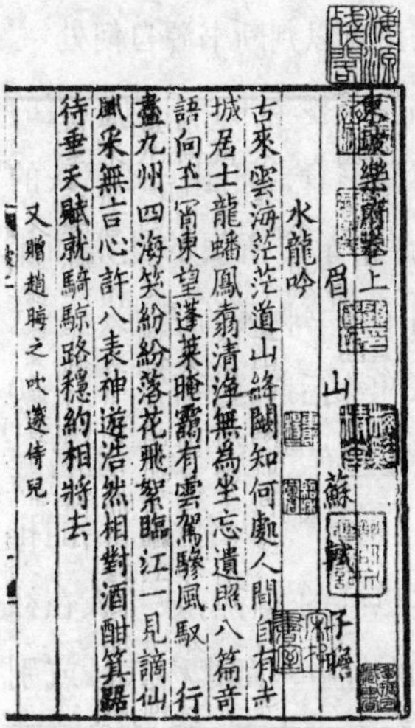
東坡樂府卷上　眉山　蘇軾　子瞻
水龍吟
古來雲海茫茫道山絳闕知何處人間自有赤
城居士龍蟠鳳翥清淨無為坐忘遺照八篇奇
語向玉霄東望蓬萊晻靄有雲駕驂鳳馭行
盡九州四海笑紛紛落花飛絮臨江一見謫仙
風采無言心許八表神遊浩然相對酒酣箕踞
待垂天賦就騎鯨路穩約相將去
又贈趙晦之吹笛侍兒

图 8—1　藏书印章

藏书上钤有名字的印章，一般标示图书的归属。珍本、善本书上，往往一册书钤有很多藏书家的名字。它标示出该书几经聚散，曾经某人之手、某人收藏，书源自何人，几人收藏过，其中有几人是知名藏书家，哪些章在私人藏书目录中著录过，由此可以推测此书的价值、收藏的意义如何。例如《黄丕烈年谱》第 67 页所记：“正月，以陈仲遵所藏《知不足斋》抄本《建炎时政记》，校所得《怡颜堂》抄本。十日，跋。”黄丕烈的跋语中说：《建炎时政记》上的“西匀草堂者，陈子仲遵之居也”。“西匀草堂”是藏书印，黄丕烈据此印知人为谁。此书上还有“平江陈氏西匀藏书陈墫印”的朱记。书中有仁和魏锡曾“绩语堂”题跋，跋中说“吴门陈君茀汀，名墫，字复初。旧本往往有其题字藏印，其书法仿蓝田，画近钱松壶、改七乡，所辑《西匀寓目编》，手写未刻，自署‘南湖花隐’，盖苏州博雅好古之士也”。黄丕烈据《建炎时政记》的印章，了解到书的藏主陈仲遵。陈仲遵是有名的好学之士，他曾经珍藏此书，说明此书是很有价值的。如果是伪造书、低劣书，他不会收藏的。行家藏书，尤为可信。

我自己藏有一本英文书《The Middle Kingdom》，公元 1851 年美国纽约出版，此为外国人研究中国的最早的专著之一。此书上有两钤公章，一为上海的圣约翰大学法律图书馆的英文章，一为华东师范大学图书馆的中文藏书章。据此可以判断书源自何处。

无论是铅印图书，还是雕版印图书，或抄本书，凡有价值的书都会有人仿造、伪造、改造。书上有藏书章，可根据藏书人的人品、地位、社会影响及生卒年代，藏书单位所属的性质和年代，我们可以推导一书的真伪，从而明了图书收藏的意义。

（2）名章标示字号及别名。古代人出生后起一个名，到了20岁加字（只限男子），人成名以后，往往还有“号”及“别名”。藏书家的名章中往往刻的是“号”或“别名”。人名按宗谱的排行起，“号”则比较自由。别名是本名以外的名字。成年人在社会交往中，人们一般不相互称呼某人的名字，而尊称其号或别名，表示礼貌。藏书家的藏书印往往刻自己的号与别名，钤于藏书上，表示图书的归属，这也可表示自己在社会的公共关系中的作用与地位。如清浙江藏书家梁同藏书印“山舟”，清上海藏书家郁松年藏书印“泰峰”，清宣城藏书家李之郇“莲隐”，清孙星衍的藏书印“茂茂山人”，清叶树廉，又名叶万，他有藏书印“万经”，“东洞庭山镇恶先生叶万字石君”，皆取自别名。了解藏书家的别名字号是在藏书印章的基础上鉴别图书的方法之一。

（3）名章标示有地名。藏书家的藏书印往往姓名与地名相结合，表示藏书人的所在地。钤有地名加姓名的藏书印，人们一览图书便知书系何处何人所藏，便于人们了解图书的归属。特别是一些名不经传的人，钤上一印，标明地名与姓名，人们方知图书所归，或图书曾经归于何人。如果只有姓名，没有地名，天下之大，终不知书归何方。同姓同名的人尤其多，名前加地区，提高了人们对图书的分辨率。

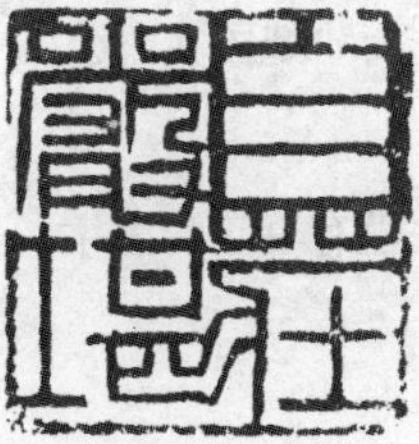

图 8—2　藏书章图

标有地名加姓名的藏书印，如："海宁陈鳢观"（海宁陈仲雨）、"聊城杨氏三世守藏"（聊城杨以增）、"虞山瞿绍基藏书之印"（常熟虞绍基）、"菰里上瞿镛及古里瞿氏"（皆古里村瞿氏）、"东郡杨氏海源阁藏"（海源阁，在聊城，古称东郡）、"钱塘丁氏正修堂藏书"（钱塘即今杭州，丁氏指丁丙）、"归安陆树声藏书之记"（陆树声、陆心源之子；归安，今湖州），"独山莫棠"（贵州独山莫友芝）、"巴陵方功惠柳桥印"（巴陵，岳阳）、"天水赵氏"（天水，今甘肃省内，赵氏，元代赵孟頫。其人籍贯在浙江嘉兴，其郡望在天水），"竹坞人家"或"桃花坞人家"（明文征明辞官后归隐江苏吴县竺坞，"竹"通"竺"；唐伯虎故里在吴县桃花坞）。

（4）名章标示头衔。例："太子太保傅文穆公家藏图书"，"明代傅瀚受封太子太保，谥文穆"。"丙戌进士"，陈明华为万历丙戌进士，他以此印钤在藏书上。"太子洗马"是山东德州王祖嫡的藏书印。张廷济"嘉庆戊午浙江解元"、清吴荣光"刑部尚书郎"、清英和"南斋翰林左翼总兵"、清宋筠"三晋提刑"、清阮元"体仁阁大学士"、陆润庠"甲戌状元"等藏书印，都以自己的头衔刻藏书印。

（5）名章标身世门第。祁承㸁"延陵世家"、祁隽藻"黄羊大夫之裔"、叶裕"石林公二十一世孙"、秦四麟"雍门世家"、黄琳"敕褒忠节之家"、萧梦松"兰陵世家"、闵珪益"庄懿公孙"、严启丰"郑国毅公后裔"、高邮县王盘"淮海世家"。其他如"孔子七十三代长孙女"、"徽国公裔"、"虞山帝子之家"、

“皇十一子”、“七朝科第”等。归有光王夫人“魏国文正公二十二代女”等都是标明身世门第不凡。

值得注意的是，标示身世门第的名章并没有真正的名字，只是有其显祖或封号、或郡望、或爵位等。

3. 标示读书或珍惜图书的印

有人把名章以外的藏书印称作闲章。很多藏书家把读过的书钤上一枚印章，表示此书已经读过，作为读书记念，并以此区分什么书尚未读及。如明代毛晋印章“毛子九读书记”、清贝镛印章“简乡读过”与“简香曾读”（贝镛号简乡、简香等）。清叶德辉印章“郋园过眼”（叶德辉号郋园）、卢文绍印章“文绍读过”、清毕沅印章“秋帆珍赏”、清刘喜海印章“曾经燕庭勘读”（燕庭，刘的字号）、清汪士钟印章“汪士钟读书”与“汪士钟读过”、清吴云（字平斋）印章“吴平斋读书记”与“吴平斋曾读过”、清杨绍和印章“杨绍和读过”及印章“杨彦和（绍和字）读过”等。姚咨印章：“颜氏家训：借人典籍皆须爱护，先有缺坏就为补治，此为士大夫百行之一也，皇山人述。”

4. 训示子孙印

（1）爱惜图书。很多藏书家刻印钤文，教育子孙爱惜图书。如：祁承㸁印章“子孙永珍”及“子孙益之永弗失”，明史鉴印章“子孙保之”，清孙从添印章“得者宝之”，清何瑗玉印章“遂庵癖爱不假不市”，清陈昂印章“陈氏藏，子孙永宝”，清唐翰印章“读书有福得书难”，清陈仲鱼印章“得此书费辛苦，后之人其鉴我”，毛晋印章“性命可轻，至宝是重”。较长文字训示子孙的印章有：

明祁承㸁：

淡生堂中储经籍，主人手校无朝夕，读之欣然忘饮食，

典衣市布恒不给，后人但念阿翁癖，子孙益之守弗失。

清代钱谷：

百计寻书志亦迂，爱护不异隋侯珠。

有假（借）不还遭神诛，子孙不宝真其愚。

清王昶：

二万卷，书可贵。一千通，金石备。购且藏，剧劳勚。愿后人，勤讲肄。敷文章，明义理。习典故，兼游艺。时整齐，勿废置。如不材，敢卖弃。是非人，犬豕类。屏出族，加鞭箠。述庵传诫。

清许增：

得之不易失之易，物无尽自亦此理。

但愿得者如我辈，即非我有亦可喜。

赵文敏：

聚书藏书，良非易事，

善观书者，澄神端虑，

静几焚香，勿卷脑，勿折角，

勿以爪侵字，勿以唾揭幅，

勿以作枕，勿以夹刺，

予谓吴兴数语，爱惜臻至，可云笃矣。

（2）劝子孙读书印。多数藏书家藏书，是为了便于子女读书。所以他们刻印铃文劝子孙读书。如：清叶封侯："昔人有言，积金不如积书，积书不如积德，吾先世植德欠矣，今但积书，在

汝子孙能读耳!”

胡斯礼:“晓修经戒、夕览图书。” 、

唐志霄:“危坐一室,仰读俯思。”

周芬:“厚价收书不似贫”、“好书到手不论钱。”

董元镜:“穷居草茅,坐诵书史。”

朱文震:“读书不务博,造道当入微。”

周兰斋:“古来得丧何须问,世上荣枯只等闲。”

焦循:“恨不十年读书。”

清代张燮:“平生减产为收书,三十年来万卷余,寄语儿孙勤读诵,莫令弃掷饱蠹鱼。”

清吴骞:“寒可无衣,饥可无食,至于书,不可一日失。此昔人诒厥之名言,是可为拜经楼藏书之雅则。”①

藏书家在图书上标上印文,红色的字体,十分注目,训诫子孙“金钱——图书——德行”之间的关系,要求子女起早带晚,在陋室中仰读俯思。读书应专深入微,不可浮躁,不可移心于世俗荣枯事。即使在饥寒交迫之时,读书仍为头等大事,虔心于学,非十多年工夫不可。藏书家藏书本是为了育人,小小藏书章其实就是藏书家红色的心印,期望的心灵,强烈要求子孙读书的感情火花。

5. 标示书籍藏室印

私人与官府藏书,数量大了,往往一个房间藏不下,需要若干房间藏书。书经常借阅、编目倒架,每年晒一次书,搬出搬进,容易错乱。时间久了,后世子孙不知何书何藏。藏书家刻上

① 以上印章原文无标点,此处是为了便于理解加上的标点。

一枚印章，钤文标示图书藏所，不同的藏所钤以不同的藏书楼（室）名，既雅观，又实用。

例如：清马玉堂印章“笏斋藏书”、“汉唐斋”、“红药山房收藏私印”，弘晓的印章“明善堂珍藏书画”、“安乐堂藏书记”，清冯登府印章“石经阁”、“古欢阁”，清代朱之赤印章“择木亭”、“卧庵所藏”、“留耕堂印”、“二知斋”，明代华夏印章“真赏斋印”、“华氏剑光阁珍藏印”，宋代刘恕印章“传经堂鉴赏”，明代沈与文印章“野竹斋”，明代杨士奇印章“东里草堂”、“尧峰山庄”等。楼名印如：项梦原“万卷楼”、赵宗建“旧山楼”、徐勃“宛羽楼”、黄叔琳“北平黄氏万卷楼图书印”、罗振玉“宸翰楼”等。

6. 标示情操修养的印章

藏书家以刻章磨练情操，以钤文表达自己的情操。如：

（1）写景写境。钱维城的印章：“烟云供养”。说明他的藏书室位于一个风景秀丽的地方。这里空气中湿度较大，人们经常可以看到窗前门边白云飘飘。

倪元璐的印章“山水中人”、“一琴一鹤”、“月竹邻”、“蕉窗夜雨”等，描写了他的书房在山水之间，有鹤飞、竹翠、蕉叶、飞雨，诗意盎然。

项笃寿的印章“杏花春雨江南”与“桃花村里人家”、陆时化的印章“听松散仙”、陈继儒的印章“白石樵”、陈遵的印章“山光塔影楼”、李之郇的印章“江城如画楼”等，都具有诗意。

以景附书，读书可以起兴。人们读书需选景，景美则记忆力强，理解深入，思路活跃。藏书印中的写景文字，给人以美感，天地之美、自然之美，把人推向自然，不矫柔造作。

（2）表空灵意境。文征明的印章“悟言室”、“停云生”、“雁门世家”、“碧云群玉之居”，朱之赤的印章“逸情云上”，金坛的印章“家在黄山白岳之间”等，以及其他的印章“州里溪山一钓徒”、“万卷书楼一老翁”、“三十五峰主人”、“别天隐人”，皆有空灵意境。

“空”的特点是大自然，小人物，重灵秀，轻世俗，活景，鲜人，山水为主，人物为仆。千山万水之秀美托一点人灵。在这样的环境中，人会十分的轻松超脱，飘逸的神思可以运转自如。人们凡亲临过这类意境，见了这类文字心领神会，有求知似渴之欲。

（3）尊经守道。藏书家很多藏书印表达了他们的尊经守道的宗旨。如：阮元的印章“节性斋”，刘恕的印章“传经堂鉴赏”，吴骞的印章“拜经楼”，周星诒、罗振玉的印章“殷礼在斯堂”，弘晓的印章“忠孝为藩”，杨以增的印章“四经四史之斋”，徐恕的印章“用儒雅文字章句之业取天下”等。

孔孟之道在封建时代是统治思想，读书人以孔孟之道指导自己的言行。封建文人在皇权统治下，不得有自己的思想、自己的学说，不得有任何创见，否则，有不测之难。藏书家藏书，教育子弟遵守“忠孝节悌”，做老老实实的百姓，千万不要背离经典，不要错说一句话，错走一步路。古书无科技，主要是思想修养性作品。思想修养，是自己有效地约束自己的一种良方。藏书家们以“经史”、“儒雅”、“节性”、“礼尚”等红印钤于书上，让其子女在读书时，可以借鉴、提耳、问心、修身、安然、顺道。保证其子孙世世代代为良民百姓，可以安然地繁衍昌盛起来。

（4）标明宗教信仰。宗教信仰出现在藏书印中，表示出藏书家的清高。如沈曾植的印章“像莲花未开形”、“知一念即无量劫”、“乙庵”，陈唯的印章“梦禅宝鉴”，何焯的印章“吾师老庄”等。佛教、道教在中国是影响较大的二种宗教。文人们常常“打坐”，炼功，并与和尚、道士混迹一起，诗书唱和在寺观之中。他们在图书上钤上佛道类印章，表示藏书家出凡脱俗，不入世、隐世为生，虔心诗文经典，不求闻达显赫，不求荣华富贵的思想。藏书印中常有“鹤逸”、“水晶宫道人”、“楼自丘壑”、“怕将醒眼看浮世”等类钤文。

以佛道印章钤于书面的藏书家，一般在宦途失落，或科举绝望，或遭重大精神创伤不能自愈，但家境尚可，衣食可行饱暖，他们不求入世，但求野踪空灭。

(5) 表示清淡无欲。知足者常乐，无欲者品自高。修身养性，寡淡无欲，或“淡泊心志”，被人们认为是最高尚的。例如俞介石的印章“富贵而畏人，不如贫贱而轻世”，表现了他宁可做一个没有财富而人格上独立的主人，不愿做一个依附他人、卑躬屈节而荣华富贵的人。文震孟的印章“药国逸史”，毛晋的印章“汲古得修绠”，王韬的印章“南山归敞庐”、“淞北倦民”，朱琰的印章“烟云供养”，狄学耕的印章“种石轩”，邵宝的印章“二泉”与“听松风处”，姚畹真的印章“思初室”，张栋的印章“清远”及“烟波钓叟”等等。仅仅“逸”、“修绠”、“敞庐”、“倦”、“烟”、“听松”、“思初”、“清远”等字，充分显现出藏书家的襟怀若谷、与世无争、万念俱灰，惟清风明月、高山流水、古书四德是求的思想。不过，读书确实需要清淡无欲。

朱熹说过，他反对科举。因为科举以功名为钓饵，引诱人们读书。为功名利禄读书，心先被世俗的荣华富贵所腐蚀，很难获得真知、清淡无欲是读书人的根本。

（6）表示道德修养。藏书印一方小天地，内中有一个广阔的大世界。很多藏书家在藏书印中刻上了道德修养的文字。道德修养，意蕴无穷。每个钤文都耐人寻味。

刘庠的印章“多闻阙疑，实事求是”。多闻多见，实事求是，不浮谈，无浮行，实实在在地办事，客观地反映问题，千万不要读了几本书就飘飘然。

傅思斋的印章“门无俗客尽清明，家有藏书敌万金”。这枚印章文字，告诫读书人珍惜图书，要把图书看得比黄金还重。以读书为本，不要把时光抛废在与俗流的交往上。爱读书本身就是一种美德，应“乐与（图书）共晨夕（王锡之）”、“心与古人会（汪森）”，日夜读书，学习古圣贤，做明达的人。弘晓“纶音好书，犹见性情纯”，善于有选择地读书，读优秀图书，经典图书，可以净化心灵，使情操高尚起来。

穷不倒志，富不颠狂。人如同青山，无论春夏秋冬，总是巍然屹立，林木扶苏。周睿的印章“富贵不淫贫贱乐”，大概就是此意了。

读书人一心归门里，不爱声名，不爱钱，不为世俗所惑。何元锡的印章“布衣暖，菜根香，读书滋味长”，教育子弟，粗茶淡饭，有个衣食饱暖就行了，生活上欲望少一些，诗书上滋味就会长一些。简单几个字，如同哲灯永明。心意相通，藏书家张绍仁的印章“岂为声名劳七尺”，沈周的印章“有竹可免俗，无钱不厌贫”，也塑造了人品的新境界。

法式善的藏书印：“诗里求人，龛中取友，我怀如何，王孟韦柳。”法式善以王孟韦柳作为自己的榜样①，做读书人，做诗人，求诗中人，交诗友，交学友。这是一个完全理想化的为人模式，情操尤为清高。

莫棠的藏书印“以山水文籍自娱”，钱维城的印章“素襟不可易”，表达了他们安于贫困，爱好山水文籍，纵览大自然的灵秀，广集人间的智慧，心胸旷达，世事洞明的胸怀，这种胸怀有如大自然一般的风骨。

（7）表个人风骨。中国人不同于西方人，西方人讲实惠，东方人讲德行，讲情操，讲风骨。我们的藏书家在他们的藏书印中刻下了如下一些文字（见表8—1），都是与风骨有关的内容。

表8—1

诗到无人处工	张钧	心息邱壑	唐株材
垂柳阴阴昼掩扉	陈浩	贞心比古松	李复初
纫兰佩蕙	张儒	学道以身为本	花太傅
消受炉香一味闲	王柱亭	终优游以养拙	陈在专
宁静致远	俞廷槐	身寒而道富	沈凤
至德不孤	释篆玉	闲坐最为吉	孙镇西
味无味处求吾乐，才不才间过此生		李复初	
一杯有味小公侯	徐鼎	归真返朴	周兰斋
守寂莫而存神	吴兆杰	养身莫若寡	吴兆杰
带书傍月自锄畦	陈林	一尘不染万虑俱忘	张锡
生来拙性嗜幽居	戴启伟	会友但文学启谈皆典坟	唐材
谋拙从人笑，身闲读我书		张锡	
岂为功名始读书	释德源	以书史为园林	高青畴
琴书纵僻鱼鸟经心	朱宏晋		

① 王孟韦柳指王维、孟浩然、韦应物、柳宗元等唐代诗人、散文家。

7. 印章叙文献抄校存得

藏书家往往刻上一章，标明某书的获得方法，某书谁人校审等。例：

吴翌的印章“爱读奇书手自抄”，蒋继轼的印章“西圃蒋氏手校抄本”，讲的是，凡藏书钤上此印的书都是自己手抄本。

蒋宗海的印章“丹徒蒋氏宗海星岩氏校正经史子集文章”。说明凡钤有此印的图书皆经蒋某校正过。

赵之谦的印章“绩溪胡澍、川沙沈树镛、仁和魏锡曾、会稽赵之谦同时审定印”。凡钤有此印的书，皆经胡、沈、魏、赵四人审定过。

沈树镛的印章“沈树镛同治纪元后所得”。凡钤有此印，表示是他在清同治以后得到的图书。

赵在翰的印章“侯官赵氏小积石山房艺文之章”，标明凡钤有此印的书，指藏在某地归何类。

8. 藏书印中标示藏书家生日与生平

朱彝尊的印章“我生之年，在屠维大荒落，月在橘壮，十四日癸酉时”。①

祁其藻的印章“甲戌翰林、二十二通籍、三十八省亲旧里、四十陈情乞养、四十二致仕”。

这两枚印章标示藏书家的生日和生平也是十分有意思的。

9. 藏书印有阴文与阳文之分

所谓阴文，就是把字刻下去，凹进平面，钤出来的字是白

---

① 屠维大荒落，为己巳年，即1629年。橘壮，为农历八月；癸酉，为18时。

的，底色是红的（若用红印泥）。

所谓阳文，就是把字刻出来，凸出平面，钤出来的字是红色（若用红印泥），底色是白的。古人藏书印以阴文为主。阴文系白文，红底。底色浓厚，章形明晰，较为醒目。若用阳文，底色无有，惟见方框内字迹，这就与图书字迹相近。图书的文字也无底色，惟见字形。这种章与图书上的字仅是字体上的差异了。

10. 刻印艺术

藏书家的藏书印多为藏书家自己所刻。刻印是一种美的欣赏、美的创造、艺术的表现、匠心的体现。歙县汪启淑《飞鸿堂印谱》，收集了几百枚印章。每枚印章都饱含着刻印的智慧、匠心和美的创造。其特点表现为：

（1）篆书文体缤纷，大篆、小篆斗糜炫耀。六书本源，逼真具体。譬如“飞鸿堂”、“月照碧梧桐影”、“清淡终日”、“跌宕于图书翰墨之间”、“摩挲钟鼎”、“寄兴”“得休休处便休休”、“静中参透了祖师禅”、“瑶琴微笑”、“守愚圣所藏”、“九鼎”、“夕松饵术”、“栖息烟霞”、“慎尔言”、“我以信为宝”、“云无心以出岫”、“慎终如始”、“耕道堂”等。·

中国文字源自六书，象形、假借、转注、会意、形声、指事。刻印需懂得中国文字的特点，通晓许慎的《说文解字》，及其他关于文字学研究的书籍，了解字的构成原理，然后做出艺术加工，将字入画，画在字中。我们看藏书印，如同在欣赏一幅幅微型绘画。有的字如鸟，有的如虫，有的如草，有的如池塘，有的如亭园。

（2）藏书印的字面，即印底千姿百态，以方形印章为主。方印可以断边、封边、倒角、双边、单边。印的边际是构成印的总轮廓的线条，线条的表现可以是多样的，粗放、纤细、毛边、光边、曲边，各给人一种不同的感受。印面还可以是长方形、椭圆形、六角形、人体形、圆形、自然石形，以及方印圆形印面（将方形印中刻阳文，套圆形明面底，或者说是套上圆形白底。有的印全刻阳文，不留边，钤出来的只有文字）。

（3）印纽。印的上方一般要刻出一个印纽来。印纽的雕刻一般很精细。印章本来不大，其上方一纽，造型很有讲究。有的印纽刻成龟形，有的刻印成驼形，或者象、鹿、鸟、鱼等形。有的藏书家有几十枚藏书印。一印一个型式的印纽：虎纽、象纽、鱼纽、鸟纽杂置于一处，就像一个小动物园，无疑给收藏家的屋室增加了几分文雅古朴之风。

（4）刀法。藏书印的雕刻要有娴熟的刀法。藏书印的印面一般在一平方厘米以下，大的印一般不超过9平方厘米的印面。其印面上有人刻了一首诗，或几个图案。印纽一般小于印面。有人把印纽雕空镂出花形来。在坚硬的木石上刻出这些艺术品来，刀法很重要。往往方刀、尖刀、扁平刀交错使用，切、修、镂工并举，方能雕刻出非同一般的作品来。

11. 收藏印章

乾隆年间一学者金农给汪启淑《飞鸿堂印谱》的跋语中写道“印章为古人名氏所托。图书标识所记，足以想见其人之生平而资鉴赏之助。汪秀峰（启淑）天才逸发。雅志慕古，购古人印章至千枚。”梁诗正在跋语说：“汪君秀峰，年甫冠，即能以诗笔与老师宿儒争雄。长，性嗜书，所储蓄卷以十万余计。居恒应酬答外，即坐一室，左右窥索，穷日夕未已。”可见得汪启淑既是藏书家，又是印章收藏家。书籍收藏量达十万余卷，印章达千枚。

藏书家藏印章，是为藏书兼求艺，求知并修身的雅兴美行。

12. 藏书印数量

每一个藏书家一般都有藏书印，有些藏书家的藏书印特别多。常熟铁琴铜剑楼瞿氏有藏书印 20 余枚，聊城海源阁杨以增有藏书印 26 枚，杭州八千卷楼丁氏有藏书印 24 枚，归安陆心源皕宋楼有藏书印 8 枚，余姚卢文绍有藏书印 40 多枚，鲍廷博有藏书印 11 枚，阮元有藏书印 24 枚。这是藏书家自刻自用的藏书印，并非收藏他人的印章。

当然，这些统计是不完全的、不准确的。藏书印数量是从藏书家的藏书中反映出来的。藏书家的藏书有外借的、丢失的、烂坏的、散佚的。书不全，藏书印也难统计齐全。明代藏书家项元汴极善印章，藏书印颇丰，仅《明皇纳凉图卷》就有他 60 多枚印记。古代文人在千古佳作上喜欢反反复复钤上多种印记，以示此物自己所有，他人莫属。

藏书家刻许多藏书印干什么？除了上面我们阐述的一些原因外，还有一个原因，就是消闲自娱。鲍廷博在汪秀峰《飞鸿堂印谱》的跋语中说："虽席丰履厚能洗涤尘襟，不与世俗为伍，超然物外，名宿咸折节乐与之交，或苍问联句，或月下分题。印谱上至典谟，下至歌谣诸子百家，学富五车，胸藏二酉，刻印以娱目赏心。"

13. 赏心悦目，用寄幽怀

读印谱我们会感到娱目赏心。一词、一句、一诗、一室、一名、一号，都可以令人赏心悦目，开人茅塞。

印文艺术可以娱目赏心。印文有各种，如篆书、虫书、鸟迹、三苍八体、史籀、尉律，技艺高超。读印，如同读中国汉字发展史。读印，如同学习训诂学，训诂，不是从古，而是深得知与识的源流。

诗书画印，清代称作文房四绝。诗指诗词，“书”指书法，“画”指绘画，“印”指印章。一个优秀的文人应会写诗作词，毛笔字写得好，善于绘画，精于刻印，诗书画印是文人的基本功。衡量一个文人素质如何，人们要看其这四种基本功如何。

一个文人写不出来诗，那是缺乏激情。缺乏激情的人，是迟钝的人，算不得才子。一个文人作不了画，说明他没有美感，不善于审美的人，有什么出息？一个文人写不好毛笔字，说明他没有内秀。写毛笔字，讲究字体框架的布局，字形的设计，运笔的力度，疾速顿转的要领以及涂墨的深浅（浓淡）。书法写字，实质不在字，而在内功。一个文人刻不出精美的印，说明他无恒心、无耐力，心猿意马，不能凝志静气、专志如一。志气宏远，且刻意精微，是刻印人的素养，是文人的美德。藏书家们刻藏书印，不仅仅是为了藏书，不仅仅是为了保存图书，管理图书，更重要的是赏心悦目，以寄幽怀。

14. 藏书印钤盖的方法

第一枚印章钤在书上的位置，线装书钤在正文第一页书框内，著者或编纂者的姓名下面空白处。如果书边宽，而书框内空白小，可以钤在框外。现代图书钤在正文第一页右下角空白处，或标题下靠近书脊的空白处。第二枚藏书印钤在第一册正文最后一页的下角，以印压卷。第二枚印章钤在书前序跋或扉页下角的空白处。封面上不宜用印章。

第四枚以后的藏书印依次钤在第一枚印章上方的空白处，继而钤在第二枚印章上方的空白处，继而第三枚印章上方的空白处，这表示了图书收藏流传的顺序。

更多的印章可以移至书眉卷尾，可以根据印章大小、朱白印文灵活使用。藏书印不宜钤在书中文字或图案上。

第二节　文彩绚丽　富于绮巧

——藏书票

藏书票是藏书印的姊妹作。二者的共同特点是：表示图书的归属，表示个人的志向与情趣，可以修身养性和雕塑灵魂。

现代人所能知晓的最早的一张藏书票，是公元 1450 年德国人刻的木刻画，图案约 5.5×7.5 英寸。图像为：刺猬嘴里衔着一枝野花，刺猬的脚踩在落叶上，图像上有一缎带，缎带上写着："谨防刺猬给你一吻（原文为德文）"。此藏书票为德国人 Johannes Knabensberg 所有。另一张早期的藏书票是 Brandenburg 家族用品，其图案是天使，图案上无题字。此藏书票是该家族送给一家修道院的。

从德国藏书票发展历史看，其进展与中国的藏书印差不多。中国的藏书印源于宋，而盛于明清。中国的藏书印产生年代比德国的藏书票早一点。藏书票可以与图书分开，印文不可与图书分开。作为印章和藏书票一样可以单独成立。藏书票可以作为礼物赠人，藏书印则是绝不借给别人的。

图 8—3　藏书票选

藏书票的艺术是画、是雕刻、是美

学、是图案，也是装潢。人们誉之为“版画珍珠”、“纸上宝石”。

藏书票源于德国，后在英、法、俄等欧洲诸国通用，美国、日本继而沿习，辛亥革命后传入我国。鲁迅、郁达夫、叶灵风等人倡导使用藏书票。这是西洋文化与中国藏书文化相融合的一种表现形式，是中国留学生从海外带回来的藏书文化的新内容。抗日战争爆发以后，我国的文化事业遭受摧残，继而是两种文化思潮：排斥西洋文化和痛恨中国传统文化。藏书票在文化山上是一个小虫，没有它生存的土壤了。公元 1979 年以后，打开了国门，又有些人研究藏书票了。EXLIBRIS（英文是 book plate）被某些人所认识，知道它是藏书票的国际通称，其意为“书票”、“藏书之一”的意思。有人收集藏书票、刻印藏书票、研究藏书票了。

一、藏书票简史

藏书票的发展是与西欧藏书文化的发展相一致的。公元 1480 年以后，中国的印刷技术传到了西欧。西欧人学会了活字印刷技术以后，图书的生产数量日益激增，欧洲形成了读书、藏书的热潮。希腊人、意大利人的官方及私人藏书都具有一定的规模。威尼斯的印刷商阿尔多·曼纽修斯已成为著名的书商，他印出来的书较为精美。16 世纪末铜版雕刻技术及公私藏书进一步发展。欧洲的文化繁荣了起来。藏书成了人们生活中的重要内容。由于社会生活丰富，藏书便成了人们的一种兴趣和爱好，藏书票便成了文人的一种雅兴。

16 世纪，英国的查尔斯一世、法国的红衣主教、瑞典的女皇、西班牙的菲立浦四世受社会文化大潮的影响，变得风雅起

图 8—4　藏书票选

来，他们崇尚藏书及藏书票。他们的藏书票图案纤微细腻，色彩布局明暗得当。藏书票图案内容丰富，大多为寓言故事、动物、花草，或人与书等。那时的藏书票在规模上较大，17 世纪奥地利的一位高官的藏书票达 14 英寸。

18 世纪西方的藏书票达到了黄金时代，英国大师 William-Hogarth 和 Thomas Bewick（公元 1753—1829 年）是有名的藏书票大师。

公元 1875 年，法国人汇编了《法国藏书票指南》以及《藏书票研究指南》。这两部书的出版，反映了西欧藏书票发展到了一个相当的规模，在社会中已形成一种风潮。两本书中介绍了若干位藏书票大师，介绍了藏书票的艺术风格。

英国人华伦把 17 世纪的藏书票分作 6 大款式。

（1）都铎王朝款式。该款式反映了公元 1485—1603 年期间，都铎王朝的艺术风格。这个时期最著名的藏书票大师是都铎王朝掌玺官员爱德华·利特尔顿的藏书票艺术，表现了英国君王在该统治时期的艺术风格。

（2）英王查尔斯一世及二世时期的藏书票款式。该时期的藏书票图案的特点，以纸卷与树叶交织成漩涡状花纹的图案。

（3）图画式藏书票时期的款式。该款式摆脱了以往的纹章式藏书票模式。以人物图像、风景与书斋作为图案，表现其崇尚自然、热爱学习的情操。

（4）早期纹章式款式。

(5) 雅各款式。其特点：椭圆形浮凸，匀称的盾形徽章、底面雕纹细微，画中有人头像，周边鱼鳞纹，或扇形贝壳状饰纹。

(6) 齐本铁尔款式（或称洛可可款式）。其特点：藏书票艺术与洛可可建筑艺术风格相一致，浮华、纤巧、琐碎。

英国的藏书票先是在皇家及贵族中兴起，表现为贵族绅士附庸风雅。18 世纪初叶，英国的大学图书馆的藏书才开始有藏书票。如牛津大学、剑桥大学、大英博物馆等大型的图书馆的图书上有大宗的藏书票。公元 1574 年哲学家弗兰西斯 · 培根捐赠给剑桥大学的图书上贴有他的藏书票。

法国最早的藏书票是在公元 1529 年多尔布郎希藏书上反映出来的。17 世纪以后法国的藏书票开始广为流行。

日本在昭和维新以后，大量人才去欧洲留学，回国的留学生引进了藏书票艺术，那是公元 1868 年以后。公元 1871 年，日驻英大使森有礼专为“东京书籍馆”订制了一批藏书票寄回日本。藏书票的上面有一行字“明治五年，文部省创立”，并有英文“The pen might be the sword”。日本的藏书票画面内容稍异于西方，大多为木雕、陶瓷与儿童画。

17 世纪的俄国有了藏书票。俄国藏书票切近“书”的主题，题材丰富多样，涉及历史、政治、工农业生产、科学文化、名人、习俗，把各个领域的背景与书结合起来，反映书的艺术。俄国在公元 1917 年有藏书票 8 000 种，现在达到 40 000 多种，数量比《公元 1900 年前瑞士的藏书票》（共收 8 395 种）高出几倍。

藏书票自 20 世纪 30 年代后，在我国发展较快。公元 1933 年，叶灵凤先生开始写文章介绍藏书票。公元 1935 年 5 月，广州美术学校教师李桦先生创建《现代版画会》（藏书票艺术与版画是相近的)。公元1935年5月李桦先生在《现代版画》第9期编辑了《藏书票特辑》，发表了版画会5位会员的12张藏书票，这当是中国藏书票早期的珍品。公元1937年，日本青年艺术家佐藤米次郎的《趣味的藏书票》，其第2集收入了李桦、陈仲纲、唐莫伟、刘创、潘业的9张藏书票。这说明中国的藏书票不仅在国内有了一定影响，在国外也具有一定的感染力。公元1943年著名版画家李平凡先生在天津创作一系列藏书票的基础上，在日本华侨学校上版画课时，介绍了他的藏书票的创作经验与艺术。这以后版画家梁栋先生刻印了很多藏书票。公元1980年黄可与唐弢分别发表文章介绍藏书票。这是中国藏书文化中断多少年以后，藏书票艺术的复兴。公元1982年在《版画艺术》有了较深层次的论文《藏书票艺术杂谈》。公元1985年、1986年两年，中央美术学院、内蒙古通辽哲里木盟以及四川省，先后举办了藏书票展览。全国各地藏书票研究会纷纷成立。公元1988年5月大连举办“首届全国藏书票艺术研讨会暨第2届全国藏书票展览”，展出了藏书票5 200多枚，其中1 065枚藏书票获奖。这些活动促进了我国藏书票艺术的普及。公元1989年上海举办了“'89上海国际藏书票邀请展”。世界上16个国家的著名的藏书票设计家的作品参展。公元1984年8月梁栋先生组织了16位版画家雕刻的70余枚藏书票，参加德国魏玛举办的“第20届国际藏书票双年展”，这使我国的藏书票进入了国际性的活动，促进了我国的藏书票艺术的发展。

公元1986年3月10日在北京成立了“中国藏书票研究会”，通过了《中国版画藏书票研究章程》，并出版会刊《藏书票研究》，半年一期。

藏书票是版画珍珠、纸上宝石，有艺术价值与收藏价值。但是藏书票是外来艺术，不是中国土生土长的，藏书票不及藏书印在中国的影响大。中国在明清及其以后，大多数藏书家都有藏书印，而时至今日，藏书票依然少见，仅在一些受过现代教育及大城市那里可以看到一些。19 世纪，英美有藏书票设计雕刻家达 1 500 名左右，而我国的藏书票专家则很少。若有那种闲情逸致捉刀弄艺，也可视作几分书香情窦了。

二、藏书票艺术

藏书票是版画家的杰作，版画的作者用刀和笔把文字与图案刻画在某种材料上，使该作品可反复地印出。作者可以自画、自制、自印藏书票。藏书票创造方便、印刷方便、使用也方便，它是一种独立的艺术形式。这种艺术包含了创作者的创作功力、刀法与画意。藏书票的刻版有凸版（木版、麻胶版）、凹版（铜版）、平版（石板）画等等。现代化技术以照相凸版印刷术可以生产藏书票。照相凸版可以把设计图放大或缩小后影印在电版上，改变了手雕版画的旧工艺，而且照相凸版印刷价格不贵。使用电脑制作藏书票，用彩色打印机打印出来，更为方便，更容易使藏书票进入每个人的艺作境界。

书籍是人类进步的阶梯，指路的灯塔，读书可以使人的精神不断升华。读书、爱书、藏书、刻藏书印、贴藏书票，人们对于书寄予了深厚的感情、难以言喻的思想，把不同的情思以不同的方式表达出来。人们喜爱图书，藏书家们天天年年着意于书，从阅读—欣赏—修养—显艺、丝丝纹理，点点勾画，体现了人们的追求，反映出人们生活的世界与精神的天地。在藏书票图案千丝万缕中，闪耀着藏书家心灵的火花，显示出藏书家热情的光芒。藏书票体现了人们的习俗、学术修养、癖好及艺术风格，足以得到人们欣赏和玩味。

很多人创作出了风格独特的藏书票，其主题之一涉及到：音乐家、作家、医生、少女、神话人物、历史人物、书主的姓名和肖像、欧洲流行的家纹，等等。藏书票主题之二是动物：猫头鹰、刺猬、双鹤、鹿、鱼、马、独角兽、鸳鸯，等等。藏书票主题之三是风景：太阳、茂树、红叶、北国风光、花草、富士山、樱花、牡丹、松、山川，等等。藏书票主题之四是器物：案头文具、灯笼、鼎、宫灯、提灯、风铃、风筝、鲤鱼旗、笛、电灯、油灯，等等。这些器物一般寓意深刻，有教人读书、读书自明之意。藏书票主题之五是事件：神话故事、戏曲故事、历史故事、读书故事，巧相逢、伊甸园、飞天、书斋，等等。如柳毅传书、凿壁借光等传说和典故。藏书票主题之六是藏书人的属相：子鼠、丑牛、寅虎、卯兔、辰龙、巳蛇、午马、未羊、申猴、酉鸡、戌狗、亥猪。藏书票主题之七是文字："书是人类进步的阶梯"，"前人摩挲翻读"，"手泽犹存"，"余韵无穷"。藏书票主题之八是图案装饰：盾牌纹章、纸带与花边等。藏书票主题之九是现实生活：儿童生活、播种者（也寓意读书）、家庭生活、社会生活等。藏书票主题之十是裸女（这主要是西方的文人所为）。

不同时期的藏书票有不同的特点，不同国家和地域的藏书票有不同的特点，不同设计人其藏书票也有着不同的特点与风格。看到了藏书票，往往会令人想起其国、其人、其风格、其艺术。

有人对藏书票分类作了统计，各类主题的藏书票所占比重分别：徽章20%、名字或字母组合的图案占10%、杂类占10%、自然风光占15%、风景名胜占15%、裸女占30%。这是公元1972年英国马克·塞克琳的《版画藏书票》中各种藏书票所占的比例，总体上表现的是西欧风格。我们亚洲的文明特征是高雅、含蓄、有感染力、激人奋发，在藏书票上的风格上与西方国家迥然不同。

中国的藏书票文字设计上，习惯使用美术字、六书原理、甲骨文、象形文、大小篆文、草、隶、楷等体并用，充分显示出中国的文字艺术美。

在藏书票语言上强调健康、激励、奋发的宗旨，语言含义较美。所示书主关系的文字一般用××藏书、××文库、××爱书、××书票、××珍藏、××收藏、××鉴藏、××所藏等。

在女性人物设计上一般是村妇、少女读书、仕女、神话人物，她们是端庄、秀丽、质朴、纯真、有进取精神的人。

艺术上，藏书票的刀法刚劲，线条细腻，色彩柔和，意趣横生，童心情趣，变幻莫测，生动活泼，寓意深远，古拙典雅，工巧秀美，风采奕奕。

在画面上，藏书票体现了形与色、悟与识、感与知、情与趣之间的关系。

在功能上，藏书票表现为：(1) 装饰性。图案美，使得图书更美。(2) 寓意性。借物抒怀，托物言志。图画自然美好、天地开阔、生活丰富、志趣盎然。表现了我们应爱书、读书、求书、藏书、求知、求美、求善、奋发、进取的精神。通过各种主题表达了学子们对于生命—知识—追求的关系。(3) 标记性。藏书票上往往有票主姓名、别号、代号、分类、编号、某某藏书的文字，人们一看该书，便知书归谁所有或书曾经归谁所有。

俄国人爱科学、重技术、热爱学习，他们是非常喜欢读书的，他们的人均藏书量名列世界第一。他们几乎每家每户都有一定量的藏书。俄国人的藏书票丰富多彩。俄国产生过一些十分著名的藏书票艺术家。如：Ⅱ·米特罗欣的儿童题材，E·戈利亚堆夫斯基的带有浪漫情调的题材，R·克拉夫佐夫的简洁欢快的作品，A·克拉夫琴科的完美和谐的作品。其藏书票的数量与质量都是很高的。

俄国藏书票在选材上一般以图书与人物相结合，或以图书与动物、花卉、风景相结合，突出书的主题。

俄国藏书票内容健康、寓意深刻。例如一位美丽的姑娘捧着一本书，书边一盏油灯，光焰闪烁；一线条隐约的裸体女子，双膝着地，一手捧着胸脯，一手掬她面前的清水，手的上方清泉滴滴，水源则是书涯；一棵大树鲜花盛开，树下群鹿奔驰，而此树植根于书的土壤中；一只北极熊坐在高高的书山上读书；一位男子坐在大海之滨，面对海上一轮红日，阳光普照，碧波万顷，这似是读书的歌谣与故事。

藏书票有各种颜色，一种是黑白，一种是彩色的。黑白藏书票简洁易作，彩色藏书票明晰逼真，更具有形象化的功能，特别是儿童体裁的藏书票色彩丰富，更为儿童所欢迎。从藏书票设计历史看，单线条、明快是较为传统的。现代化的技术允许我们很方便地印出彩色藏书票来，从装潢的角度着眼，彩色藏书票要似乎更好看一些。

三、藏书票的要求

藏书票有一定的规范。其大致要求是：

（1）票面必需有国际通用的 EXLIBRIS 字样，该字样可以以不同的字体在票面的不同位置上表现出来。

（2）票面上有票主的人名、别号、书斋名、图书的种类、书号、藏书年份，藏书票的创作者姓名及刻制者的姓名。

（3）以文字、图案、画面等表达藏书票的创作意图和装饰效果。票面设计应注重美学的含义、文学的诗意和哲学的伦理。

（4）藏书票的尺寸最大不超过 12 × 8cm 或者 7 × 9cm，或 3/4’ × 5/6’。

（5）藏书票上可以印有诗句与箴言。例如：咒骂偷书雅贼，警告不爱惜书籍的人，赞颂图书的好处等。在公元 1730 年德国一家修道院的藏书票上印有：“我是维森希修道院的合法财产，注意：依法把我还给我的主人”，“本书供毕赫梅及其朋友供阅之用”。德国一位哲学教授的藏书票上印有“他买下了我聊供自娱，借出去只求人逐页细读，你忠厚，就该归还原主，霸着不放，就是小偷”。

（6）专用藏书票要反映专题特点，例如儿童藏书票、城镇艺术与戏曲藏书票、某学科或某主题藏书票。

（7）通用藏书票，可以像邮票，背页涂土胶，边上打上齿孔，贴在书上，签上书主的名字或盖上图章就行了。

（8）可以自己设计一些藏书票在出版社的支持下印刷出版。

（9）藏书票的数量，即印数可小于 4 万张，可一次在 4 万—

8万张之间，也可以达到8万张左右。

收集藏书票的方法：将众多的藏书票，按国别、艺术家、藏书票刻印时期分类编排。将各种书票粘在纸上，并收藏与书票相关的资料，有关书籍、目录杂志、样品图解、剪纸。例如，葡萄牙出版的米朗达藏书票百科全书，从公元1985年起出版过10册。

四、藏书票的国际组织

1. F. I. S. A. E：业余藏书票协会国际联合会。
2. 圣尼克拉斯（比利时）藏书票博物馆。
3. 藏书票交换地：美国国际藏书票联合会。

主要参考文献

1. 丁钢、刘琪/《书院与中国文化》/上海教育出版社/1992.10

2. 丁宏宣/《记清代著名藏书家朱彝尊》/《图书情报论坛》/1992. 第4期

3. 卢顺/《文津阁及其藏书保护功能探因》。

4. 王绍曾、沙嘉孙：《山东藏书家史略》，山东大学出版社1992.12

5. 王西梅/《中国古代书院图书馆特点及其优秀传统》，《中国图书馆学报》/1991.4

6. 王派/《唐代的图书馆》/《四川图书馆学报》/1988.5

7. 王器利/《石渠阁寻踪》/《四川图书馆学报》/1993.4

8. 王水乔/《明代私人藏书家评述》/云南图书馆季刊/1989.2

9. 光复云庄书院记/《绩溪县志》

10. 戈沙、马克编/《苏联藏书票选》/人民日报社/1989

11. 叶德辉/《书林清话》/中华书局/1987

12. 北京大学、武汉大学/《目录学概论》/中华书局/1982.3

13. 彭海斌/《藏书印与中国士大夫》

14. 刘尚恒/乐宜偕众，书不藏家/《四川图书馆学报》/1992.4

15. 羽离子/《东西方文化交流史上的空前壮举》/《黑龙江图书馆》/1990. 3

16. (清) 江标/《黄丕烈年谱》/中华书局/1988. 2

17. 李致忠/《历代刻书考述》/巴蜀书社/1990. 4

18. 李希泌/《中国古代藏书与近代图书馆学史料》/中华书局/1982

19. 何如/《中国书院藏书制度述略》/《黑龙江图书馆》1990. 1

20. 何满子/《中古文人风采》/上海古籍出版社/1993. 2

21. 苏精/《近代藏书30家》/台湾传记文学出版社/1983

22. 张树华/《中国古代藏书的管理制度和管理方法》/《图书馆杂志》/1991. 5

23. 吴晗/《江浙藏书家史略》/中华书局/1981. 1

24. 周亮工/《书影》/上海古籍出版社/1981

25. 陈逢湘/《图书馆建筑造型的民族形式探析》/《云南图书馆季刊》/1990. 4

26. 陈曙/《论寺观藏书》/《图书馆理论与实践》/1992. 2

27. 许建平/《曹氏父子与图书》/福建图书馆学刊/1989. 2

28. 郑鹤声/《中国史部目录学》/商务印书馆/1983

29. 曾主陶/《赐书浅述》/《文献》/1985

30. 姚行地/《古代管理国家藏书职官名称考略》/《图书情报论坛》/1992. 2

31. 赵云旗/《隋朝图书事业的发展与成就》/《四川图书馆学报》/1988. 5

32. 曹锐/《古代书院藏书与刻书考略》/《云南图书馆季

刊》/1990.2

33. 曹之/《宋代抄书考略》/黑龙江图书馆/1989.5

34. 贾季丽/《宋元书院刻书与藏书》/《图书馆论坛》/1991.2

35. 韩淑举/《隋唐佛寺藏书初探》/《四川图书馆学报》/1992.3

36. 骆成烈/《乾隆时期衍圣公府》/《社会科学战线》/1985.2

37. 骆兆平、张树声/《天一阁的变迁》/图书情报论坛/1990.4

38. 夏咸淳/《晚明士风与文学》/中国社会科学出版社/1994.7

39. 路工/《访书见闻录》/上海古籍出版社/1985.8

40. 施全炎/《中国书文化要览》/湖南教育出版社

41. 柳诒徵/《中国文化史》/中国大百科全书

42. 谭卓垣等/《清代藏书楼发展史续补藏书记事诗》/辽宁人民出版社

43. 桂钿/《中国传统哲学》/北京师范大学出版社/1990.7

44. 梁成、郭群一/《历代藏书家辞典》/陕西人民出版社/1994.10

45. 梁栋选编/《中国藏书票选》/安徽美术出版社/1987.8

46. （清）梁绍壬/《两般秋雨斋随笔》/上海古籍出版社/1982.8

47. 黄可/《藏书者之友藏书票》/《美化生活》/1985.3

48. （清）顾广圻撰、王大隆辑/《思适斋书跋》

49. 顾志兴/《浙江藏书家藏书楼》/浙江人民出版社/1987.11

50. He Zhaowu etc/《An Intellectual History of China》/Foreign language press/Beijing/1991

附录：

赞四库全书

（清）弘历（乾隆皇帝）

朕稽古右文，聿资治理，几余典学，日有孜孜。因思策府缥缃（piaoxiang），载籍极博，其巨者羽翼经训，垂范方来，固足称千秋法鉴；即在识小之徒，专门撰述，细及名物、象数，兼综条贯，各自成家，亦莫不有所发明，可为游艺养心之一助。是以御极之初，即诏中外搜访遗书，并令儒臣校勘《十三经》、《二十一史》，遍布黉宫，嘉惠后学。复开馆纂修书《纲目三编》、《通鉴辑览》及《三通》诸书，凡艺林承学之士，所当户诵家弦者，既已荟萃略备。第念读书固在得其要领，而多识前言往行以畜其德，惟搜罗益广，则研讨愈精。如康熙年间所修《图书集成》全部，兼收并录，极方策之大观。引用诸编，率属因类取裁，势不能悉载全文，使阅者沿流溯源，一一征其来处。今内府藏书，插架不为不富，然古今来著作之手，无虑数千百家，或逸在名山，未登柱史，正宜及时采集，汇送京师，以彰千古同文之盛。其令直省督抚会同学政等，通饬所属，加意购访。除坊肆所售举业时文及民间无用之族谱、尺牍、屏幅、寿言等类，又其人本无实学，不过嫁名驰骛，编刻酬倡诗文琐屑无当者，均无庸采取外；

其历代流传旧书，内有阐明性学治法，关系世道人心者，自当首先购觅。至若发挥传注，考核典章，旁暨九流百家之言，有裨实用者，亦应备为甄择。又如历代名人洎本朝士林宿望，向有诗文专集，及近时沈德潜经史，原本风雅，如顾栋高、陈祖范、任启运、沈德潜辈，亦各著成编，并非剿（chao）说卮言可比，均应概行查明。在坊肆者或量为给价，家藏者或官为装印，其有未经镌刊只系钞本存留者，不妨缮录副本，仍将原书给还。并饬所属，一切善为经理，毋使吏胥藉端滋扰。但各省搜辑之书，卷帙必多，若不加鉴别，悉令呈送，烦复皆所不免。著该督抚等，先将各书叙列目录，注系某朝某人所著，书中要旨何在，简明开载，具折奏闻，候汇齐后令廷臣检核。有堪备阅者，再开单行知取进。庶几副在石渠，用储乙览，从此四库七略，益昭美备，称朕意焉。钦此。

各书院藏书之目录[1]

一、敬敷书院　敬敷书院在安徽安庆府，其藏书为光绪元年(1875年）布政孙衣言捐置者。详目如下：

《十三经注疏》(3部)、《十三经古注》、《御纂周易折中》、《钦定书经汇纂》、《诗经汇纂》、《四书反身录》、《易说醒》、《仪礼正义》《吕氏四礼翼》、《夏小正集说》、《经传释词》（各一部)、《大学衍义》、《左傅读本》、《春秋属辞》、《孝经》、《大戴

① 引自《中国图书近代图书史料》第473—479页。

礼补注》、《礼记集解》、《经籍纂诂》、《吕氏读诗记》（各二部）、《资治通鉴》、《续资治通鉴》（各五部）、《御批通鉴辑览》、《朱子纲目》、《晋书》、《宋书》、《齐书》、《梁书》、《陈书》、《魏书》、《北齐书》、《周书》、《南史》、《北史》、《新唐书》、《旧唐书》、《周季编略》、《水经注图》、《皇朝一统舆地图》、《钦定中枢政考》、《兵部则例》、《国朝先正事略》、《乡贤礼典徵实》、《文庙通考》、《韩柳年谱》、《朱子世录》、《通鉴外纪目录》、《资治通鉴目录》、《战国策》、《史记札记》、《绎志》、《泉志》、《读史方舆纪要》、《海关则例》、《边防备览》、《苗防备览》、《郡国利病书》（各一部）、《圣谕直解》、《国策》、《国语》、《史记》、前后《汉书》、《汉官仪》、《隋唐》、《宋元明纪事本末》、《纲目三编》、《通鉴纪事本末》、《纲鉴正史约》、《史鉴节要》、《大婚礼节》、《帝王图谱》、《朱子年谱》、《百将图传》、《胜朝殉扬录》、《钦颁州县事宜》、《直省文庙丁祭谱》、《吏治三书》、《律例例览》、《处分则例图要》、《保甲辑要》、《察吏六条》、《宝政绿》、《牧令书》、《牧民忠告》、《五军道里表》、《三流道里表》、《两淮盐法志》、《江苏省例》、《吴地记》、《吴郡图经续记》、《广陵通典》、《扬州水道记》、《史姓韵编》、《二十四孝图说》（各二部）、《三国志》、《明纪》、《名臣言行录》（各四部），《圣谕附律》、《易解》、《辽史》、《金史》、《元史氏族表》（各三部），《佩文韵府》、《文韵汇编》、《说文管见》、《老子章义》、《小学集注》、《事类统编》、《夷坚志》、《松漠纪闻》、《几何三种》、《容斋随笔》、《隶释》、《隶续》、《司马温公家范》、《王念孙读书杂志》、《读书镜古编》（各一部）。五十四种丛书，《孙吴司马法》、《困学纪闻》、《二程全书》、《程氏性理学训》、《朱子格言》、《吾学录》、《小知录》、《弟子规》、《儒门法语》、《述学》、《理学宗传辨正》、《少仪外传》、《割环密宰》、《算学启蒙》、《松杨讲义》、《童蒙韵语》、《蔗余偶笔》、《李氏五种》、《学仕遗规》、《五种遗规》、《呻吟语》、《读书分年日程》（各三部），《小学纂注》、《小学集解》、《近思录》、《御选古文渊鉴》、《楚辞》、《古今诗选》、《唐人万首绝句选》、《欧阳文忠集》、《陈陆二先生集》、《罗山遗集》、《汤文正集》、《鄱阳集》、《平斋集》、《有恒心斋骈体文》、《五石匏斋稿》、《广英堂稿》、《曹集诠评》（各一部），《朱子大全集》、《韩昌黎集》、《韩集点勘》、《陆清献治嘉格言》、《莅嘉遗迹》、《黄山谷诗集》、《周文忠尺牍》、《叶水心集》、《刘给谏集》、《刘左史集》、《拙修集》、《倭文端集》、《古文辞类纂》、《南宋杂事诗》、《金源记事诗》、《十国宫词》、《二三家宫词》、《培远堂手札》、《题襟馆集》、《孙耕远筑圩图说》、《扬州画舫录》、《江汉课艺》（各二部），《司马温公书仪》、《杨忠民集》、《张杨园集》、《曾文正集》、《李氏音鉴》、《古文词略》（各三部），《文选》、《薛季宣集》（各四部）。（《光绪安徽通志》卷九十二）

……

二、五华书院　五华书院在云南昆明县，所载之书籍，皆同光两朝之官吏捐置者，其目如下：《御定子史精华》、《钦定佩文韵府》、《康熙字典》、《十三经注疏》、《四书大全》、《史记》、《汉书》、《后汉书》、《北史》、《梁书》、《北周书》、《元史》、《杜诗镜铨》、《云南通志稿》（以上同治十年署布政使沈寿榕捐置）。《圣谕广训》、《御批通鉴辑览》、《钦定全唐文》、《钦定全唐诗》、《钦定授时通考》、《汲古阁十三经》、《正谊堂全书》、

《粤雅堂丛书》、《国语》、《国语考异》、《国语辅音》、《战国策》、《国朝儒林文苑》、《史学萃珍》、《斯文精萃》、《礼乐备考》、《文庙祀位考》、《阙里述闻》、《易古舆钞》、《张文忠集》、《忠雅堂诗文全集》、《兵战秘要》、《养政摘要》、《得颐堂范言》、《庸吏庸言》、《读律心得》、《蜀僚问答》、《佐治药言》、《学治忆说》、《相山佐要》（以上光绪四年 1878 年巡抚杜联瑞捐置）。《钦定七经》、《御古文渊鉴》、《御选唐宋诗醇》、《御选唐宋文醇稿》、《钦定佩文韵府》、《钦定四书文》、《书经》、《钦定性理精义》、《易经》、《诗经》、《周礼》、《仪礼》、《尔雅》、《孝经》、《春秋左氏传》、《公羊传》、《穀梁传》、《二十四史》、《续汉书八志》、《宋史纪事本末》、《元史纪事本末》、《明史纪事本末》、《左传纪事本末》、《朱子纲目》、《大学衍义》、《近思录》、《二程遗书》、《朱子全书》、《四书翼注》、《四书汇参》、《日知录》、《呻吟语》、《昭明文选》、《古文雅正》、《皇朝经世文编》、《困学纪闻》、《东莱博议》、《康熙字典》、《五种遗规》、《小学集注》（以上光绪五年（1879 年）善后总局购置）。《毛诗要义》、《黔诗记略》（以上光绪十年（1884 年）巡抚唐炯置）。《皇清经解》（光绪十三年（1887 年）总督岑毓英置）。《四库全书总目》、《皇清经解》、《说文解字》、《说文通检》、《九数通考》（以上光绪十三年（1887 年）学政戴鸿慈置）。《九朝东华录》、《皇朝九经汇解》、《皇朝九经汇解续编》、《通典》、《文献通考》、《通志》、《正谊堂全书》（以上光绪五年（1879 年）布政使史念慈置）。《钦定古今图书集成》（同庆丰商号王炽置）（《光绪续云南通志稿》卷六十三）。

三、经正书院　经正书院亦在云南昆明县。其书目之次序，与五华书院实相若。芸华院虽异，而一邑之风气必有同然者。

《九朝东华录》、《御批通鉴纲目》、《御选古文渊鉴》、《御选唐文醇》、《御选唐宋诗醇》、《钦定全唐诗》、《御定渊鉴类函》、《御定子史精华》、《钦定佩文韵府》、《御定历代赋汇》、《钦定大清会典》、《钦定大清会典事例》、《四库全书总目》、《钦定满汉名臣传》、《十三经注疏》、《五礼通考》、《读礼通考》、《皇清通鉴》、《通志堂经解》、《经解续编》、《古经解汇函》、《廿四史》、《资治通鉴》、《续资治通鉴》、《纲鉴》、《正史约》、《国语》、《战国策》、《史通通释》、《读史兵略》、《马氏绎史》、《通志》、《通典》、《通考》、《名臣奏议》、《水经注》、《海国图志》、《皇朝中外一统舆图》、《读史方舆纪要》、《郡国利病书》、《舆地沿革表》、《练兵纪实》、《四朝纪实》、《国朝先正事略》、《子书百家》、《大学衍義》、《二程全书》、《朱子全书》、《呻吟》、《宋元学案》、《正谊堂全书》、《经籍纂话》、《说文解字义证》、《说文通训定声》、《说文通检》、《说文引经考证》、《昭明文选》、《汉魏六朝百三家集》、《国朝文录》、《唐宋八大家文》、《陆宣公翰苑集》、《真西山集》、《汉魏丛书》、《粤雅堂丛书》、《困学纪闻》、《日知录》、《李氏五种》、《牧令全书》、《纪效新书》、《皇朝经世文编》、《明诗综》、《瀛奎律髓》、《骈体正宗》、《同文馆诗赋》（《光绪续云南通志稿》卷六十三）。

阅藏知津序[①]

智旭

清顺治十一年（公元1654年）

心外无法，祖师所以示即法之心；法外无心，大士所以阐即心之法。并传佛命，觉彼迷情，断未有欲弘佛语，而可不深究佛心；亦未有既悟佛心，而仍不能妙达佛语者也。今之文字阿师，拍盲禅侣，竟何如哉？呜呼！吾不忍言之矣。昔世尊示入涅槃，初祖大迦叶即白众云：如来舍利，非我等事，宜先集结三藏，勿令佛法速灭。嗟嗟！倘三藏果不足传佛心，则初祖何以结集为急务耶？

窃谓禅宗之有三藏，犹弈秋之有棋子也；三藏之须禅宗，犹棋子之须活眼也。均一棋子也，善弈者则着着皆活，不善弈者则着着皆死，均此三藏也。知佛心者，则言言皆了义，不知佛意者，则字字皆疮疣。若为惩随语生见，遂欲全弃佛语，又何异因咽废饭哉？夫三藏之不可弃，犹饮食之不可废也，明矣。不调饮食，则病患必生，不阅三藏，则智眼必昧。顾历朝所刻藏乘，或随年次编入，或约重单分类，大小混杂，先后失准，致使欲展阅者，茫然不知缓急可否。故诸刹所供大藏，不过缄置高阁而已，纵有阅者，亦罕能达其旨归，辨其权言，佛祖慧命，真不啻九鼎

① 录自《阅藏知津》。

一丝之惧。而诸方师匠，方且或竞人我，如兄弟之斗墙；或趋名利，如苍蝇之逐臭；或妄争是非，如痴犬之吠井；或咨享福供，如燕雀之处堂，将可以报佛恩哉？惟宋有王古居士创作《法宝标目》，明有蕴空沙门，词作《汇目义门》，并可称良工苦心。然《标目》仅顺宋藏次第，略指端倪，因未尽美；《义门》创依五时教味，粗陈梗概，亦未尽善。

旭以年三十时，发心阅藏。次年，晤壁如镐兄于博山，谆谆以义类铨次为嘱。于是每展藏时，随阅随录。凡历龙居、九华、霞漳、温陵、幽栖、古城、长水、灵峰八地，历年二十余，始获成稿。终不敢剖破虚空，但藉此稍辨方位，俾未阅者，知先后所宜；已阅者，达权实所摄。义持者，可即约以识广；文持者，可会广以归约。若权若定，不出一心，若广若约，咸通一相，故名之为《阅藏知津》云。

杭州灵隐书藏记[①]

阮元

清嘉庆十四年（公元1809年）

《周官》诸府掌官契以治藏，《史记》老子为周守藏室之史。藏书曰“藏”，古矣。古人韵缓，不烦改字，收藏之与藏室无二音也。汉以后曰“观”、曰“阁”、曰“库”，而不名“藏”。隋唐释典大备，乃有开元释藏之目。释道之名“藏”，尽亦摭儒家

① 录自《研经室三集》卷二。

之古名也。明侯官曹学全谓释道有“藏”，儒何独无？欲聚书鼎立，其意甚善，而数典未详。

嘉庆十四年（1809 年），杭州刻朱文正公、翁覃溪先生、法时帆先生诸集将成，覃溪先生寓书于紫阳院长石琢堂状元曰：《复初斋集》刻成，为我置一部于灵隐。仲春十九日，元与顾星桥、陈桂堂两院长暨琢堂状元、郭频伽、何梦华上舍、刘春桥、顾简塘、赵晋齐文学同过灵隐，食蔬笋，语及藏《复初斋集》事，诸君子复申其议曰：史迁之书，藏之名山，副在京师，白少傅分藏其集于东林诸寺，孙洙得《古文苑》于佛龛，皆因宽闲远僻之地，可传久也。今复初斋一集尚未成箱箧，盖使凡愿以其所著、所刊、所写、所藏之书藏灵隐者，皆集之，其为藏也，大矣！元曰，诺。乃于大悲佛阁后造木厨，以唐人鹫岭彬召荛诗字编为号，选云林寺玉峰、偶然二僧簿录管钥之，别订条例，使可永守。复刻一铜章，偏印其书，而大书其阁匾曰“灵隐书藏”，盖缘始于复初诸集，而成诸君子立藏之议也。遂记之。

附：书藏条例

一、送书入藏者，寺僧转给一收到字票。

二、书不分部，惟以次第分号，收满“鹫”字号厨，再收“岭”字号厨。

三、印钤书面暨书首页，每本皆然。

四、每书或写书脑，或挂绵纸签，以便查检。

五、守藏僧二人，由盐运司月给香灯银六两。其送书来者，或给以钱，则积之以为修书增厨之用，不给勿索。

六、书既入藏，不许复出，从有翻阅之人，但在阁中，毋出阁门。寺僧有卖借霉乱者，外人有携窃涂损者，皆究之。

七、印内及簿内部字之上，分经、史、子、集填注之，疑者阙之。

八、唐人诗内复“对”“天”二字，将来编为“后对”“后天”二字。

九、守藏僧如出缺，由方丈秉公举明静谨细、知文字之僧以补之。

焦山书藏记①

阮元

清嘉庆十八年（公元1813年）

嘉庆十四年（公元1809年），元在杭州立书藏于灵隐寺，且为之记。盖谓汉以后藏书之地曰“观”曰“阁”，而不名“藏”。“藏”者，本于《周礼》宰夫所治，《史记》老子所守，至于开元释藏，乃释家取儒家所未用之字以示异也。又因为史迁之书，藏之名山，白少傅藏集于东林诸寺，孙洙得《古文苑》于佛龛，闲僻之地，能传久远，故仿之也。继欲再置焦山书藏，未克成。

十八年（公元1813年）春，元转漕于杨子江口，焦山诗僧借庵（巨超）、翠屏洲诗人王君柳村（豫）来瓜洲舟次，论诗之暇，及藏书事。遂议于焦山亦立书藏，以《座鹤铭》相此胎禽等七十四字编号，属借庵簿录管钥之。复刻铜章书楼匾、订条例，一如灵隐。观察丁公百川（淮）为治此藏事而济之。此藏立，则

① 录自《焦山藏书书目》。

凡愿以其所著、所刊、所写、所藏之书藏此者，皆哀之。且即以元昔所捐置焦山之宋元镇江二志为相字第一二号，以志缘起。千百年后当与灵隐并存矣。

附：书藏条例

一、送书入藏者，寺僧转给一收到字票。

二、书不分部，惟以次第分号，收满“相”字号厨，再收“此”字号尉。

三、印钤书面暨书首页，每本皆然。

四、每书或写书脑，或挂绵纸签，以便查检。

五、守藏僧二人，照灵隐书藏例，由盐运司月给香灯银十两。其送书来者，或给以钱，则积之以为修书增厨之用，不给勿索。

六、书既入藏，不许复出。纵有翻阅之人，照天一阁之例，但在楼中，毋出楼门。烟灯毋许近楼。寺僧有卖借霉乱者，外人有携窃涂损者，皆究之。

七、印内及簿内部字之上，分经、史、子、集填注之，疑才阙之。

八、守藏僧如出缺，由方丈秉公举明静谨细、知文字之僧充补之。

九、编号以“相此胎禽华表留唯仿佛事亦微厥土惟宁后荡洪流前固重爽垲势掩亭爰集真侣作铭”三十五字为三十五橱，如满，则再加“岁得于化朱方天其未遂吾翔也乃裹以元黄之敝藏乎山下仙家石旌篆不朽词曰徵君丹杨外尉江阴宰”四十二字为四十二厨。

皕宋楼藏书源流考[①]（节选）

（日本）岛田彦桢

丁未（公元1907年）六月

道光之末，海上郁万枝松年，善搜罗典籍，获其郡先辈山塘汪阆源士钟艺芸书舍所收吴县黄荛圃丕烈士礼居、及枫江周仲涟锡瓒水月亭、吴县袁又恺廷寿五研楼、元和顾抱冲之逵小读书堆之藏，更以兼金购书于仪徵盐商家。又稍讨致钱受之、曹秋岳旧藏。诸老既称东南之甲，而万枝梯航访求，穷老尽气，取书之亲抄，暴书之手校，不惜重资，以罗置邺架。用是江浙数百里之间。简籍不胫而走，杂然入沪渎矣。

先是，自明季刘子威佥事非载阁，钱叔宝处士父子悬罄室，杨五川副使七桧山房，赵汝师少宰二世脉望馆、四家书归于虞山绛云之藏。一传为述古，汲古，为延令、传是；再传为怡府、明善、明氏穴研，汇为黄氏士礼居，为汪氏艺云书舍；又再传为聊城杨氏海源阁，常熟瞿氏铁琴铜剑楼，及郁氏宜稼堂，流为仁和朱氏结一庐，湘潭袁氏卧雪庐，吴县潘氏滂熹斋，常熟翁氏宝瓠斋。而溯流穷源，数典尊祖，则诸藩秦、晋、蜀、赵、周，宁，陂上之西亭，豫章之彬仪，家藏与天府埒。而通经学古之士，崛起白屋，抱残守缺者，后先相望。澹生、世学，雄长于会稽。小草、红雨、世善，风动于闽峤。南中则抱瓮、千顷，吴兴则白

① 见《国粹学报》第四年第八期，录光绪丁未六月刻本。

华、玩易，吴中则辛夷、昌安。录竹、真赏之精洗，得月、小宛之醇正，各据坛坫，卓荦一方。康雍乾嘉，流泽益衍。浙东西有静惕、潜采、云在、道古、小山、振绮、瓶花、开万、寿松、知不足、拜经、向山、迹隐、汉晋、唐、文瑞；吴会有朴学、红豆、桂宦、小玲珑、来雨、陶庐、滋兰、稽瑞、爱日；河北有沽水、梧门、万卷、笥河、宝苏、南涧，卿云轮菌，芸笺缥带；足以与绛云、延令、传是、士礼掩前绝后之藏相发明。而冯空居、卢抱经、钱潜研、段经韻、孙平津、阮研经、顾思适诸君得以校勘异同，裨补经术。然后天下知校勘之果足以继往开来，然后知藏书与骨董果两途也。予故曰，校勘家当尸祝冯、卢、钱、段、孙、阮、顾。藏书之家，当以钱受之、黄荛圃暨万枝为其世适，而瞽宗之祭，亦当以三君为乐祖矣。

……

静嘉旧藏几十万册，合之今所获陆氏之书，共15万册。连菌接屋，如访酉阳之逸典，如发委苑之遗文，如紬金匮、石室之藏，如探天禄兰台之秘，足以与丁、杨二家之书，徐、董、盛三氏之籍，列为三统。何其盛也！我足利之藏，古秘之石室。然以予见之，《易》、《书》、《诗》、《春秋》之单疏，世固存也，宋注疏会本无论矣。《礼》之单疏新出，而复翁《古书录》并立著录，宋注疏70卷本无论矣。（70卷会本成于山阴，63卷会本成于闽中，观分卷次第可以知越闽刻书高下。）至《文选》更为完全，赣州、明州、贵池裴宅伯颜及崇贤原帙，五季集注，棋布人间，确有渊源。其可信较宋末陋版何如也？《易》书之旧抄，《尚书皇疏》之异体，成抄于室町末造，皆以宋元二刻为底本，无一卷一部出于隋唐遗卷者。而卷子之旧帙，古博士之经进本犹不存乎？

其可信较宋元传抄又何如也？嗟呼！庠之珠盘已坠，邾莒不朝，秋水尽而寒潭露，方之江浙间零星采摘者已蔑如矣。此可谓之石室之秘乎？偃然欲以行远，难矣。百年以来，屈指海内，以藏书名者，草月、留蠹、求古、青归、怀迁、庐庆之流，进献折阅，零落殆尽。先君双桂，吾师井屋，新古相半，东西数千里，免于疑论者，惟秘府之书，森森郎环，芸香日耀，诚问世之灵光也。

当论以为在我则抄本贵矣，贵其出于隋唐者也。在彼则宋元本贵矣，贵其宝袭犹新也。次之者为名人手校，手校之精者，有直驾宋元本而上之。而秘府仅传冯校《张说之集》，余无所见。且我邦所传旧本，自与海外异。经部尚为完全，子部却多善本，而其所缺落，在史部，尤在集部宋元遗集。盖古专门名经，重在经术，镰仓室町举文字付之浮屠氏。经子多于史集，亦所不免也。若以皇国出于隋唐之抄本，加之以海外宋元旧椠、名抄、名校，及我帮所缺史、集二部，然后藏书之能事始毕，而吾平生之素望尽于此。何意当我世而见，不亦人世之大快事乎。昔遵义黎莼齐驻节我邦，与宜都杨君惺吾购求古本，一时为之都市一空。数穷必复，陆氏之书，虽缺其四库存目本五千余部、五万余卷，道藏五千余帖，及明季野乘凡三四百册，不无遗憾。而予知今之所获，倍从于昔日所失也。然则此举也，虽日于国有光可矣。丁未六月东京岛田翰撰。

丙午初夏，余游日本东京，获交岛田彦桢。彦桢博学强识，年弱冠，校书中秘，于隋唐遗卷，宋元旧椠之源委，洞悉靡遗。所著有《古文旧书考》三辑及《群书点勘》16钜册。《群书点勘》体例，一仿抱经，而精博过之。维时余卜居山石川，彦桢频来寓所，析疑质难，无虚日。秋日，相与访书于西京奈良间，纵观古刹旧家之藏，夹旬而返。几抄回国，彦赠影宋抄足本《杨诚斋集》，并约余梓其《旧书考》，别以宋元版若干种相酬，复亲送至小田原而别。

今年春，彦桢驰书相告，岩崎文库以日金十一万八千圆购陆氏书，有成议。余初谓陆氏为吴兴望族，刚父观察逝世未久，何致货及遗书。嗣彦桢寄示皕宋楼源流考，并属附梓《访余录》内（彦桢游中国观瞿、杨、丁、陆四藏书家所记）。始信其占果实。按陆氏藏书志所收，俱江浙诸名家之旧本。古芬未坠，异域长归，反不如台城之炬，绛云之烬，魂魄犹长守故都也。为太息者累月。从前日本收藏书籍，仅知宝贵唐卷子本，而四部之中，惟注意于经子。自杨惺吾至日本，而宋元版始重。（余客西京在若林书肆见嘉定本《容斋随笔续笔》6 册，予以日金二百五十圆，尚不肯售。）今陆氏书籍，舶载而东，而史集部始重。频年日本书估带重金来都下，踵项相望。海内藏书家与皕宋楼埒者，如铁琴铜剑楼，如海源阁，如八千卷楼，如艺风楼，如长白某氏某氏等，安知不为皕宋楼之续。前车可鉴，思之兹惧，用特印行皕宋楼源流考，以告有保存国粹之责者。光绪丁未仲夏武进董康识。

后 记

《中国藏书文化》一书由中国财政经济出版社出版了，我有如农民将金黄的稻谷收进门般的喜悦。多年来，我一直在研究藏书文化这个专题，想把图书馆学与社会大众联系起来，把专业化的研究与哲学、历史、经济、教育、宗教、风俗、道德伦理、文化娱乐联系起来，为营造书香社会服务，为莘莘学子服务。

目标拟定，当孜孜以求。多年来春夏秋冬，年节假日，沉浸在这一课题中。春节的校园，十分的安静，一根针落地有声，我一人在斗室中“苦斗”，做这一分钱不挣的事。先后七易稿件，使用的电脑也换了三次。

写书难，出书难，难于上青天。此书1995年即在《社科新书目》上征订过，周游了若干家出版社。有的拟作“本社重点选题”，有的要“先睹为快”，磨难就是鞭策，就是进步。写书的确需要有铁杵磨成针的精神。

此书是广采博览的结果。我参观过很多藏书楼，如：北京的文渊阁、宁波的天一阁、成都的杜甫草堂、庐山的白鹿洞书院、绍兴的私人藏书楼、徽州山里的古民居等。我读过大量的地方志、宗谱、史书、善本书。《四库全书》与《知不足斋丛书》等大型丛书，不是翻阅几部就行的。在写这本书的过程中，我参与了安徽大学重点研究项目“徽州文化”的研究，一边研究，一边发表论文。如《藏书的士风与民风》发表于《文化中国》1997年9月号，《中国古代的信息崇拜》发表于《北京大学学报》1996年第3期，《藏书与经济的发展》发表于《安徽大学学报》1997年第2期，《曝书会》发表于《大学图书情报学刊》1994年第4期，《十大商帮与藏书文化》发表于《黄山高等专科学校学报》2001年第1期。众多学者徽学研究的成果，使我对于中国传统文化有了较为全面的了解。

写书是艰辛的，出版学术性著作更为不易。书的写成到出版过程中，众多的人给予我的帮助不能忘记。

在此书出版之际，特向有关人员致谢：

向关心此书的诸位教授、学者与同事表示衷心的感谢！

向帮我整理加工的同志与同学致谢！

感谢各图书馆及资料室给予的支持！

向各图书馆学会及图书馆界人士致谢！

向中国财政经济出版社致谢！

向陈茜同学表示感谢！

感谢安徽大学校领导、管理学院院长、总支书记等人对于此书的关心与支持。

众人对于知识的呵护，如一股暖流，激励着我在这个专题的研究中孜孜以求。诗云：“瞻彼淇澳，绿竹猗猗，有斐君子，如切如磋，如琢如磨。斐兮娴兮，赫兮喧兮，有斐君子，终不可谖兮。”中国传统文化之精神，在于求圣贤之道。使圣贤之道“入乎耳，存人心。蕴之为德行，行之为事业（朱熹《近思录·为学》）”。诸位领导、学者、同事、学生德行之蕴，蕴之于书中。

藏书文化的要旨不亦在此吗！

由于水平有限，错误与不足难免，愿广大读者积极来信，不吝赐教！

作者　于合肥

2002年4月11日

《中国藏书文化》(第二版)

后　记

《中国藏书文化》2002年出版，至今已经10年。现在我们上网偶尔检索，可以看到这本书在世界上很多国家图书馆与著名大学图书馆都收藏了。如：美国国会图书馆、澳大利亚国会图书馆、日本国会图书馆、牛津大学图书馆、剑桥大学图书馆……国内很多人读过这本书。一些学者与我谈论此书，建议出第二版。

我在安徽大学开设了《中国藏书文化》一课，在我们图书馆学系开过这门课，在全校开了公共选修课。图书馆系开的几次课，贯穿全部内容；在学校里的公选课，由于只有36课时，主要讲一些具有操作性的内容，这样文化的内涵就少了一些。每上一次课，对于这本书调理一次。这样对于书的感受更深一些，知道书中的一些不足。如某处某字错了，某个标点符号须要改动一下。此次修订，修订了标点符号，补订了原书中的遗漏字，改正了别字、错字，删除了重复的语义，订正了引用词语错误，订正了人名书写错误，增加了一些语句，补全了语义，改正了数字及年代的错误。此次一共修订了760多处。《四时读书乐》的四首诗有几种版本，本书采用了通用本。增加了在书上钤盖藏书印的位置与书签文化等内容。但是这次修订并没有解决所有的问题，还有一些问题没有发现，或者有些地方现在做出的改动不一定正确。比如天一阁的一幅对联各种资料不统一，我把它写作：

承梅涧柳汀矶石清节冠世泽礼四明司马

比南峦东礀奇画书泉见高楼仰百尺元龙

《中国藏书文化》至今出版10年了，10年来选修这门课的同学有几千人。我出席了在宁波天一阁举办的国际藏书文化学术研讨会与全国藏书文化学术研讨会，与海内外的专家学者以及青年学生进行了广泛的交流。我深深地感到，人们热爱文化知识，要求文化类图书文史哲融会贯通，具有真正文化韵味。藏书，表面上是选择图书，购买图书，阅读图书，校勘图书，题跋图书，批点图书，管理图书，以及刻书、交流图书。实质上是文人修心、修身、塑造个人素质与铸造人品的过程。学习文化不是图个什么功名利禄，学习藏书文化，就是学习前人的关于知识的价值观，学习藏书家的优秀的美德。在上课的过程中，我要求同学们设计一个理想中的书房，刻一枚藏书票，做一个书签。同学们的书房、藏书票与书签设计很认真，很有艺术。每次上课我从图书馆借来古代的文献给同学们看，如不同版本的图书，乡试、会试、殿试考生的亲笔习作，红印地契，清朝香妃的画像，古代的账簿、家谱等。我让同学们到图书馆参观中华再造善本，带同学们参观有关学者的书房。这样可以开阔同学们的知识，给予同学们一种凝重的文化气息。

每次选修这门课的同学很多，他们积极、活跃，给藏书文化注入了朝气蓬勃的生气。这一学期选修中国藏书文化课的是200个同学，他们来自各个专业，如数学、信息显示与光电技术、化学、材料科学、计算机、税务、外语、法学、管理、电子、新闻、物流、地质、自动化等专业。学校要求理工科的同学选修文科的课，增长一些文科知识。在经济与科学技术高度发达的今天，文化成为人们一种新的宠爱。藏书文化是深层次的文化，值得深入探讨的文化，广为同学们喜爱的文化。

此次修订，我得感谢安徽大学 2000 级图书馆学本科班的同学。我曾经于 2003 年以作业的形式让他们 57 个同学为本书逮错，董文鸳、危家凤、郑冬梅三个同学，一人写了几张纸。稿件一旦看熟了，就难于发现错误，仅仅作者一个人的力量是不够的，书中有众多人的智慧。在本书出第二版的时候，看到同学们昔日的作业，心里十分感动！我衷心地感谢同学们！在成书的过程中，1993 级发行班的同学帮我整理过资料，在此我一并表示感谢！

此书从出版到修订，得到中国财政经济出版社的大力支持，特别是陆广德主任在稿子策划与编辑方面付出了艰辛的劳动。我在此表示衷心地感谢！

每一本著作第一版都不是完美的。这次修订后，仍然存在错误。出版过图书的人会理解到这一点。书的内容、文字、编辑格式、学术观点，要不断地修订，不断地完善。有些著作设有专门的修订委员会负责修订完善工作。学术著作要为读者负责，为学术负责，为中国读者负责，为全世界的读者负责。我希望我出版的几本书，特别是进入美国国会图书馆的三本书能够每隔十年修订一次，逐步完善。一本书是一个系统工程，必须反反复复琢磨，每一个环节必须认真推敲，方可奏效。藏书文化是深层次的文化，深层次的文化涉及许多学科，涉及社会的方方面面，这样值得探讨的内容就很丰富。我希望广大读者阅读了此书以后，把你的意见写在我的博客里（在搜索引擎里输入“桑良至博客”即可），以便于下次修订。

这本书因国外很多大型图书馆收藏了，可供海外有中文阅读能力的阅读。出版社正在准备出版英文版，方便五大洲更多的读者阅读。我希望有第一版《中国藏书文化》的单位或个人，能够拥有或阅读到这个修订版。希望海内外诸位读者不吝赐教！

桑良至

于合肥市翡翠湖畔

2012.5.20